IAAL
大学図書館業務実務能力認定試験

問題集 ―専門的図書館員をめざす人へ―

2016年版

小西 和信 監修
IAAL認定試験問題集編集委員会 編

樹村房

この問題集に掲載されている問題および解説の内容は，2015年3月現在のものです。図書館サービスの内容や目録の知識などは日々変化していますので，実務の際は最新情報を確認するよう心がけてください。なお，解説文中の△は半角スペースを示します。

　本書の購入特典として，「総合目録－図書初級」「総合目録－雑誌初級」の過去問（第1回）をIAALのWebページ（https://www.iaal.jp/mondaishu2016/）から閲覧できます。閲覧用ユーザー名は"mondaishu2016"，パスワードは"GokakuKigan"です。

まえがき

　本書は,『IAAL大学図書館業務実務能力認定試験問題集―専門的図書館員をめざす人へ― 2014年版』(2013年10月刊)の増補改訂版にあたります。前著との違いは,新たに「総合目録―図書中級」の模擬問題150題とその解説を加えたことと,「情報サービス―文献提供」の模擬問題・解説を本番の試験に合せて100題(前著では46題)に増補改訂した点です。また,第1章の大庭一郎氏による「IAAL大学図書館業務実務能力認定試験の設計思想と概要」についても,前著以降の状況変化を踏まえた改訂が施されて,より充実した内容としてお届けするものです。

　本「問題集」は,最初の版(2012年版)が2012年に刊行されましたが,樹村房から出された2014年版を契機にようやく図書館界の認知も得られるようになり,図書館情報学分野の専門雑誌数誌に本書の書評が掲載されました。私たちのささやかな活動に関心を寄せ,好意的な評価をいただきましたことに大いに励まされるとともに,謹んで感謝申し上げたいと思います。

　「IAAL大学図書館業務実務能力認定試験」(以下「認定試験」)は,大学図書館で働く職員や司書課程に学ぶ学生の自己研鑽と実務能力の自己評価を主な目的として考案され,2009年春季に第1回の「総合目録―図書初級」を皮切りに,毎年春と秋2回ずつ開催して参りました。現在の試験区分は「総合目録―図書初級」「総合目録―図書中級」「総合目録―雑誌初級」「総合目録―雑誌中級」「情報サービス―文献提供」の5区分で,もっとも受験者の多い「総合目録―図書初級」は2015年春季で第9回を数えています。これまでの延べ受験者数(2015年春季時点)は,2,660名で,延べ合格数は1,181名になっております。日本の大学図書館の職員数約14,000名からするとまだまだ少ない数ですが,それでも少しずつ「認定試験」が普及しつつあることを心強く感じています。

　「認定試験」は,大学図書館職員のすべての実務能力を測ろうというものではありません。いわゆる「目録(NACSIS-CAT)」と「相互協力(一部レファレンス)」業務に限って,その部署等で必要とされる「実務能力の基準」を示そうという考え方で出題が行われています。当然のことながら資格を付与するような試験ではありません。あくまで,大学図書館や司書課程に学ぶ学生の「実務能力」のレベルを自己評価するための目安として活用されるべきものと考えられています。しかし,この試験で測られる「実務能力」の意義については図書館界のご理解を得たいと思います。

　私事にわたって恐縮ですが,大学卒業後,図書館に関する専門知識を持たぬまま大学図書館員になった私は,そのせいもあってか大学図書館員の専門性や資質のことを考える機会が多かったように思います。古典籍や漢籍,特殊言語の図書等を前にするたび,古文書の解読力や言語能力の絶対的な不足を嘆きました。目録や分類の系統的な訓練を受けていないため,日常業務でずいぶん愚かな過ちを冒してきました。図書館に調査に来られる研究者や院生の質問にもいつも満足のゆく回答はできませんでした。図書館は,まともにやろうとすると自分がどれほど知識も技術も未熟な存在であるか思い知らされるところなのです。図書館は,難しい存在なのです。そういう環境にいて,私たちは最低限どんな知識や技術を持てばいいのでしょうか。専門職と世間が認める医師や弁護士や会計士などの「士族」は,それぞれの職業に必要な「最低限の知識や技術」を持っているからこそ「専門家」とされているのでしょう。それでは大学図書館員はどうなのでしょう？医師国家試験や司法試験の問題に示されるようなその専門的職業に固有の「最低限の知識や技術」は一体何なのでしょうか。

　「認定試験」が大学図書館員に必要な「最低限の知識や技術」を示しているなどと豪語するつもりは

毛頭ありません。ただ一部分ながらその方向性を示そうという試みであることは確かです。それは大学図書館員もまた何かの専門家であることを，その職場が求めているということです。ある分野の専門家がその領域の専門知識を持つことが当然であるように，大学図書館員が「認定試験」に示されたような知識を持つことは当然であって，決して「マニアック」というわけではありません。私たち図書館員には，その存在の核となる「最低限の知識や技術」があり，それを習得することが条件なのです。もちろん，知識や技術は「必要条件」であっても「十分条件」でないことに注意を払わなければいけませんし，恃みにする知識や技術も時代とともに移ろうものであることも認識しておかなければなりません。その意味で「認定試験」自体も不断の進化を遂げなければいけないと覚悟しています。

　私たちは，この「認定試験」で示された「実務能力の基準」が大学図書館で働く職員の共通する知識・技術であるだろうと考えています。専任職員であるか非正規職員であるかを問わず，また管理職の立場にある者にとっても必要な基本の一部であると思っています。図書館に関与する幅広い層の皆さんが本書に学び，日常業務に活かされることを願っております。

　最後に，適切な問題を作成し，その詳細な解説をつけられた「認定試験問題作成委員会」のメンバー各位に御礼申し上げます。また，前著同様に，困難な出版を引き受けて下さり，適切なご助言・ご支援を下さいました樹村房大塚栄一社長，石村早紀編集員に心から感謝申し上げます。

2015年6月30日

監修者　小西 和信
（武蔵野大学教授・NPO法人大学図書館支援機構理事長）

IAAL 大学図書館業務実務能力認定試験 問題集
2016年版
― 専門的図書館員をめざす人へ ―

もくじ

まえがき ……………………………………………………………………………………… 3

第1章 IAAL大学図書館業務実務能力認定試験の設計思想と概要 ―― 9

はじめに ……………………………………………………………………………………… 10

1 　IAAL認定試験の実施の背景 …………………………………………………………… 10
　1.1 　大学図書館業務と担当職員の変化 ……………………………………………… 10
　1.2 　日本の図書館界における専門職員資格試験の動向 …………………………… 11
2 　IAAL認定試験の設計思想 ……………………………………………………………… 12
　2.1 　IAAL認定試験の検討開始 ……………………………………………………… 12
　2.2 　IAAL認定試験の作成 …………………………………………………………… 12
　2.3 　IAAL認定試験の運営・実施 …………………………………………………… 16
3 　IAAL認定試験問題集の活用方法 …………………………………………………… 18

おわりに ……………………………………………………………………………………… 20

資料① 　IAAL認定試験の試験科目一覧 ………………………………………………… 24
資料② 　IAAL認定試験の出題枠組み …………………………………………………… 25
資料③ 　出典・参考教材一覧： ………………………………………………………… 30
　　　　「総合目録」・「情報サービス－文献提供」(領域Ⅴ)
資料④ 　IAAL認定試験の実施状況 ……………………………………………………… 32

第2章 「情報サービス－文献提供」模擬問題100題 ―― 35

  Ⅰ 基礎問題 ・・・・・・・・・・・・・・・・・・・・・・・・・・・・・・・ 36
  Ⅱ 応用問題 ・・・・・・・・・・・・・・・・・・・・・・・・・・・・・・・ 38
   （1） 応用問題（基本辞書） ・・・・・・・・・・・・・・ 38
   （2） 応用問題（総合） ・・・・・・・・・・・・・・・・・・ 39

第3章 「情報サービス－文献提供」模擬問題の正解と解説 ―― 49

  Ⅰ 基礎問題 ・・・・・・・・・・・・・・・・・・・・・・・・・・・・・・・ 50
  Ⅱ 応用問題 ・・・・・・・・・・・・・・・・・・・・・・・・・・・・・・・ 61
   （1） 応用問題（基本辞書） ・・・・・・・・・・・・・・ 61
   （2） 応用問題（総合） ・・・・・・・・・・・・・・・・・・ 64

第4章 「総合目録－図書中級」模擬問題150題 ―― 85

  Ⅰ 目録の基礎 ・・・・・・・・・・・・・・・・・・・・・・・・・・・・ 86
  Ⅱ 書誌作成・和図書 ・・・・・・・・・・・・・・・・・・・・・・ 92
  Ⅲ 総合・和図書 ・・・・・・・・・・・・・・・・・・・・・・・・・ 100
  Ⅳ 書誌作成・洋図書 ・・・・・・・・・・・・・・・・・・・・・ 106
  Ⅴ 総合・洋図書 ・・・・・・・・・・・・・・・・・・・・・・・・・ 113

第5章 「総合目録－図書中級」模擬問題の正解と解説 ―― 119

  Ⅰ 目録の基礎 ・・・・・・・・・・・・・・・・・・・・・・・・・・ 120
  Ⅱ 書誌作成・和図書 ・・・・・・・・・・・・・・・・・・・・ 123
  Ⅲ 総合・和図書 ・・・・・・・・・・・・・・・・・・・・・・・・・ 130
  Ⅳ 書誌作成・洋図書 ・・・・・・・・・・・・・・・・・・・・・ 135
  Ⅴ 総合・洋図書 ・・・・・・・・・・・・・・・・・・・・・・・・・ 142

第6章 「総合目録－図書初級」模擬問題100題 ——— 147

- Ⅰ 総合目録の概要 ……………………………… 148
- Ⅱ 各レコードの特徴 …………………………… 151
- Ⅲ 検索の仕組み ………………………………… 153
- Ⅳ 書誌同定 ……………………………………… 156
- Ⅴ 総合 …………………………………………… 158

第7章 「総合目録－図書初級」模擬問題の正解と解説 ——— 169

- Ⅰ 総合目録の概要 ……………………………… 170
- Ⅱ 各レコードの特徴 …………………………… 176
- Ⅲ 検索の仕組み ………………………………… 179
- Ⅳ 書誌同定 ……………………………………… 184
- Ⅴ 総合 …………………………………………… 186

第8章 「総合目録－雑誌初級」模擬問題100題 ——— 191

- Ⅰ 総合目録の概要 ……………………………… 192
- Ⅱ 各レコードの特徴 …………………………… 194
- Ⅲ 検索の仕組みと書誌の同定 ………………… 195
- Ⅳ 所蔵レコードの記入方法 …………………… 198
- Ⅴ 総合 …………………………………………… 202

第9章 「総合目録－雑誌初級」模擬問題の正解と解説 ——— 215

- Ⅰ 総合目録の概要 ……………………………… 216
- Ⅱ 各レコードの特徴 …………………………… 223
- Ⅲ 検索の仕組みと書誌の同定 ………………… 226
- Ⅳ 所蔵レコードの記入方法 …………………… 231
- Ⅴ 総合 …………………………………………… 234

あとがき ……………………………………………………………………… 241

▶コラム一覧　「カタロガーの独り言」:『IAALニュースレター』連載記事の再録
① 背から本タイトル!?……………………………… No. 2（2008.10）……… 34
② 省略するのか，しないのか……………………… No. 3（2009. 5）……… 48
③ TXTL＝本文の言語コードではない？ ………… No. 4（2009.10）……… 84
④ 千代田区は特別区か……………………………… No. 5（2010. 3）……… 146
⑤ AKEY＝"AKEAF"，FTITLE＝"AKEYANDFTITLE" … No. 6（2010. 7）……… 157
⑥ 責任表示は誰？…………………………………… No. 7（2010.10）……… 161
⑦『書誌学入門』のすすめ ………………………… No. 8（2011. 3）……… 168
⑧ 目録にあったら良いと思うもの………………… No. 9（2011.11）……… 190
⑨ 目録にあったら良いと思うもの（続）………… No.10（2012. 4）……… 201
⑩ 目録フランス語の基礎知識……………………… No.11（2012.10）……… 213
⑪ 目録フランス語の基礎知識（続）……………… No.12（2013. 4）……… 214
⑫ 目録ドイツ語の基礎知識………………………… No.13（2013.10）……… 238
⑬ 目録ドイツ語の基礎知識（続）………………… No.14（2014. 4）……… 239

第 1 章

IAAL大学図書館業務実務能力認定試験の設計思想と概要

IAAL大学図書館業務実務能力認定試験の設計思想と概要

大 庭 一 郎 (筑波大学図書館情報メディア系)

はじめに

　特定非営利活動法人(NPO法人)大学図書館支援機構(Institute for Assistance of Academic Libraries：略称IAAL(アイアール))は，2007年6月26日，東京都の認証を受けて設立されました[1]。IAALの目的は，「大学図書館及びその利用者に対して，研修及び業務支援に関する事業を行い，大学図書館の継続的発展を通して学術研究教育に寄与すること」です。IAALは，特定非営利活動の事業として，(1)情報リテラシー教育支援事業，(2)大学図書館職員研修事業，(3)大学図書館業務支援事業，(4)大学図書館運営に係る助言または援助の事業，を行ってきました。(2)の大学図書館職員研修事業では，「①講習会の開催」と「②資格の認定，基準の策定及び公表」の実施が規定されています[2)3)]。

　IAALは，事業活動の一環として，IAAL大学図書館業務実務能力認定試験(以下，IAAL認定試験と略す)の企画検討を行い，2009年5月17日(日)に，IAAL認定試験「総合目録－図書初級」第1回を実施しました。筆者は，IAAL認定試験の準備段階から実施までの検討に参加し，問題作成の基本方針の策定等に携わる機会を得ました。そこで，第1章では，IAAL認定試験の実施の背景，IAAL認定試験の設計思想，IAAL認定試験問題集の活用方法，について記します。

1. IAAL認定試験の実施の背景

1.1 大学図書館業務と担当職員の変化

　1989(平成元)年度以降，日本の大学図書館は，サービス提供の量的拡張が進行する中で，経営管理に必要な資源の縮小も進みました。そのような状況の中で，大学図書館の専任職員が削減され，それを埋め合わせる形で非専任職員が増加してきました[4]。2014年5月1日現在で実施された日本図書館協会の調査によれば，日本の4年制大学の大学図書館は1,419館(本館763，分館・分室656)あり，その中の調査回答館1,384館には，専従職員4,719人，兼務職員1,303人，非常勤職員2,689人，臨時職員1,799人，派遣職員等3,434人の計13,944人が働いています[5]。専従職員と兼務職員の合計を専任職員ととらえるならば，専任職員6,022人(43.2%)，非専任職員7,922人(56.8%)になります。

　2007年に，佐藤翔と逸村裕(筑波大学)は，日本の4年制大学図書館における外部委託に関する調査を実施しました(対象館704，有効回答358(50.9%)，国公私の内訳は国立70(80.5%)，公立44(58.7%)，私立243(44.9%)，放送大学1(100%))。この調査によって，大学図書館の41種類の委託業務内容は，専門性の低い整理・閲覧関連業務(カウンター(42.1%)，装備(36.7%)，コピー・カタロギング(34.7%))から，専門性の高い整理関連業務(分類作業(27.4%)，オリジナル・カタロギング(26.9%))，専門性の高い閲覧業務(DB検索操

作の援助(24.1%)，目録使用・図書選択等の援助(23.8%)，レファレンス・サービス(19.5%))まで，広範囲にわたることが示されました(数値は委託率)[6]。

大学図書館業務の遂行には，担当職員が個々の業務に必要な暗黙知(主観的で言語化・形態化困難な知識)と形式知(言語または形態に結晶された客観的な知識)を，十分に備えている必要があります[7]。かつての大学図書館は，専任職員が多く，各係(各業務)に一定数の職員が配属されていたため，先輩職員から後輩・新人職員に対して，業務上の暗黙知と形式知を伝達できる環境がある程度整っていました。しかし，近年の大学図書館業務は，職員削減で各業務の担当職員が減少する中で，専任職員だけでなく，多様な雇用形態の職員によって支えられています。雇用形態の異なる職員の間では，業務上の暗黙知と形式知の伝達が困難になるだけでなく，職員研修の機会にも大きな差が生じます。専任職員を中心に運営されている大学図書館の場合でも，各係(各業務)の定員減によって，担当業務に必要な暗黙知と形式知が伝達・継承されにくくなっています。現代の大学図書館では，図書館業務の担当職員が，日々の業務に必要な実務能力を維持・発展させたり，各自の業務に必要な研修等に参加して実務能力を継続的に高めていくことが，従来よりも困難になってきています。このような状況を受けて，2008年4月，IAALは，IAAL認定試験の実現に向けた企画検討を開始しました。

1.2　日本の図書館界における専門職員資格試験の動向

日本の図書館界では，1980年代以降，専門司書資格認定試験の提案や館種別専門職員資格試験の検討が行われてきました[8][9]。さらに，2006年3月発表の『情報専門職の養成に向けた図書館情報学教育体制の再構築に関する総合的研究』(通称，LIPER報告)[10]を踏まえて，2007年度から，日本図書館情報学会は「図書館情報学検定試験」の準備試験を実施しています[11]。このような状況の中で，1999年3月に，薬袋秀樹(図書館情報大学)が『図書館雑誌』に発表した「司書の専門的知識の自己評価試験」の提案は，司書の専門的知識の向上に役立つ実現可能な方法として，注目すべき内容を含んでいました。この試験の内容と効果(3点)は，以下のとおりです[12]。

- 公立図書館の司書に必要な専門的知識について，五肢択一形式の試験問題を数百題以上作成し，回答とともに問題集にまとめて，冊子形態で刊行する。正答率の目標や基準を示しておく。
- 公立図書館の司書は，それを購入し，自分で問題を解き，回答と照らし合わせて採点する。

①司書は自分の専門的知識がどのようなレベルにあるか，どの分野が弱いかを自己評価することができる。
②自己評価によって，司書の自己学習の動機が高まる。
③問題の作成を通じて，司書に必要不可欠な専門的知識の内容が明確になる。

薬袋の提案は，公立図書館司書の専門的知識の向上を目指した提案でしたが，IAALが，大学図書館業務における実務能力認定試験のあり方を検討する際に，示唆に富む内容を含んでいました。

2. IAAL認定試験の設計思想

2.1 IAAL認定試験の検討開始

　2008年4月，IAALは，IAAL認定試験の実現に向けた企画検討を開始しました。
　IAAL認定試験は，大学図書館で働く専任職員と非専任職員に，大学図書館業務の実務能力に関する自己研鑽と継続学習の目標・機会を提供することを目的として，企画されました。現代の大学図書館業務には，多様な業務が含まれており，個々の業務の担当職員に必要な専門的知識と経験は異なっています。大学図書館業務の実務能力を試験で問う場合には，多くの大学図書館で標準的に実施されている業務を対象として，試験問題を作成する必要があります。そこで，IAAL認定試験では，日本の大学図書館で標準的に活用されている書誌ユーティリティを対象とした試験問題の開発に，最初に着手しました。
　国立情報学研究所(National Institute of Informatics：略称NII)の目録所在情報サービス(NACSIS-CAT/ILL)は，日本の大学図書館を結ぶ書誌ユーティリティです。NACSIS-CAT/ILLでは，参加館が所蔵資料の書誌情報と所在情報をオンラインでデータベース化し，その所在情報データベースを利用して，各館の未所蔵資料を相互に提供する図書館間相互協力が行われています。NACSIS-CAT/ILLは，大学図書館の業務システムをサポートし，日本の学術情報流通基盤を支えるサービスシステムとして成長してきました。しかし，近年，NACSIS-CAT/ILLの問題点として，①データベースの品質を共同維持するという意識の薄れ，②担当者の削減とスキルの低下，③業務の低コストでの外注化による図書目録データの品質低下(例：重複書誌レコードの頻発)，④雑誌所蔵データ未更新による雑誌目録データの品質低下，等が指摘されるようになりました[13]。NACSIS-CAT/ILLを取り巻く問題状況を改善するひとつの手立てとして，IAAL認定試験を通じて，NACSIS-CAT/ILLに携わる専任職員と非専任職員の自己研鑽と継続学習の目標・機会を提供することは，大学図書館業務の基盤を支える上で有効であると考えられました。そこで，IAALは，2008年4月から2009年4月にかけて，IAAL認定試験「総合目録－図書初級」の実施の方向性を検討し，試験問題の開発に取り組みました。

2.2 IAAL認定試験の作成

(1) IAAL認定試験の試験方法の選定

　IAAL認定試験は，大学図書館で働く専任職員と非専任職員に，大学図書館業務の実務能力に関する自己研鑽と継続学習の目標・機会を提供することを目的としています。
　試験問題を作成する場合，試験の目的(目標)に応じて，多様な出題形式が選択できます。一般的な試験方式として，筆記試験，面接試験，実技試験，適性試験，等があります。そして，筆記試験には，選択式試験(補完式(文章の空欄記入)，正誤式，組合せ式，多肢選択式(択一式，複数選択式))のほかに，論文式試験，その他の記述式試験，があります。例えば，人事院が，1985(昭和60)年から2003(平成15)年にかけて実施した国家公務員採用Ⅱ種試

験「図書館学」では，第1次試験で教養試験(多肢選択式)，専門試験(多肢選択式)，専門試験(記述式)を課し，第2次試験で人物試験を行いました[14]。国Ⅱ(図書館学)は，「図書館学」領域の多数の志願者の中から一定の人数(採用予定者数)を選抜するために，競争試験として実施されていました。しかし，IAAL認定試験は，職員採用で用いられる競争試験とは異なり，IAAL認定試験受験者が，個々の大学図書館業務に必要な実務能力について一定レベルに到達しているかどうか，を的確に判定できることが，重要なポイントになります。そこで，IAALは，各種の試験方式を検討した上で，IAAL認定試験「総合目録－図書初級」「総合目録－雑誌初級」「情報サービス－文献提供」では，自動車の普通免許の学科試験の方式を採用することにしました。

　道路交通法の第97条(運転免許試験の方法)は，免許の種類ごとに，自動車等の運転に必要な適性，技能，知識に関する運転免許試験を行うと規定しています[15]。そして，道路交通法施行規則の第25条(学科試験)では，「自動車等の運転に必要な知識についての免許試験(以下「学科試験」という。)は，択一式又は正誤式の筆記試験により行うものとし，その合格基準は，90パーセント以上の成績であることとする」[16]と規定しました。学科試験は，道路交通法の第108条の28(交通安全教育指針及び交通の方法に関する教則の作成)を踏まえて，国家公安委員会が作成した『交通の方法に関する教則』(略称，交通の教則)の内容から出題されています[17]。例えば，1990年の学科試験(第一種運転免許の普通免許)では，正誤式の筆記試験が，出題問題数100問，試験時間50分，合格基準90パーセント以上(正解90問以上)で実施されていました。この学科試験では，「教習1　運転者の心得」から「教習29　悪条件下の運転など・運転者の社会的責任と安全運転」までの29教習が設定され，教習ごとに何問程度出題されるか基準が示されていました[18]。現在の学科試験(第一種運転免許の普通免許)は，正誤式の筆記試験が，文章問題90問(各1点)とイラスト問題5問(各2点)，試験時間50分，合格基準90パーセント以上(90点以上)で実施されています[19]。長信一(自動車運転免許研究所)は，現行の学科試験の出題傾向を分析し，9領域の出題率(自動車の運転の方法35%，歩行者と運転者に共通の心得12%，自動車を運転する前の心得11%，等)を示しています[20]。このように，運転免許試験の学科試験では，試験問題の出題枠組みが明確に定められ，出題枠組みの各領域から試験問題が満遍なく出題されるように設計されています。

　正誤式の筆記試験は，普通免許の学科試験のように，短文の問題文を提示してそれが全体として正しいか(正)，誤りを含んでいるか(誤)を問うものです。正誤式の筆記試験の長所は，事実や知識についての記憶力や判断力を広範囲にわたって把握するのに適していることです。必要に応じて，マークシート方式の解答用紙を設計することもできます。一方，この試験方式の短所は，回答が正誤(○×)の2分法になるため，他の試験方式と比較した場合，推測・推量による正答の確率が高いことが挙げられます。正誤式の筆記試験には，長所・短所がありますが，普通免許の学科試験では，多数の問題(100題)を出題し，それらに短時間(50分)で回答させ，合格基準を高く設定(90%以上)しています。これによって，短時間に(1問当たり30秒で)，各問に対する瞬時の正確な判断を求め，推測・推量による回答を極力減らす工夫がなされています。

　IAAL認定試験「総合目録－図書初級」および「総合目録－雑誌初級」は，国立情報学研究

所(NII)の目録所在情報サービス(NACSIS-CAT/ILL)を活用した図書館業務を行う際に，一定の実務能力に達しているかどうかを判定しようとしています。正誤式の出題方式には，長所・短所がありますが，NACSIS-CAT/ILLを図書館業務で用いる際に必要な事実や知識についての記憶力・判断力を広範囲に問い，NACSIS-CAT/ILLを安定して活用・運用できるかどうか判定するには，最適であると考えました。そこで，IAAL認定試験「総合目録－図書初級」「総合目録－雑誌初級」「情報サービス－文献提供」では，正誤式の筆記試験(マークシート方式)を採用し，出題問題数100問，試験時間50分，合格基準80パーセント以上(正解80問以上)で実施することにしました。一方，IAAL認定試験「総合目録－図書中級」「総合目録－雑誌中級」の場合は，多様な出題ができるように多肢選択式の筆記試験(マークシート方式)を採用し，出題問題数150問，試験時間90分，合格基準80パーセント以上(正解120問以上)で実施することにしました。

　IAAL認定試験における大学図書館業務の実務能力の判定方法については，各試験の合格点を設定し合否判定をするのか(合格点設定方式)，あるいは，TOEICやTOEFLのように点数(スコア)を提示するのか(点数提示方式)について，さまざまな議論がありました。最終的には，IAAL認定試験の受験者の自己研鑽と継続学習の目標を明確にするために，個々の図書館業務を4年以上経験した者が合格できる点数(80点・中級120点)を定め，合格基準80パーセント以上(正解80問以上・中級120問以上)で，合否判定をすることになりました。

　IAAL認定試験の計画段階では，日本各地の大学図書館職員がIAAL認定試験を受験しやすいように，筆記試験をWebテストで実施することを検討しました。しかし，Webテストに必要な機器類の導入経費が高額であり，Webテスト実施時の厳密な本人確認に不安な点があることから，Webテストの実施を断念し，試験会場で筆記試験を行うことになりました。IAAL認定試験の試験科目一覧は，【資料①】として章末に掲載してあります。

(2) IAAL認定試験の評価ポイント(評価指針)と出題領域

　IAAL認定試験を作成する第一段階として，各試験の評価ポイント(評価指針)と出題領域を設定しました。5種類の試験の評価ポイント(評価指針)と出題領域は，表1のとおりです[21)22)23)]。

　次に，評価ポイント(評価指針)と出題領域を踏まえて，IAAL認定試験の出題枠組みを作成しました。一般に，各種の認定試験や検定試験が社会や関連領域(業界)で一定の評価を得るには，①各回の問題作成方針(指針)が一貫性を保ち，②各回の問題のレベルと質が同一水準を維持し，③一度開始された試験が厳正かつ永続的に実施されること，が重要です。そして，①②を担保するには，試験の出題枠組みの設計が重要であり，試験の成否を決めることになります。そこで，IAALは，運転免許試験の学科試験を踏まえて，個々の大学図書館業務に対応した厳密な出題枠組みを作成しました。IAAL認定試験の出題枠組みは，【資料②】として章末に掲載しました。【資料②】の出題枠組みをご覧いただくことによって，IAAL認定試験の各領域内に，どのような範囲とテーマが設定され，出題されるのか(重視されているのか)把握できます。IAAL認定試験の学習ポイントを把握し，問題・解説を読む際に，【資料②】の出題枠組みを活用してください。

表1 IAAL認定試験の評価ポイント（評価指針）と出題領域

科目	評価ポイント（評価指針）	出題領域
総合目録－図書初級	総合目録の概要，各レコードの特徴，検索の仕組みについて理解し，和洋図書の的確な検索と，結果の書誌同定の判断ができるかどうかを判定する。また目録規則の基礎的な知識を確認する。	Ⅰ．総合目録の概要 Ⅱ．各レコードの特徴 Ⅲ．検索の仕組み Ⅳ．書誌同定 Ⅴ．総合
総合目録－雑誌初級	総合目録の概要，各レコードの特徴，検索の仕組みについて理解し，和洋雑誌の的確な検索と，結果の書誌同定の判断，正確な所蔵登録ができるかどうかを判定する。また目録規則の基礎的な知識を確認する。	Ⅰ．総合目録の概要 Ⅱ．各レコードの特徴 Ⅲ．検索の仕組みと書誌の同定 Ⅳ．所蔵レコードの記入方法 Ⅴ．総合
総合目録－図書中級	書誌作成の手順を理解し，目録規則，コーディングマニュアルの考え方に基づき，情報源から和洋図書の目録作成ができるかを評価する。	Ⅰ．目録の基礎 Ⅱ．書誌作成・和図書 Ⅲ．総合・和図書 Ⅳ．書誌作成・洋図書 Ⅴ．総合・洋図書
総合目録－雑誌中級	書誌作成の手順を理解し，目録規則，コーディングマニュアルの考え方に基づき，情報源から和洋雑誌の目録作成ができるかを評価する。	Ⅰ．目録の基礎 Ⅱ．書誌作成・和雑誌 Ⅲ．総合・和雑誌 Ⅳ．書誌作成・洋雑誌 Ⅴ．総合・洋雑誌
情報サービス－文献提供	文献提供にかかわる著作権などの制度についての知識，書誌事項の読み取り，文献探索の方法，所蔵調査，それにNACSIS-ILLの利用についての能力を総合的に評価する。	Ⅰ．文献提供総論 Ⅱ．書誌事項の解釈 Ⅲ．文献探索 Ⅳ．所蔵調査 Ⅴ．ILLシステム

（3）IAAL認定試験の出題範囲（出典）

　IAAL認定試験「総合目録－図書」「総合目録－雑誌」では，試験問題作成の出題範囲（出典）として，以下の資料が設定されています。

- 『目録情報の基準』[24]
- 『目録システム利用マニュアル』[25]
- 『目録システムコーディングマニュアル』[26]
- 『目録システム講習会テキスト　図書編』[27]
- 『目録システム講習会テキスト　雑誌編』[28]

さらに，IAAL認定試験「総合目録－図書中級」と「総合目録－雑誌中級」では，『日本目録規則』[29]と『英米目録規則』[30]も参照する必要があります。

一方，IAAL認定試験「情報サービス－文献提供」は，情報サービス業務における文献提供に焦点をあてて，IAALが独自に出題範囲を設計しました。そのため，IAAL認定試験「総合目録－図書」「総合目録－雑誌」とは異なり，「情報サービス－文献提供」の試験問題作成の出題範囲(出典)を網羅的に示すことは困難です。そこで，【資料②】の「情報サービス－文献提供」の出題枠組みでは，出題対象を記しました。ILLシステムについては，以下の資料があります。

- 『ILLシステム操作マニュアル』[31]
- 『ILLシステム操作マニュアル：ISO ILLプロトコル対応』[32]
- 『NACSIS-ILLシステム講習会テキスト』[33]

IAAL認定試験は，これらの出題範囲(出典)を踏まえて，NACSIS-CAT/ILLの業務に従事したことがある図書館職員が，試験問題の作成を行っています。IAAL認定試験の出典・参考教材一覧は，【資料③】として章末に掲載してあります。

IAAL認定試験問題集では，「総合目録－図書初級」の第1回から第4回までの出題(合計400題)，および，「総合目録－雑誌初級」の第1回から第4回までの出題(合計400題)を踏まえて，それぞれ100題の試験問題を選定・解説しています。「総合目録－図書中級」は，第1回から第4回までの出題(合計600題)を踏まえて，150題の試験問題を選定し，解説しています。さらに，「情報サービス－文献提供」については，第1回から第3回までの出題(300題)から100題を選定し，解説しています。IAAL認定試験「総合目録－図書」「総合目録－雑誌」の設問中で問う書誌レコードは，NACSIS-CATの入力基準に合致した，正しい記述がなされている書誌を想定しています。問題を解く際は，書誌レコードは正しい記述がなされているという前提で解答してください。設問中に提示した書誌レコードは，『目録システムコーディングマニュアル』に準拠しています。

なお，本書に収録したURL，出題対象の各種情報源・システムは，2015年7月現在のデータに基づいています。

2.3　IAAL認定試験の運営・実施

(1) IAAL認定試験の運営マニュアルの作成

各種の認定試験や検定試験が成功するには，良い試験問題を継続的に作成できる体制を整備するだけでなく，各試験が厳正かつ適切に実施される体制を整えることが，非常に重要です。特に，新しい認定試験や検定試験が，社会や関連領域(業界)で受容されるには，個々の試験が，厳密に実施されていることが担保されていなければなりません。認定試験や検

定試験の成否は，良問の継続的な作成と試験実施マニュアルの整備が，車の両輪として機能することにかかっています。

そこで，IAALは，IAAL認定試験を開始する際に，詳細なIAAL認定試験運営マニュアルを整備しました。各試験会場は，IAAL認定試験運営マニュアルに基づいて，試験会場の準備，受験者の受付，試験実施，試験会場の片付け，試験の事後処理，等を行っています。特に，受験者の本人確認は，受験申込み写真と本人確認書類(免許証，パスポート，等)を照合して，厳正な試験が担保できるように留意しています。IAAL認定試験運営マニュアルによって，各試験会場は，全国一斉に同一条件で，厳正な試験を実施しています。

(2) IAAL認定試験の実施

IAALは，2009年5月17日(日)に，IAAL認定試験「総合目録－図書初級」第1回を実施しました。IAAL認定試験「総合目録－図書初級」第1回は，東京と名古屋の2会場で行い，受験者総数は216名(東京180名，名古屋36名)でした。この試験の平均点は79.9点，合格基準80パーセント以上(正解80問以上)を充たした合格者は112名(52%)でした。IAAL認定試験では，試験改善のために，アンケートで受験者の目録業務経験年数等を質問しています。「総合目録－図書初級」第1回では，NACSIS-CATの経験年数が4年以上の受験者(99名)の中で，78人(79%)が合格しています[34]。

IAAL認定試験は，職員採用で実施される競争試験のように，受験者を選抜し落とすための試験ではありません。しかし，IAAL認定試験受験者が，個々の大学図書館業務に必要な実務能力について一定レベルに到達しているかどうかを判定するため，一定レベルに達していない場合は不合格になります。IAAL認定試験の開始直後は，IAAL認定試験問題集が刊行されていなかったため，試験勉強に取り組みにくい状況がありました。そこで，2012年4月に『IAAL大学図書館業務実務能力認定試験問題集 2012年版』[35]が初めて刊行され，2013年10月には『IAAL大学図書館業務実務能力認定試験問題集 2014年版』[36]が刊行されました。本書(2016年版)では，IAAL認定試験問題集の購入特典として，「総合目録－図書初級」「総合目録－雑誌初級」の過去問(第1回)をIAALのWebページから閲覧できるようになりました(本書の標題紙裏参照)。今後，本書(2016年版)を踏まえた試験勉強が可能になりますので，IAAL認定試験の合格者は増加すると思われます。特に，過去問公開後の「総合目録－図書初級」「総合目録－雑誌初級」は，合格者が急増する可能性があります。私見にすぎませんが，過去問公開によって合格者が急増する場合は，IAAL認定試験の質を維持するために，運転免許試験の学科試験(第一種運転免許の普通免許)と同様に，合格基準90パーセント以上(正解90問以上)にする必要があるかも知れません。

IAAL認定試験の実施結果は，各受験者に，試験の合否に関わらず各領域の得点を通知しています。そして，合格者には，運転免許証のような写真入りカード形態の合格証を発行しています[37]。

2009年5月以降，IAALは，年2回(春季(5月か6月上旬)と秋季(11月))，IAAL認定試験を実施してきました。2010年5月16日(日)には「総合目録－雑誌初級」第1回を行い，2010年11月7日(日)には「総合目録－図書中級」第1回を実施しました。2012年11月4日(日)には「情報サービス－文献提供」第1回を行い，2014年4月27日(日)には「総合目録－

雑誌中級」第1回を実施しました。さらに，IAAL認定試験が5種類整備されたことを受けて，2015年春季から，同日に2科目受験できる運営体制が整えられました。IAAL認定試験の実施状況は，『IAALニュースレター』を通じて，随時，広報してきました[38)39)]。IAAL認定試験の実施状況は，【資料④】として章末に掲載しましたので，どうぞご覧ください。

(3) IAAL試験マイスターの誕生

IAAL認定試験で設定した3領域(「総合目録－図書」「総合目録－雑誌」「情報サービス－文献提供」)の知識・実務能力は，図書館サービス(間接サービスと直接サービス)の基盤であり，3領域の知識・実務能力を兼ね備えた人材が求められています。

2015年7月，IAALは，「IAAL大学図書館業務実務能力認定試験マイスター」(略称，IAAL試験マイスター)を新設しました。IAAL試験マイスターのねらいは，IAAL認定試験の受験・合格を通じて，5種類の試験の知識・実務能力の自己研鑽と継続学習に努めた者を認定し，大学図書館業務に携わる者の自己研鑽の努力を奨励するとともに，大学図書館業務に携わる者のキャリア形成に資することです。

IAAL試験マイスターには，ブロンズ，シルバー，ゴールドの3段階(ランク)が設けられています。IAAL試験マイスターでは，IAAL認定試験に，3種類合格した者は(ブロンズ)，4種類合格した者は(シルバー)，5種類合格した者は(ゴールド)を，それぞれ認定申請できます。IAAL試験マイスターの詳細は，IAALのWebページをご覧ください[40)]。

3. IAAL認定試験問題集の活用方法

IAAL認定試験は，大学図書館で働く専任職員と非専任職員に，大学図書館業務の実務能力に関する自己研鑽と継続学習の目標・機会を提供することを目的としています。本節では，IAAL認定試験問題集の活用法について，説明します。

① NACSIS-CAT/ILLを用いた
　総合目録業務・図書館相互利用業務の自己研鑽の教材

この問題集は，IAAL認定試験「総合目録－図書初級」「総合目録－雑誌初級」「情報サービス－文献提供」の試験問題(各100題)と「総合目録－図書中級」の試験問題(150題)を収録し，各問題の解説を収録しています。NACSIS-CAT/ILLを用いた総合目録業務・図書館相互利用業務を担当する図書館職員は，総合目録や図書館相互利用に関する実務能力の向上を目指して，自己研鑽の教材として，この問題集を活用することができます。その際，【資料②】に掲載したIAAL認定試験の出題枠組みは，総合目録や図書館相互利用に関する重要項目を列挙したものとして，各自の知識の整理に役立ちます。

なお，IAAL認定試験「情報サービス－文献提供」は，大学図書館職員だけでなく，高度なレファレンスサービスに携わる専門図書館職員，公共図書館職員の自己研鑽にも役立ちます。

② NACSIS-CAT/ILLを用いた総合目録業務・図書館相互利用業務の研修教材

　IAAL認定試験「総合目録－図書初級」「総合目録－雑誌初級」「情報サービス－文献提供」の試験問題（各100題）と「総合目録－図書中級」の試験問題（150題）は，NACSIS-CAT/ILLの実務に即した内容で構成されています。NACSIS-CAT/ILLの担当図書館職員向けの研修等を開催する際に，研修教材として活用すると同時に，研修後の実務能力の測定手段としても活用することができます。さらに，必要に応じて，NACSIS-CAT/ILLを用いた総合目録業務，図書館相互利用業務，レファレンスサービス，等の担当者に，実際のIAAL認定試験の受験を薦めていただくことによって，担当職員の実務能力を測定することも可能になります。

③ IAAL認定試験の受験対策の教材

　IAAL認定試験「総合目録－図書初級」「総合目録－雑誌初級」「総合目録－図書中級」「情報サービス－文献提供」の受験対策として，実際に出題された問題を解くことによって，出題形式，問題の傾向，時間配分，等を把握することができます。

④ IAAL認定試験の受験後の復習教材

　IAAL認定試験「総合目録－図書初級」「総合目録－雑誌初級」「総合目録－図書中級」「情報サービス－文献提供」の受験者が，受験後の復習教材としてこの問題集を用いることによって，試験問題の解答を確認したり，出題された問題の理解を深めることができます。

⑤ 大学図書館職員を目指す学生・社会人の教材

　図書館情報学の履修学生や司書資格を取得中の学生・社会人の中で，大学図書館で働くことを強く希望される方は，この問題集を活用することによって，NACSIS-CAT/ILLを用いた総合目録業務，図書館相互利用業務，レファレンスサービス，等に必要な基礎知識を把握することができます[41]。

　このように，IAAL認定試験問題集は，多面的に活用することができます。

　IAAL認定試験「総合目録－図書初級」「総合目録－雑誌初級」では，目録や分類の詳細は出題していません。しかし，総合目録業務の担当者には，目録法や分類法の基本知識が不可欠です。目録法や分類法の詳細は，図書館法の「図書館に関する科目」の「情報資源組織論」と「情報資源組織演習」の教科書等を参照することによって，学習を深めることができます[42]。一方，IAAL認定試験「情報サービス－文献提供」では，基本的なレファレンス資料に関する知識が出題されます。レファレンス資料については，図書館法の「図書館に関する科目」の「情報サービス論」と「情報サービス演習」の教科書を参照してください[43][44]。

おわりに

　これまで，IAAL認定試験の実施の背景，IAAL認定試験の設計思想，IAAL認定試験問題集の活用方法について，説明してきました。IAAL認定試験の受験案内は，IAALのWebページ，『IAALニュースレター』，『図書館雑誌』(日本図書館協会)や『情報の科学と技術』(情報科学技術協会)の広告，等を通じて，随時，広報されていますので，これらの情報をご覧ください。

　1980年1月に，学術審議会の答申「今後における学術情報システムの在り方について」が示され，この答申に基づいて，その後の文部省(現，文部科学省)の学術情報政策が推進されました。そして，1986年4月に学術情報センター (National Center for Science Information Systems：略称NACSIS)が設立され，2000年4月にはNACSISを廃止・転換して，国立情報学研究所(NII)が設置されました[45]。

　今日のNIIの目録所在情報サービス(NACSIS-CAT/ILL)は，長年，NACSIS-CAT/ILLに携わられてきたNACSISとNIIの教職員によって開発・整備され，NACSIS-CAT/ILLの書誌データを作成してきた全国の大学図書館職員，等によって支えられてきました。現在，NACSIS-CAT/ILLの書誌データは，NACSIS Webcat (1997年4月1日提供開始－2013年3月8日終了)とその後継のCiNii Books (2011年11月9日提供開始)等を通じて，世界中から検索できるようになっています。学術情報を探索する際に，幅広い利用者が，書誌ユーティリティとしてのNACSIS-CAT/ILLから恩恵を受ける時代になりました。

　歴代のNACSISとNIIの教職員の皆様，NACSIS-CAT/ILLの書誌データを作成する大学図書館職員の皆様方の努力の蓄積があったからこそ，IAALは，IAAL認定試験「総合目録－図書」「総合目録－雑誌」「情報サービス－文献提供」を設計・開発することができました。各種の認定試験が，社会や関連領域(業界)で一定の評価を得るには，個々の試験が10年程度継続的に実施されることが不可欠であると思います。IAAL認定試験が定着し，一定の評価を得ることができれば，大学図書館における専門職員認定制度の評価ポイントのひとつとして，活用される可能性も高まります[46)47)]。

　2010年に，長谷川昭子(日本大学)と薬袋秀樹(筑波大学)の研究を通じて，検定試験制度の継続実施には，初年度に約650万円，次年度以降は毎年450万円が必要であるとの費用試算がなされました[48]。2009年以降，IAALはIAAL認定試験を年2回(春季・秋季)開催してきましたが，IAAL認定試験の運営経費を確保するために，NPO法人としてさまざまなご苦労があったのではないかと推察します。IAAL認定試験が図書館界のささやかな基盤として継続できるように，大学図書館等で働く図書館職員の皆様，大学図書館職員を目指す学生・社会人の皆様方に，IAAL認定試験に幅広くチャレンジしていただけますと幸いです。

　IAAL認定試験が継続的に実施され，社会や関連領域(業界)で評価される認定試験に育つことを，IAAL認定試験の準備段階から実施までの検討に参加した者の一人として，見守って参りたいと思います。

注・引用文献

1) 高野真理子. 特集, 図書館の「応援団」：NPO法人大学図書館支援機構のミッション. 図書館雑誌. 2007.10, vol.101, no.10, p.682-683.
2) "特定非営利活動法人大学図書館支援機構定款."特定非営利活動法人大学図書館支援機構. http://www.iaal.jp/_files/about/teikan20141209.pdf　参照は, p.[1].
3) IAALの諸活動は, 以下の文献で紹介されている. 牛崎進. 特集, 図書館業務のアウトソーシング：アウトソーシングと大学図書館論. 情報の科学と技術. 2007.7, vol.57, no.7, p.320-324. 牛崎進. 大学図書館の新たな発展をめざして：NPO法人大学図書館支援機構の発足報告(第9回図書館総合展). 薬学図書館. 2008.1, vol.53, no.1, p.40-46. 牛崎進. 特集, 大学図書館：大学図書館をつなぐ新たな試み：NPO法人「大学図書館支援機構」の活動. Lisn. 2008.9, no.137, p.14-17.
4) 竹内比呂也. "第1章　大学図書館の現状と政策."変わりゆく大学図書館. 逸村裕, 竹内比呂也編. 勁草書房, 2005.7, p.3-18.　参照は, p.3-8.
5) 日本図書館協会図書館調査事業委員会編. 日本の図書館：統計と名簿. 2014[年版], 日本図書館協会, 2015.1, 511p.　参照は, p.230-233.
6) 佐藤翔, 逸村裕. 大学図書館における外部委託状況の量的調査. Library and Information Science. 2008.12, no.60, p.1-27.　参照は, p.4-7.
7) 野中郁次郎, 紺野登. 知識経営のすすめ：ナレッジマネジメントとその時代. 筑摩書房, 1999.12, 238p., (ちくま新書, 225).　参照は, p.104-115.
8) 図書館情報大学生涯学習教育研究センター編. すべての図書館に専門職員の資格制度を：大学, 公共, 専門, 病院図書館と司書養成の現場から. つくば, 図書館情報大学生涯学習教育研究センター, 2002.8, 62p.　参照は, p.6-11.
9) 薬袋秀樹. 特集, 図書館員の専門性向上と研修：図書館職員の研修と専門職の形成：課題と展望. 図書館雑誌. 2002.4, vol.96, no.4, p.230-233.
10) 上田修一, 根本彰. 「情報専門職の養成に向けた図書館情報学教育体制の再構築に関する総合的研究」最終報告書. 日本図書館情報学会誌. 2006.6, vol.52, no.2, p.101-128.
11) 図書館情報学検定試験については, 以下の文献で紹介されている. 根本彰. 特集, 図書館情報学教育の行方：今後の図書館員養成と検定試験構想. 図書館雑誌. 2009.4, vol.103, no.4, p.229-232. 根本彰. 図書館情報学検定試験の実施計画について. 図書館雑誌. 2009.9, vol.103, no.9, p.640-643. 根本彰, 上田修一, 小田光宏, 永田治樹共著. 図書館情報学検定試験問題集. 日本図書館協会, 2010.4, 163p. 根本彰[研究代表者]. 図書館情報学検定試験報告書. 東京大学大学院教育学研究科生涯学習基盤経営コース, 2015.3, 109p. 図書館情報学検定試験のためのテキストとして, 以下の図書が刊行されている. 根本彰編. 図書館情報学基礎. 東京大学出版会, 2013.5, viii,267p., (シリーズ図書館情報学, 第1巻). 根本彰, 岸田和明編. 情報資源の組織化と提供. 東京大学出版会, 2013.7, viii,198p., (シリーズ図書館情報学, 第2巻). 根本彰編. 情報資源の社会制度と経営. 東京大学出版会, 2013.6, viii,286p.(シリーズ図書館情報学, 第3巻).
12) 薬袋秀樹. 「司書の専門的知識の自己評価試験」の提案. 図書館雑誌. 1999.3, vol.93, no.3, p.221.
13) 科学技術・学術審議会 学術分科会 研究環境基盤部会 学術情報基盤作業部会. 学術情報基盤の今後の在り方について：報告. [文部科学省], 2006.3, 100p. この報告書は, 文部科学省のWebページで公開(http://www.mext.go.jp/b_menu/shingi/gijyutu/gijyutu4/toushin/__icsFiles/afieldfile/2013/07/16/1213896_001.pdf).　参照は, p.59.
14) 大庭一郎, 桑原智美. "国立大学の図書館職員の採用試験問題の分析：国家公務員採用Ⅱ種試験「図書館学」と国立大学法人等職員採用試験「事務系(図書)」を中心に."2007年日本図書館情報学会春季研究集会発表要綱. 2007年日本図書館情報学会春季研究集会事務局編. つくば, 日本図書館情報学会, 2007.3, p.15-18.
15) 道路交通法. http://law.e-gov.go.jp/htmldata/S35/S35HO105.html
16) 道路交通法施行規則. http://law.e-gov.go.jp/htmldata/S35/S35F03101000060.html
17) 国家公安委員会. 交通の方法に関する教則(平成26年9月1日現在). http://www.npa.go.jp/koutsuu/kikaku/kyousoku/index.htm
18) 問題の研究：出題傾向の分析：仮免・本免・学科教習別. 平尾出版, [1990], 128p.
19) 長信一. これだけ覚える普通免許問題. 成美堂出版, 2010.2, 191p.　参照は, p.10.

20) 長信一. 一発合格！普通免許一問一答問題集. 高橋書店, 2011.7, 159p. 参照は, p.2-3.
21) 高野真理子. 大学図書館業務研修のインストラクショナル・デザイン. 大学図書館研究. 2011.3, no.91, p.15-23. 引用は, p.21.
22) NPO法人大学図書館支援機構(IAAL). 特集, 働きながら学ぶⅢ 専門図書館に役立つ資格・検定：IAAL大学図書館業務実務能力認定試験について. 専門図書館. 2013.5, no.259, p.10-14.
23) NPO法人大学図書館支援機構. IAAL大学図書館業務実務能力認定試験受験案内：総合目録－図書初級(第8回)・総合目録－雑誌中級(第1回). [2014.1], A4判1枚. http://www.iaal.jp/_files/news/140427_juken.pdf
24) 学術情報センター編. 目録情報の基準. 第4版, 学術情報センター, 1999.12, 1冊. http://catdoc.nii.ac.jp/MAN/KIJUN/kijun4.html
25) 国立情報学研究所学術基盤推進部学術コンテンツ課編. 目録システム利用マニュアル. 第6版, 国立情報学研究所学術基盤推進部学術コンテンツ課, 2011.12, 1冊. http://catdoc.nii.ac.jp/MAN/CAT6/mokuji.html
26) 国立情報学研究所学術基盤推進部学術コンテンツ課[編]. 目録システムコーディングマニュアル. 国立情報学研究所学術基盤推進部学術コンテンツ課, 2011.5, 1冊. http://catdoc.nii.ac.jp/MAN2/CM/mokuji.html
27) 国立情報学研究所. 目録システム講習会テキスト　図書編. 平成26年度, 国立情報学研究所, 2014.4, iii,142p. http://www.nii.ac.jp/hrd/ja/product/cat/text/webuip/ttxt2014.pdf
28) 国立情報学研究所. 目録システム講習会テキスト　雑誌編. 平成26年度, 国立情報学研究所, 2014.4, iii,182p. http://www.nii.ac.jp/hrd/ja/product/cat/text/webuip/ztxt2014.pdf
29) 日本図書館協会目録委員会編. 日本目録規則. 1987年版改訂3版, 日本図書館協会, 2006.6, xxii,445p.
30) Anglo-American Cataloguing Rules. 2nd ed.,2002 revision, Chicago, American Library Association, 2002, 1v.
31) 情報・システム研究機構国立情報学研究所学術基盤推進部学術コンテンツ課. ILLシステム操作マニュアル. 第7版, 情報・システム研究機構国立情報学研究所学術基盤推進部学術コンテンツ課, 2012.3, 1冊. http://catdoc.nii.ac.jp/MAN/ILL7/index.html
32) 情報・システム研究機構国立情報学研究所学術基盤推進部学術コンテンツ課編. ILLシステム操作マニュアル：ISO ILLプロトコル対応. 第3版, 情報・システム研究機構国立情報学研究所学術基盤推進部学術コンテンツ課, 2010.12, 1冊. http://catdoc.nii.ac.jp/MAN/ISO3/index.html
33) 国立情報学研究所. NACSIS-ILLシステム講習会テキスト. 国立情報学研究所, [2012.4], iii,101p. http://www.nii.ac.jp/hrd/ja/product/ill/illtxt2012.pdf
34) NPO法人大学図書館支援機構. 「IAAL大学図書館業務実務能力認定試験」について. 図書館雑誌. 2010.2, vol.104, no.2, p.90-93.
35) IAAL認定試験問題集編集委員会編. IAAL大学図書館業務実務能力認定試験問題集. 2012年版, NPO法人大学図書館支援機構, 2012.4, iv,131p.
36) IAAL認定試験問題集編集委員会編. IAAL大学図書館業務実務能力認定試験問題集：専門的図書館員をめざす人へ. 2014年版, 樹村房, 2013.10, 161p. 2014年版の書評は, 以下の文献で紹介されている. 加藤晃一. 資料紹介. 大学の図書館. 2014.5, vol.33, no.5, p.77-79. 慈道佐代子. 書評. 図書館界. 2014.9, vol.66, no.3, p.234-235. 茂出木理子. 書評. 大学図書館研究. 2014.12, no.101, p.125-126.
37) 前掲21)　p.22.
38) "IAALニュースレター."特定非営利活動法人大学図書館支援機構. https://www.iaal.jp/newsletter/index.shtml IAAL認定試験の概要は, no.3, p.1-6(2009.5), no.4, p.10-11(2009.10), no.5, p.2-7(2010.3), no.6, p.2-5(2010.7), no.7, p.2-5(2010.10), no.8, p.2-7,10-11(2011.3), no.9, p.6-10(2011.10), no.10, p.6-11(2012.4), no.11, p.4-10(2012.10), no.12, p.6-10(2013.4), no.13, p.8-9(2013.10), no.14, p.2-10(2014.4), に記されている.
39) IAAL認定試験は, 以下の文献でも紹介されている. NPO法人大学図書館支援機構. 特集, 「資格認定」の取り組み－協会認定司書を位置づけていくために：「IAAL大学図書館業務実務能力認定試験」の実施状況とこれから. 図書館雑誌. 2012.10, vol.106, no.10, p.711-713. 高野真理子. 2012年度第2回研究集会報告テーマ, 図書館情報学の資格認定制度と検定試験：IAAL認定試験が目指すもの. 日本図書館協会図書館学教育部会会報. 2013.3, no.103, p.10-12. 高野真理子. 特集, 大学図書館2014：大学図書館の研修の事業化. 図書館雑誌. 2014.12, vol.108, no.12, p.806-807.
40) NPO法人大学図書館支援機構. IAAL大学図書館業務実務能力認定試験マイスター. 2015.6, A4判2枚. http://www.iaal.jp/_files/examination/IAALMeister.pdf

41) 4年制大学で図書館情報学を専攻する学部生の中には，IAAL認定試験問題集とNACSIS-CAT/ILLセルフラーニング教材(http://www.nii.ac.jp/hrd/ja/product/cat/slcat.html)を活用して試験勉強に取り組み，在学中に「総合目録－図書初級」に合格する学生も誕生している。学部生の合格体験記は，IAALニュースレターのno.14, p.9(2014.4)に掲載．

42) 優れた教科書等の一例として，次の文献が挙げられる．田窪直規編．情報資源組織論．樹村房，2011.4, xii,209p., (現代図書館情報学シリーズ，9)．小西和信，田窪直規編．情報資源組織演習．樹村房，2013.11, xii,263p., (現代図書館情報学シリーズ，10)．上田修一，蟹瀬智弘．RDA入門：目録規則の新たな展開．日本図書館協会，2014.2, x,205p., (JLA図書館実践シリーズ，23)．宮沢厚雄．分類法キイノート：日本十進分類法[新訂10版]対応．樹村房，2015.4, 88p．蟹瀬智弘．NDCへの招待：図書分類の技術と実践．樹村房，2015.5, 293p.

43) レファレンス資料に関する名著として，次の文献が挙げられる．長澤雅男，石黒祐子共著．レファレンスブックス：選びかた・使いかた．新訂版，日本図書館協会，2015.1, x,242p.

44) 大庭一郎．"8章 各種情報源の特徴と利用法."情報サービス論．山﨑久道編．樹村房，2012.4, p.173-202, (現代図書館情報学シリーズ，5)．この文献では，長澤雅男の提唱した情報・文献探索の枠組みが，文献・情報探索の概念図(p.188-189)にまとめられており，「質問内容の種類」と「利用するレファレンス資料の種類」の類型を示したものとして，幅広く活用することができる．

45) 宮澤彰．図書館ネットワーク：書誌ユーティリティの世界．丸善，2002.3, vi,193p., (情報学シリーズ，5)．参照は，p.45-51.

46) 片山俊治．特集，大学図書館2009：大学図書館における専門職員認定制度の可能性：国立大学図書館協会中国四国地区協会「図書・学術情報系専門員資格認定制度」をモデルとして．図書館雑誌．2009.11, vol.103, no.11, p.750-755.

47) 甲斐重武．2012年度第2回研究集会報告テーマ，図書館情報学の資格認定制度と検定試験：大学図書館における資格認定の試み：国立大学図書館協会中国四国地区協会「図書・学術情報系専門資格認定制度」の評価と改善．日本図書館協会図書館学教育部会会報．2013.3, no.103, p.4-6.

48) 長谷川昭子，薬袋秀樹．専門図書館職員のための認定資格制度．Library and Information Science. 2010.12, no.64, p.109-133．参照は，p.117-118,133.

(URL最終確認：2015年7月27日)

資料① IAAL認定試験の試験科目一覧

　IAAL認定試験では,「総合目録－図書初級」「総合目録－雑誌初級」「総合目録－図書中級」「総合目録－雑誌中級」「情報サービス－文献提供」の5種類の試験を実施しています。各試験の概要(2015年8月現在)は,以下のとおりです。

総合目録－図書初級 総合目録－雑誌初級	出題形式 試験時間 合格基準 受験料 受験資格	正誤式のマークシート試験　100問 50分 正答率80％以上(正解80問以上) 4,000円(IAAL会員3,000円) 資格制限なし
総合目録－図書中級	出題形式 試験時間 合格基準 受験料 受験資格	多肢選択式のマークシート試験　150問 90分 正答率80％以上(正解120問以上) 5,000円(IAAL会員4,000円) 「総合目録－図書初級」合格者
総合目録－雑誌中級	出題形式 試験時間 合格基準 受験料 受験資格	多肢選択式のマークシート試験　150問 90分 正答率80％以上(正解120問以上) 5,000円(IAAL会員4,000円) 「総合目録－雑誌初級」合格者,もしくは 「総合目録－図書中級」合格者
情報サービス－文献提供	出題形式 試験時間 合格基準 受験料 受験資格	正誤式のマークシート試験　100問 50分 正答率80％以上(正解80問以上) 5,000円(IAAL会員4,000円) 資格制限なし

　2015年7月,IAALは,IAAL認定試験の受験・合格を通じて,5種類の試験の知識・実務能力の自己研鑽と継続学習に努めた者を認定し,大学図書館業務に携わる者の自己研鑽の努力を奨励するとともに,大学図書館業務に携わる者のキャリア形成に資することをねらいとして,「IAAL大学図書館業務実務能力認定試験マイスター」(略称,IAAL試験マイスター)を新設しました。IAAL試験マイスターには,以下の3段階(ランク)があり,それぞれ認定申請できます。
　　・IAAL試験マイスター(ブロンズ)　　3種類合格した者
　　・IAAL試験マイスター(シルバー)　　4種類合格した者
　　・IAAL試験マイスター(ゴールド)　　5種類合格した者
　IAAL認定試験の受験案内,および,IAAL試験マイスターの詳細は,IAALのWebページをご覧ください。

資料② IAAL認定試験の出題枠組み

　IAAL認定試験では，各試験科目に5つの「出題領域」を設け，毎回，その枠組みに基づいて問題を構成しています。「総合目録－図書初級」と「総合目録－雑誌初級」は，各領域内に「範囲」と「テーマ」を設定し，100問出題されます。「総合目録－図書中級」と「総合目録－雑誌中級」は，「目録の基礎」以外は和洋で領域が分かれ，150問出題されます。「情報サービス－文献提供」の場合は，「出題領域」と「出題区分」を設定し，両者を組合せながら100問の問題を構成しています。

　今回の問題集では，各章の問題は以下の出題枠組みに沿った内容となっています。出題枠組みは，IAAL認定試験の学習ポイント，および，NACSIS-CATに関する学習ポイントとして活用できます。各章の問題・解説を読む際に，これらの出題枠組みを念頭に置いて，本書を利用してください。

【総合目録－図書初級】

範囲	テーマ
領域Ⅰ．総合目録の概要	
NACSISの概要・目的	共同分担入力方式
	CATとILLの関係
	CiNii Books, Webcat Plus
	参加館のダウンロード利用
データベース構成	書誌ファイル
	所蔵ファイル
	典拠ファイル
	参照ファイル
	図書と雑誌
	レコードとファイル
	共有データと参加館固有データ
	データの修正と削除
リンク関係	リンクの種類
	書誌レコードと所蔵レコード
	書誌レコードと書誌レコード
	書誌レコードと著者名典拠レコード
	書誌レコードと統一書名典拠レコード
参照ファイル	参照ファイルの特性
	目録システム間リンク
規則	目録情報の基準
	コーディングマニュアル
	目録規則
	区切り記号法
	転記の原則
	情報源
検索のしくみ	インデックス検索の特徴
	漢字統合インデックス
	ストップワード，デリミタ

範囲	テーマ
領域Ⅱ．各レコードの特徴	
書誌単位・書誌構造	図書書誌レコード作成単位
	書誌構造
	出版物理単位
	バランスしない書誌構造
	固有のタイトル
著者名典拠レコード	著者名典拠の機能
	著者名典拠レコード作成単位
統一書名典拠レコード	統一書名典拠の機能
	統一書名典拠レコード作成単位
所蔵レコード	所蔵レコード作成単位
領域Ⅲ．検索の仕組み	
インデックスの切り出し	TITLEKEY
	AUTHKEY
	PUBLKEY, PUBPKEY
	AKEY
	その他のキー
	分かち書きとヨミ
検索機能	正規化
	検索キーフィールド，前方一致等
	論理積
有効な検索キー	有効な検索キーとは
	ISBNでの検索
	タイトルでの検索
	編著者での検索
	その他の検索
	書誌データから読み解く有効な検索キー
領域Ⅳ．書誌同定	
書誌同定	
領域Ⅴ．総合	
「範囲」「テーマ」を設定せず，情報源の図を用いて，目録に関する総合的な問題を出題	

【総合目録－雑誌初級】

範囲	テーマ
領域Ⅰ．総合目録の概要	
NACSISの概要・目的	共同分担入力方式
	CATとILLの関係
	CiNii Books, Webcat Plus
	参加館のダウンロード利用
データベース構成	書誌ファイル
	所蔵ファイル
	典拠ファイル
	参照ファイル
	タイトル変遷ファイル
	図書と雑誌
	レコードとファイル
	共有データと参加館固有データ
	データの修正と削除
リンク関係	リンクの種類
	書誌レコードと所蔵レコード
	書誌レコードと著者名典拠レコード
	変遷前後誌
	タイトル変遷マップ
参照ファイル	参照ファイルの特性
	システム間リンク
規則	目録情報の基準
	コーディングマニュアル
	目録規則
	転記の原則
	区切り記号法
	情報源
検索のしくみ	インデクス検索の特徴
	漢字統合インデクス
	ストップワード，デリミタ

範囲	テーマ
領域Ⅱ．各レコードの特徴	
書誌単位・書誌構造	雑誌書誌レコード作成単位
	タイトル変遷
	基準とする号
著者名典拠レコード	著者名典拠の機能
	著者名典拠レコード作成単位
タイトル変遷マップ	タイトル変遷マップの機能
	変遷報告
所蔵レコード	所蔵レコード作成単位
	巻レベル・号レベル
	書誌と所蔵の巻次年月次の関係
領域Ⅲ．検索の仕組みと書誌の同定	
インデクスの切り出し	TITLEKEY
	AUTHKEY
	PUBLKEY, PUBPKEY
	AKEY
	その他のキー
	分かち書きとヨミ
検索機能	正規化
	検索キーフィールド，前方一致等
	論理積
有効な検索キー	有効な検索キーとは
	ISSNでの検索
	タイトルでの検索
	編著者での検索
	その他の検索
書誌同定	書誌同定
領域Ⅳ．所蔵レコードの記入方法	
所蔵年次（HLYR）	
所蔵巻次（HLV）	
継続受入（CONT）	
領域Ⅴ．総合	
「範囲」「テーマ」を設定せず，情報源の図を用いて，目録に関する総合的な問題を出題	

【総合目録－図書中級】

＊各領域内の項目の内容や配分は，回によって異なります。

領域Ⅰ．目録の基礎
登録総論，参照ファイルからの流用入力，削除予定レコード化，書誌修正指針
書誌単位，書誌階層の意味，固有のタイトル，図書と雑誌
転記の原則・文字セット，ヨミと分かち，区切り記号
著者名典拠コントロールの意味
目録規則，情報源，入力レベル
コードブロック，記述ブロック，主題ブロック(分類，件名)
各種資料のマニュアル　など

領域Ⅱ．書誌作成・和図書
複製・原本代替資料
付属資料
更新資料
GMD/SMD
YEAR, CNTRY, REPRO
TTLL/TXTL/ORGL
VOL, ISBN, PRICE, XISBN
その他のコードフィールド
TR
ED
PUB
PHYS
VT
CW
NOTE
PTBL
AL
UTL
CLS, SH

領域Ⅳ．書誌作成・洋図書
複製・原本代替資料
付属資料
更新資料
GMD/SMD
YEAR, CNTRY, REPRO
TTLL/TXTL/ORGL
VOL, ISBN, PRICE, XISBN
その他のコードフィールド
TR
ED
PUB
PHYS
VT
CW
NOTE
PTBL
AL
UTL
CLS, SH

領域Ⅲ．総合・和図書
	流用	新規	修正
階層あり・階層なし			
出版物理単位			
複製版，非売品等々			

領域Ⅴ．総合・洋図書
(英語・独語・仏語)	流用	新規	修正
階層あり・階層なし			
出版物理単位			
複製版，非売品等々			

【総合目録－雑誌中級】

＊各領域内の項目の内容や配分は，回によって異なります。

領域Ⅰ．目録の基礎

登録総論，参照ファイルからの流用入力，削除予定レコード化
書誌単位，図書と雑誌，基準とする号，複製資料
転記の原則・文字セット，ヨミと分かち，区切り記号
著者名典拠コントロールの意味
目録規則，情報源，入力レベル
コードブロック，記述ブロック，主題ブロック
電子ジャーナル　など

領域Ⅱ．書誌作成・和雑誌

タイトル変遷
複製資料
総称的タイトル
GMD/SMD
YEAR, CNTRY, REPRO
TTLL/TXTL/ORGL
PSTAT, FREQ, REGL, TYPE
ISSN, その他のコードフィールド
TR
ED
VLYR
PUB
PHYS
VT
NOTE
FID/BHNT
AL

領域Ⅳ．書誌作成・洋雑誌

タイトル変遷
複製資料
総称的タイトル
GMD/SMD
YEAR, CNTRY, REPRO
TTLL/TXTL/ORGL
PSTAT, FREQ, REGL, TYPE
ISSN, その他のコードフィールド
TR
ED
VLYR
PUB
PHYS
VT
NOTE
FID/BHNT
AL

領域Ⅲ．総合・和雑誌

	流用	新規	修正
初号あり・初号なし			
軽微な変化／書誌変遷			
復刻版，巻次変更等々			

領域Ⅴ．総合・洋雑誌

（英語・独語・仏語）	流用	新規	修正
初号あり・初号なし			
軽微な変化／書誌変遷			
復刻版，巻次変更等々			

＊「総合目録－雑誌中級」の問題と解説は，この問題集に収録していません。

【情報サービス－文献提供】
出題領域

内容	出題対象

領域Ⅰ．文献提供総論
文献入手の仕組み，相互貸借の理念や運用，著作権などの文献提供に関わる基礎知識	国立情報学研究所の図書館間相互利用関係法令および申合せサイト（http://www.nii.ac.jp/CAT-ILL/archive/illmanual/law.html）「大学図書館における著作権問題Q&A」等 基本辞書の使い方

領域Ⅱ．書誌事項の解釈
文献リストから文献種別の判定や書誌事項を読み取る能力	SIST 学術論文の書き方に関する資料 『相互利用マニュアル』（NPO法人日本医学図書館協会）等

領域Ⅲ．文献探索
文献種別に応じた入手法，文献データベースの特徴と検索手法，サーチエンジンを通じた文献入手	雑誌記事，図書・雑誌，新聞記事，学位論文，統計（主に政府刊行物），規格，法令・判例等の各データベース，オープンアクセス，機関リポジトリの検索方法

領域Ⅳ．所蔵調査
大学図書館およびその他国内の所蔵，海外の所蔵	NACSIS-CATの検索（『目録情報の基準』『目録システム利用マニュアル』等），国立国会図書館の検索（NDL-OPAC,NDLサーチ，『国立国会図書館図書協力ハンドブック』），各サイトの利用マニュアル

領域Ⅴ．ILLシステム
NACSIS-ILLの利用に関する問題	『ILLシステム操作マニュアル』 『NACSIS-ILLシステム講習会テキスト』

出題区分

問題種別		出題内容
基礎問題		最新の文献提供に関わる用語や，データベース，ILLの基礎知識
応用問題	基本辞書	レファレンス業務に必要な，基本的な辞書・事典類を活用するための知識
	図書	図書（単行書のほか，学位論文や規格，法令・判例資料なども含む）の書誌情報を読み解き，文献を的確に提供できる知識
	雑誌	雑誌（新聞なども含む）の書誌情報を読み解き，文献を的確に提供できる知識
	テーマ	特定のテーマをもとに，それに関する文献を広く探索し提供できる知識

資料③ 出典・参考教材一覧：「総合目録」・「情報サービス—文献提供」（領域Ⅴ）

　「総合目録」の問題の出典は，おもに下記の資料によります。問題集の各解説文の末尾には，出典となる資料を省略形で示してあります。これらの資料のほとんどはインターネット上で参照することができますので，本書とあわせて適宜参照してください。

　「情報サービス—文献提供」の出典については，「総合目録」のようにまとまったテキストはありませんが，資料②に出題の枠組みをまとめていますので，そちらをご覧ください。領域ⅤのILLシステムに関する出典・教材のみ，ここに掲載しています。

- ここに記したURLは2015年7月現在のものです。
- セルフラーニング教材については，国立情報学研究所の要領に従ってご利用ください。

出典・参考文献	解説中の省略形
目録情報の基準　第4版　国立情報学研究所 総合目録初級の試験では，NACSIS-CATおよび総合目録データベースの概要や知識等を問うているため，その基本的な考え方を示した『目録情報の基準』から多くの問題を出題しています。また，ヨミや分かち書きの規則なども，この『基準』を参照してください。 http://catdoc.nii.ac.jp/MAN/KIJUN/kijun4.html	基準
目録システム利用マニュアル　第6版　国立情報学研究所 具体的な検索の仕組みについて知るには，この中でも2.7検索の仕組み，付録C.インデクス作成仕様，付録D.特殊文字・記号などが参考になります。 http://catdoc.nii.ac.jp/MAN/CAT6/mokuji.html	利用マニュアル
ILLシステム操作マニュアル　第7版　国立情報学研究所 http://catdoc.nii.ac.jp/MAN/ILL7/index.html	操作マニュアル
ILLシステム操作マニュアル ISO ILLプロトコル対応 第3版　国立情報学研究所 http://catdoc.nii.ac.jp/MAN/ISO3/index.html	

出典・参考文献	解説中の省略形
目録システム講習会テキスト　図書編・雑誌編　平成26年度　国立情報学研究所	テキスト
総合目録の出題範囲の内容は，目録システム講習会のテキストにも簡潔にまとめられています。下記のサイトに公開されていますので，誰でも参照することができます。 http://www.nii.ac.jp/hrd/ja/product/cat/text_index.html	
ILLシステム講習会テキスト　国立情報学研究所	テキスト
国立情報学研究所主催のILLシステム講習会は平成24年度をもって終了しましたが，テキストは下記のサイトに公開されています。 http://www.nii.ac.jp/hrd/ja/product/cat/text_index.html	
目録システムコーディングマニュアル　国立情報学研究所	C.M.
総合目録初級は検索，同定，所蔵登録ができることを評価するものですので，コーディングマニュアルについては，0.4のみを出題の範囲としています。また，16章図書所蔵レコード，17章雑誌所蔵レコードも参考にするとよいでしょう。 総合目録中級は，『日本目録規則』『Anglo-American Cataloguing Rules』とあわせて，このコーディングマニュアルを適宜参照する必要があります。 http://catdoc.nii.ac.jp/MAN2/CM/mokuji.html	
NACSIS-CAT/ILLセルフラーニング教材　国立情報学研究所	
ILLシステム講習会の内容はすべてe-ラーニング化されています。 目録システム講習会の内容についても，順次e-ラーニング化が進められており，2015年度には講習会カリキュラムの内，書誌登録までがこのセルフラーニング教材で学習できるようになりました。NACSIS-CATに関するさまざまな知識が分かりやすくまとめられていますので，講習会に参加できなかった方，講習会参加からしばらく時間が経ってしまった方など，国立情報学研究所の利用規定に従って，この教材を利用してください。 http://www.nii.ac.jp/hrd/ja/product/cat/slcat.html	
日本目録規則　改訂3版　日本図書館協会	NCR
総合目録中級では，和資料の目録についての問題で，常に参照する必要があります。	
Angro-American Cataloguing Rules. 2nd ed., 2002 revision.	AACR2
総合目録中級では，洋資料の目録についての問題で，常に参照する必要があります。	

NACSIS-CAT/ILLに関する参考サイト

- ■ 国立情報学研究所　目録所在情報サービス　http://www.nii.ac.jp/CAT-ILL/
  （国立情報学研究所が運営する，目録所在情報サービスの総合的なページです。）
- ■ NACSIS-CAT/ILL　Q&A DB　https://cattools.nii.ac.jp/qanda/kensaku.php
  （日々の目録業務で発生する質問と回答が蓄積されています。）

資料④　IAAL認定試験の実施状況

【実施状況】

年度	開催日	開催場所	科目	回次
2009 春季	2009年 5月17日（日）	東京・名古屋	総合目録-図書初級	第1回
2009 秋季	2009年11月15日（日）	東京・大阪	総合目録-図書初級	第2回
2010 春季	2010年 5月16日（日）	東京・大阪・福岡	総合目録-図書初級	第3回
			総合目録-雑誌初級	第1回
2010 秋季	2010年11月 7日（日）	東京・大阪	総合目録-図書中級	第1回
			総合目録-雑誌初級	第2回
2011 春季	2011年 6月 5日（日）	東京・名古屋	総合目録-図書初級	第4回
			総合目録-雑誌初級	第3回
2011 秋季	2011年11月20日（日）	東京・大阪	総合目録-図書中級	第2回
			総合目録-雑誌初級	第4回
2012 春季	2012年 5月27日（日）	東京・大阪	総合目録-図書初級	第5回
			総合目録-雑誌初級	第5回
2012 秋季	2012年11月 4日（日）	東京・大阪	総合目録-図書初級	第6回
			情報サービス-文献提供	第1回
2013 春季	2013年 5月19日（日）	東京・大阪	総合目録-図書中級	第3回
			総合目録-雑誌初級	第6回
2013 秋季	2013年11月10日（日）	東京・名古屋・北九州	総合目録-図書初級	第7回
			情報サービス-文献提供	第2回
2014 春季	2014年 4月27日（日）	東京・大阪	総合目録-図書初級	第8回
			総合目録-雑誌中級	第1回
2014 秋季	2014年11月 9日（日）	東京・大阪	総合目録-図書中級	第4回
			情報サービス-文献提供	第3回
2015 春季	2015年 5月24日（日）	東京・大阪	総合目録-図書初級	第9回
			総合目録-雑誌初級	第7回

【受験者・合格者・合格率】

科目		応募者	受験者	合格者	合格率
総合目録-図書初級	第1回	221	216	112	51.9%
	第2回	216	207	78	37.7%
	第3回	146	139	72	51.8%
	第4回	154	147	78	53.1%
	第5回	134	129	72	55.8%
	第6回	176	169	77	45.6%
	第7回	141	134	72	53.7%
	第8回	123	116	65	56.0%
	第9回	168	159	80	50.3%
	小計	1,479	1,416	706	49.9%
総合目録-雑誌初級	第1回	88	76	52	68.4%
	第2回	70	64	22	34.4%
	第3回	27	24	10	41.7%
	第4回	66	60	18	30.0%
	第5回	67	60	42	70.0%
	第6回	83	75	32	42.7%
	第7回	157	149	71	47.7%
	小計	558	508	247	48.6%
総合目録-図書中級	第1回	106	103	44	42.7%
	第2回	59	58	24	41.4%
	第3回	82	81	29	35.8%
	第4回	58	55	27	49.1%
	小計	305	297	124	41.8%
総合目録-雑誌中級*	第1回	28	27	16	59.3%
情報サービス-文献提供	第1回	100	97	35	36.1%
	第2回	85	83	24	28.9%
	第3回	105	103	29	28.2%
	小計	290	283	88	31.1%
	累計	2,660	2,531	1,181	46.7%

＊「総合目録－雑誌中級」の問題と解説は，この問題集に収録していません。

カタロガーの独り言…①

背から本タイトル!?

　NIIの「目録システムコーディングマニュアル（以下C.M.）」2.2.1 TR 2.2.1E〔データ要素の情報源〕には，和図書のタイトルの情報源は「標題紙（標題紙裏を含む），奥付，背，表紙とする。」と明記されています。では，これらの情報源のあいだで表記が異なる場合は，どれを採用すれば良いのでしょうか。

　たとえば「鉄幹晶子全集」（勉誠出版）第23巻の本タイトルが何であるかを考えてみましょう。標題紙，奥付には「鉄幹晶子全集23」としか表記が無く，背の下部には収録されている内容が「◆心の遠景　◆光る雲　◆霧島の歌」と3行で書かれています。この場合，本タイトルを「鉄幹晶子全集」とし，背にある収録内容はCWに記入するのが良いのか，あるいは最も下位の書誌単位である背の「心の遠景，光る雲，霧島の歌」を本タイトルとし，「鉄幹晶子全集」はPTBLとするのが良いのでしょうか。最も下位の書名を本タイトルに採るのが原則ですが，標題紙にも奥付にも「鉄幹晶子全集」としか表示がないのですから，背にしかないものを本タイトルとして採れるのか，という疑問が生じます。

　そこでC.M.を調べてみますと，第53章国立国会図書館「日本目録規則」適用細則C2.2〔2.2.1.2〕（情報源によって書名の表示が異なるもの）——2.1.1.1Eに，「(1)最下位の書誌単位と認められるものがあればその書名」と書かれていますので，それが背にあっても本タイトルとすべきである事がわかります。Q&Aでも管理番号9000071500に「現代皮膚科学大系」の背にある「総論〜皮膚障害1」をTRに記入するよう回答しています。このように，情報源によってタイトルの表記が異なる場合，いずれかに最下位の書誌単位が記載されていればそれを本タイトルとして採用します。必ずしも標題紙の表記が優先されるわけではありませんので注意が必要です。

（IAAL 事務局：K 生）

　C.M.第53章国立国会図書館「日本目録規則」適用細則に，「この章の規定は，国立国会図書館により新たに「NCR87R」に対する適用細則が公表されるまでの間に限り通用する。」(53A《注意事項》A1)とあり，現在ではこの「NCR87R」に対する適用細則が公表されていますので，現在では無効となっています。しかしQ&A管理番号9000071500は現在でも公開されていますので，このコラムの内容は現在でも有効であると考えられます。

（2015年7月追記）

第2章

「情報サービス−文献提供」模擬問題100題

・本章の問題の一部は2014年版問題集から再掲。

第2章 「情報サービス─文献提供」模擬問題100題

この100問は，「情報サービス─文献提供」の模擬問題です。正しい場合は「○」，間違っている場合は「×」と解答してください。

Ⅰ．基礎問題

問 1 DOIとはデジタルオブジェクト識別子の略で，インターネット上で個別の論文や図書，図表等を識別するために，ユニークな番号として付与されるものである。

問 2 SPARC JAPANとは，日本の学協会等が発行する学術論文誌を横断的に検索できるデータベースのことである。

問 3 OPACをはじめマルチメディアの所蔵資料，購読中の電子ジャーナル・電子書籍・データベースといった電子リソースやウェブ情報源を一括して検索するシステムをディスカバリーサービスという。

問 4 OAIsterは，機関リポジトリのコンテンツを検索対象としている。

問 5 HathiTrustとは，アメリカの大学図書館等が共同で運営しているデジタルライブラリーで，図書だけでなく雑誌も含んでいる。

問 6 Europeanaとは，フランス国立図書館が運営する電子図書館の名称である。

問 7 Google Scholarとは，学術専門誌，論文，書籍，要約など，様々な分野の学術資料の検索に特化したサーチエンジンである。

問 8 Scopusが検索対象とする情報には，特許情報も含まれている。

問 9 NII-REOに搭載された各出版社の電子ジャーナル等のコンテンツは，誰でも無料で横断検索と本文の閲覧ができる。

問 10 CiNii Booksでは，検索結果から直接，図書館間相互利用サービスや来館利用サービスの申込みを行うことができる。

問 11 NACSIS-CATの書誌・所蔵レコードが更新されると，CiNii Booksにも即時に反映される。

問 12 CiNii Articlesに収録されている論文の検索対象は，国内の学協会誌や紀要類が主で，国立国会図書館が作成している雑誌記事索引は含まれていない。

問 13 PDA（Patron Driven Acquisition）とは，電子書籍購入形態の一種で，ベンダーからアクセスを許可された電子書籍のうち，一定の利用があったタイトルのみを購入する契約モデルのことである。

問 14 国立国会図書館サーチには，国立国会図書館では所蔵していない資料も検索対象に含まれている。

問 15 国会会議録は国立国会図書館蔵書検索・申込システム（NDL-OPAC）では検索できない。

問 16 国立国会図書館蔵書検索・申込システム（NDL-OPAC）を利用するには，利用者登録をしていないと検索機能も利用できない。

問 17 国立国会図書館には「東京本館」「関西館」「国際子ども図書館」があり，各館の所蔵資料はその館でしか閲覧することができない。

問 18 国立国会図書館から複写サービスを受けている大学図書館であれば，現物貸借のサービスも受けることができる。

問 19 ISO規格は，経済産業省のサイト上で，全て無料公開されている。

問 20 裁判所のサイトでは，最高裁判所及び高等裁判所の裁判例が全て検索・閲覧できるようになっている。

問 21 OCLC WorldCatで日本語の資料を検索した場合，検索結果の本タイトルはかな・漢字表記で表示されない。

問 22 BLDSC（British Library Document Supply Center）の所蔵を調べるには，Explore the British Libraryを検索するのが有効である。

問 23 NACSIS-ILLの書誌検索において，タイトルに「学問のすすめ」と入力した場合と，「學問ノススメ」と入力した場合の検索結果は同じである。

問 24 NACSIS-ILLでは，総合目録データベースを利用して，最新の書誌・所蔵データを検索することができる。

問 25 NACSIS-ILLにおいて，借用中（BORROW）の資料に対して更新請求（RENEW）を行うと，レコードは新着照会の状態に遷移する。

問 26 NACSIS-ILLで受付けしたレコードの書誌情報に不備がある時は，謝絶（PARDON）をせず，照会（INQUIRE）により依頼館に内容を問い合わせた方がよい。

問 27 NACSIS-ILLの所蔵検索では，私費を受け付ける館を指定して検索できる。

問28　NACISIS-ILLの所蔵検索では，FAX送信の可否を指定して検索できる。

問29　NACSIS-ILLのグローバルILLを利用して米国へ依頼した文献の複写料金は，相殺システムによって処理される。

問30　海外の図書館とのILLサービスにおける料金支払にIFLAバウチャーを使うことがあり，日本では日本図書館協会から購入することができる。

Ⅱ．応用問題

(1) 応用問題（基本辞書）

問31　『国書総目録』は，江戸期の活字本（版本）を探すには有効だが，写本は収録していないので，写本を探すには各図書館の目録を調査する必要がある。

問32　『補訂版 国書総目録』とは，『古典籍総合目録』を増補した総合目録で，わが国の古典籍の所蔵情報を網羅的に収録している。

問33　言葉の由来や用法の変遷について調べるために，小学館の『日本国語大辞典』第2版を使うのは有効である。

問34　小学館の『日本国語大辞典』は「JapanKnowledge」で検索することができる。

問35　1910年のノーベル物理学賞受賞者を調べるときは，『理科年表』を使うのが有効である。

問36　来年の春分の日（国民の休日）を調べるときは，『理科年表』の暦部を参照するのが有効である。

問37　難解な地名の読みを調べるときは，『角川日本地名大辞典』別巻「日本地名総覧」の＜難読地名一覧＞を使うのが有効である。

問38　地名の読みを調べるときは，『ゼンリン住宅地図』を使うのが有効である。

問39　『岩波西洋人名辞典』増補版は，欧米人の他，中近東，アフリカ，太洋州，インドまで含む広域に渡る古今の著名人や，我が国から見て関係の深い西洋人に重点をおいている。

問40　著作権者の情報を調べるためのツールとして，『著作権台帳：文化人名録』が毎年刊行されている。

(2) 応用問題（総合）

● 次の資料について，以下の問いに答えなさい。

岡伸一. 社会保障ハンドブック. 第4版, 学文社, 2012, 211p.

問 41 この文献は，『社会保障ハンドブック』という図書の第4版である。

問 42 この資料の著者が「岡伸一」1名である場合，図書館における複写が行えるのは各章の半分以下までである。

問 43 この資料について，他大学図書館等での所在を調べるときは，CiNii Booksを利用するのが有効である。

問 44 この資料をNACSIS-ILLで書誌検索する場合，タイトルの検索キーとして「社会保障」は正しい検索キーである。

問 45 国立国会図書館サーチでこの資料を検索したところ，図1のような検索結果となった。この資料は，図1の(A)に該当すると考えられる。

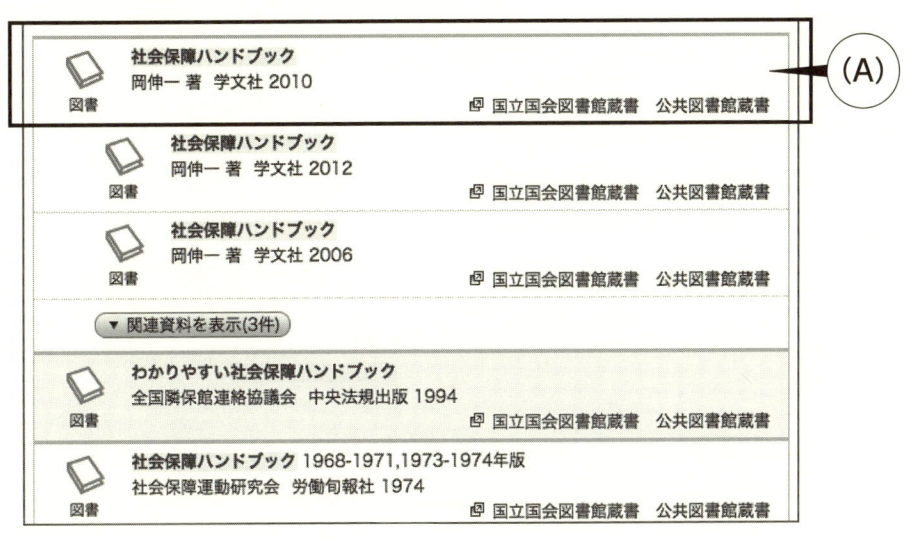

```
社会保障ハンドブック
  岡伸一 著  学文社 2010                             (A)
図書                       国立国会図書館蔵書  公共図書館蔵書

    社会保障ハンドブック
      岡伸一 著  学文社 2012
  図書                     国立国会図書館蔵書  公共図書館蔵書

    社会保障ハンドブック
      岡伸一 著  学文社 2006
  図書                     国立国会図書館蔵書  公共図書館蔵書

  ▼ 関連資料を表示(3件)

    わかりやすい社会保障ハンドブック
      全国隣保館連絡協議会  中央法規出版 1994
  図書                     国立国会図書館蔵書  公共図書館蔵書

    社会保障ハンドブック 1968-1971,1973-1974年版
      社会保障運動研究会  労働旬報社 1974
  図書                     国立国会図書館蔵書  公共図書館蔵書
```

図 1

● 次の資料について，以下の問いに答えなさい。

野口和雄. 景観法の活用と自治体のジレンマ. 地方自治職員研修. 2005, vol. 38, no. 5, p. 18-32.

問 46 この文献は，雑誌論文であり，発行から相当期間が経過しているとみなして，相互貸借による複写提供が可能と判断できる。

| 問 47 | この文献を複写依頼する前に，書誌事項が正しいかを確認するために，CiNii Articlesを利用するのは有効である。

| 問 48 | NACSIS-ILLで書誌検索したところ，次の書誌レコード(1)がヒットした。この文献の複写依頼対象となるのは，この書誌レコードと考えてよい。

> **TR:**月刊地方自治職員研修 / 公職研［編］‖ゲッカン チホウ ジチ ショクイン ケンシュウ
> **VLYR:**33巻, no. 1 (2000.1)- = 通巻447号 (2000.1)-
> **PUB:**東京 : 公職研 , 2000-
> **VT:ST:**地方自治職員研修‖チホウ ジチ ショクイン ケンシュウ
> **FID:**41112900
> **BHNT:**CF:地方自治職員研修 / 全国自治研修協会［編］<AN00058766>
> **AL:**公職研‖コウショクケン <>

書誌レコード(1)

| 問 49 | この資料をNACSIS-ILLで複写依頼をするときに，所蔵巻号で絞り込む場合は所蔵巻次(HLV)フィールドに「38(5)」と入力する。

| 問 50 | 利用者から，さらにこの雑誌の20巻に連載されていた記事を閲覧したいとの申し出があり，NACSIS-ILLで書誌レコード(1)の所蔵館について検索したところ20巻を所蔵している館は無かった。この調査方法は，適切である。

● 次の資料について，以下の問いに答えなさい。

> Harrison, B. R. "Risks of handling cytotoxic drugs". The Chemotherapy Source Book. 3rd ed., Lippincott Williams & Wilkins, 2001, p. 566-580.

| 問 51 | この文献の著者は，Lippincott Williamsである。

| 問 52 | この資料を他大学から図書館間相互貸借で借りるときには，国立国会図書館蔵書検索・申込システム(NDL-OPAC)を使うのは有効である。

| 問 53 | 他大学から相互貸借で借りた図書を，貸借依頼館側の図書館で複写利用することは「図書館間協力における現物貸借で借り受けた図書の複製に関するガイドライン」の範囲において認められる。

| 問 54 | この資料をNACSIS-ILLで書誌検索する場合，タイトルの検索キーとして「Risks of handling cytotoxic drugs」は正しい検索キーである。

| 問 55 | この資料をNACSIS-ILLで文献複写を依頼する際に，「カラーのページがあるときはカラー複写を希望」という場合は，ILLレコードのコメント欄(COMMNT)に記入する。

● 次の資料について，以下の問いに答えなさい。

「オランダ総選挙右翼政党惨敗 欧州極右のもろさ露呈」『朝日新聞』（朝日新聞社，2003年1月24日付朝刊）

問 56 この記事の書誌事項を確認するために，国立国会図書館蔵書検索・申込システム（NDL-OPAC）で「オランダ総選挙右翼政党惨敗」とタイトル検索するのは有効である。

問 57 この記事を検索する場合，CiNii Articlesのタイトル検索では求める記事がヒットしない。

問 58 日経テレコン21には，『朝日新聞』の記事データベースも収録されている。

問 59 この記事が署名入りの記事の場合は，朝日新聞記事データベースで本文を閲覧できない場合がある。

● 次の資料について，以下の問いに答えなさい。

Frenkel, D.; Smit, B. Understanding Molecular Simulation: From Algorithms to Applications. 2nd ed., Academic Press, 2002, 664p.

問 60 この文献は，著者は「Frenkel, D.」と「Smit, B」であり，「Understanding Molecular Simulation: From Algorithms to Applications」という論題の雑誌記事である。

問 61 この資料について，他大学図書館等での所在を調べるときは，Web of Scienceを利用するのは有効である。

問 62 OCLCのWorldCatで「Understanding Molecular Simulation: From Algorithms to Applications」を検索キーに簡易検索した結果，690件がヒットした。図2のフォーマットにある項目を選択することで，検索結果を絞り込むことができる。

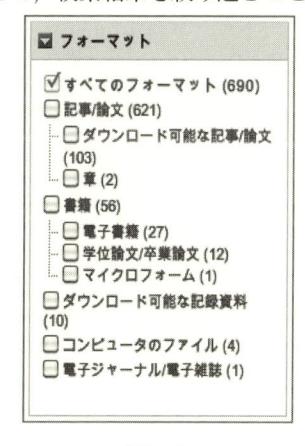

```
☑ フォーマット
 ☑ すべてのフォーマット (690)
 ☐ 記事/論文 (621)
   ☐ ダウンロード可能な記事/論文 (103)
   ☐ 章 (2)
 ☐ 書籍 (56)
   ☐ 電子書籍 (27)
   ☐ 学位論文/卒業論文 (12)
   ☐ マイクロフォーム (1)
 ☐ ダウンロード可能な記録資料 (10)
 ☐ コンピュータのファイル (4)
 ☐ 電子ジャーナル/電子雑誌 (1)
```

図 2

問 63	この資料がLibrary of Congress（アメリカ議会図書館）で所蔵されていることが確認できた場合，文献複写はNACSISのグローバルILLから申込むことができる。
問 64	図3のとおり，CiNii Booksの検索結果画面から「カーリル」の検索へ移ることができるが，両者の検索結果は必ずしも同一のものではない。

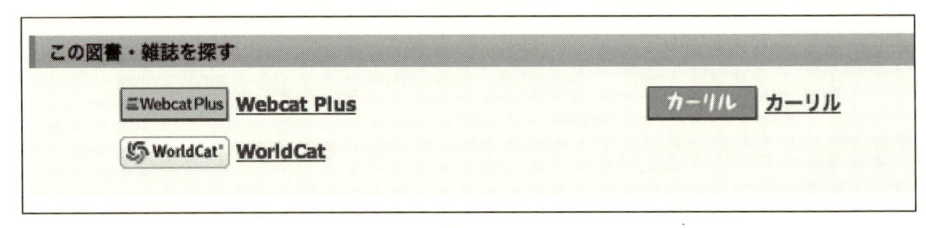

図 3

● 次の資料について，以下の問いに答えなさい。

> ［有島武郎の］『一房の葡萄』は1920年（大正9年）8月1日発行の『赤い鳥』第五巻第二號に発表され…

問 65	この一節にある『赤い鳥』は，図書と考えるのが妥当である。
問 66	同時代の『赤い鳥』に掲載された文献を調べるために，CiNii Articlesを利用するのは有効である。
問 67	『赤い鳥』を所蔵している大学図書館等を調べるために，CiNii Booksを利用するのは有効である。
問 68	有島武郎の他の著作が『赤い鳥』に掲載されているかどうかを調べるために，書誌レコード(2)の資料にあたるのがよい。

```
GMD: SMD: YEAR:1918 1936  CNTRY:ja TTLL:jpn TXTL:jpn ORGL:
REPRO:c PSTAT: FREQ: REGL: TYPE:
ISSN: CODEN: NDLPN:00000878 LCCN: ULPN:0392650004 GPON:
TR:赤い鳥‖アカイトリ
ED:複刻版
VLYR:1巻1號（［大7.7］）-22巻3號（［昭4.3］）；復刊1巻1號（［昭6.1］）-復刊12巻3號
（［昭11.10］）
PUB:東京：日本近代文学館，1979
PHYS:197冊（別冊とも）；23-26cm
NOTE:原本の出版事項：［東京］：「赤い鳥」社，1918-1936
NOTE:別冊：「赤い鳥 復刻版解説・執筆者索引」1冊
AL:日本近代文学館‖ニホン キンダイ ブンガクカン <DA00339065>
```

書誌レコード(2)

● 次の資料について，以下の問いに答えなさい。

Deng, S., Warren, R. "Creep properties of single crystal oxides evaluated by a Larson-Miller procedure." J. Eur. Ceram. Soc. 1995, 15(6), p. 513-520.

問69 この文献の書誌事項を確認するために利用するデータベースは，「Scopus」よりも「PubMed」の方が適している。

問70 この資料をNACSIS-ILLで書誌検索する場合，タイトルの検索キーとして「J* Eur* Ceram* Soc*」は正しい検索キーである。

問71 この資料をNACSIS-ILLで書誌検索したところ，所蔵館が複数あった。この場合，所蔵巻次(HLV)フィールドに「15( )」とある所蔵館と，「15」とある所蔵館では，前者に依頼した方が適切である。

問72 この資料についてLibrary of Congress Online Catalogを検索したところ，次の書誌レコード(3)がヒットした。下線(B)は，この雑誌が誌名変遷して，継続後誌のタイトルが"International journal of high technology ceramics"であることを示している。

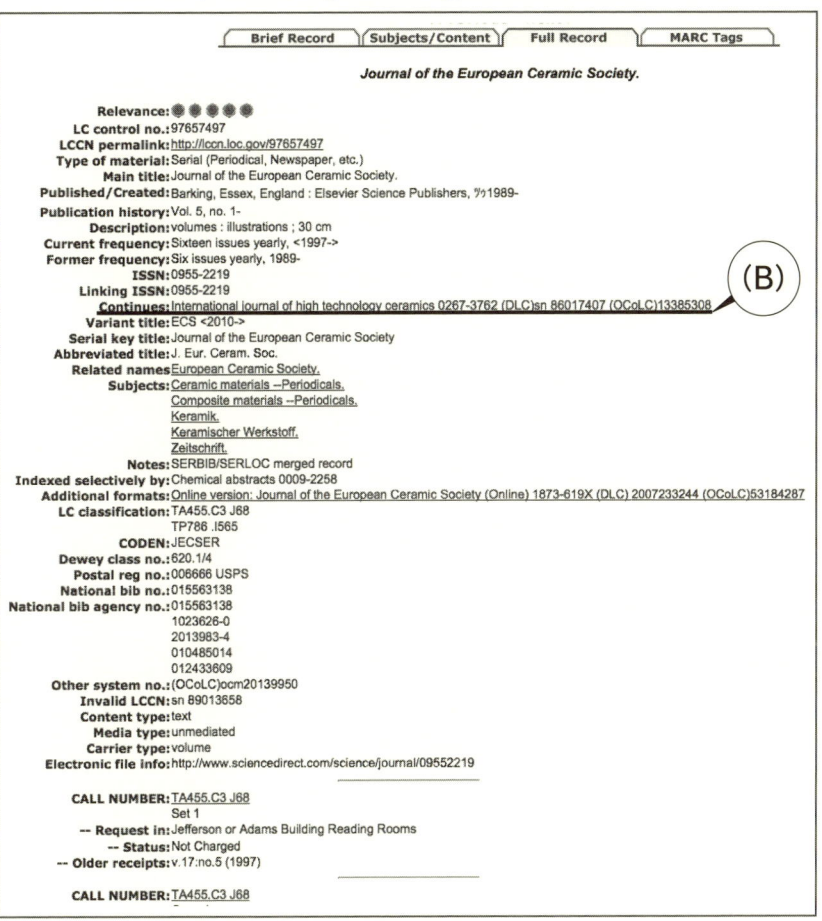

```
      Brief Record   Subjects/Content   Full Record   MARC Tags
              Journal of the European Ceramic Society.
       Relevance: ●●●●●
     LC control no.: 97657497
     LCCN permalink: http://lccn.loc.gov/97657497
    Type of material: Serial (Periodical, Newspaper, etc.)
          Main title: Journal of the European Ceramic Society.
   Published/Created: Barking, Essex, England : Elsevier Science Publishers, ｸﾞｳ1989-
   Publication history: Vol. 5, no. 1-
         Description: volumes : illustrations ; 30 cm
    Current frequency: Sixteen issues yearly, <1997->
    Former frequency: Six issues yearly, 1989-
                ISSN: 0955-2219
         Linking ISSN: 0955-2219
           Continues: International journal of high technology ceramics 0267-3762 (DLC)sn 86017407 (OCoLC)13385308  (B)
        Variant title: ECS <2010->
     Serial key title: Journal of the European Ceramic Society
      Abbreviated title: J. Eur. Ceram. Soc.
       Related names: European Ceramic Society.
            Subjects: Ceramic materials --Periodicals.
                      Composite materials --Periodicals.
                      Keramik.
                      Keramischer Werkstoff.
                      Zeitschrift.
               Notes: SERBIB/SERLOC merged record
   Indexed selectively by: Chemical abstracts 0009-2258
   Additional formats: Online version: Journal of the European Ceramic Society (Online) 1873-619X (DLC) 2007233244 (OCoLC)53184287
      LC classification: TA455.C3 J68
                      TP786 .I565
              CODEN: JECSER
       Dewey class no.: 620.1/4
         Postal reg no.: 006666 USPS
        National bib no.: 015563138
  National bib agency no.: 015563138
                      1023626-0
                      2013983-4
                      010485014
                      012433609
      Other system no.: (OCoLC)ocm20139950
        Invalid LCCN: sn 89013658
        Content type: text
          Media type: unmediated
         Carrier type: volume
  Electronic file info: http://www.sciencedirect.com/science/journal/09552219

        CALL NUMBER: TA455.C3 J68
                    Set 1
        -- Request in: Jefferson or Adams Building Reading Rooms
             -- Status: Not Charged
      -- Older receipts: v.17:no.5 (1997)

        CALL NUMBER: TA455.C3 J68
```

書誌レコード(3)

44 | 第2章 「情報サービス－文献提供」模擬問題100題

問 73 この資料がOCLC加盟館の図書館で所蔵されていることが分かった場合，その図書館がGIFに加盟していれば，NACSISのグローバルILLから複写依頼が可能である。

● 次の資料について，以下の問いに答えなさい。

> 小泉智史. 走行車両の時制階層型環境危険度推論システムに関する研究. 東京工業大学, 2000, 博士論文.

問 74 この資料の所在を調べるために，東京工業大学のOPACや機関リポジトリ，国立国会図書館サーチを検索するのは有効である。

問 75 この資料をNACSIS-ILLで書誌検索する場合，タイトルの検索キーとして「時制階層型環境危険度*」は正しい検索キーである。

問 76 国立国会図書館・国立情報学研究所が提供する「博士論文書誌データベース」は，大学等に所蔵されている博士論文及び修士論文を検索することができる。

問 77 図書館における修士論文の複写については，「公表された著作物」として，全体の半分以下であれば著者の許諾がなくても複写することができる。

問 78 国立国会図書館サーチで，著者名の検索キーを「小泉智史」として検索した結果，図4のような結果となった。この検索結果にある資料(C)についても，国立国会図書館の蔵書検索・申込システムから入手することができる。

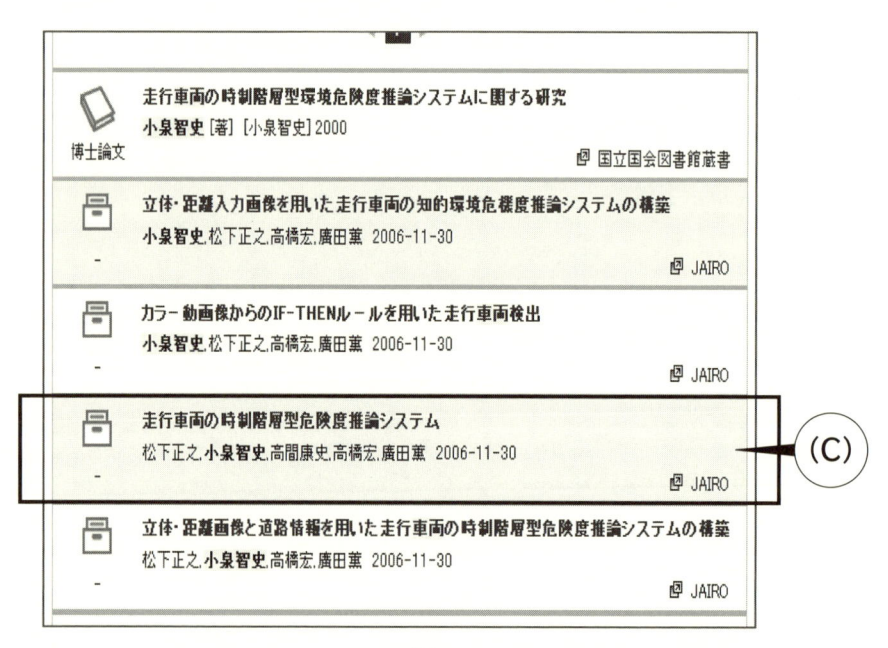

図 4

● 次の資料について，以下の問いに答えなさい。

鵜飼保雄. "遺伝率の相対性". 量的形質の遺伝解析. 医学出版, 2002, p. 109-110.

問79 この文献は，『量的形質の遺伝解析』という図書の109ページから110ページに掲載されている「遺伝率の相対性」という箇所である。

問80 この資料の書誌事項を確認するために，国立国会図書館が提供する雑誌記事索引を検索するのは有効である。

問81 この資料をNACSIS-ILLで書誌検索する場合，タイトルの検索キーとして「量的形質　遺伝解析」は正しい検索キーである。

問82 この資料を国立国会図書館が所蔵している場合は，NACSIS-ILLから複写依頼することができる。

問83 大学図書館においてこの資料を他大学図書館へ複写依頼する場合は，自館で所蔵していないことを確認のうえ申し込まなくてはならない。

● 次の資料について，以下の問いに答えなさい。

藤江 京子 , 山崎 正博 , 大須賀 美恵子［他］. 身体的負担の小さいクリーナの開発. 人間生活工学. 1(2) , 30-37, 2000-10

問84 この文献は，『人間生活工学』という雑誌の1巻2号p.30-37に収録されている雑誌記事である。

問85 この文献の書誌事項を確認するために利用するデータベースは，「SciFinder」よりも「JDreamIII」の「JSTPlus」の方が適している。

問86 この資料をNACSIS-ILLで書誌検索する場合，著者名の検索キーとして「藤江京子＊」は正しい検索キーである。

問87 この資料をNACSIS-ILLで検索したところ，所蔵館が複数あった。このうち，所蔵巻次(HLV)フィールドに「1( )」とある所蔵館と，「1」とある所蔵館では，前者に依頼した方が適切である。

問88 NACSIS-ILLで，他大学図書館からこの資料の複写物を取り寄せた。依頼した大学図書館の利用者が，提供を受けた複写物を更に複製することは「大学図書館間協力における資料複製に関する合意書」で禁止されている。

● 次の資料について，以下の問いに答えなさい。

最（三小）判平15・9・7民集57巻9号755頁

問 89 この文献の所在を調べるために，CiNii Articlesで論文名の検索キーを「最* 三小*」とするのは有効である。

問 90 この文献は，平成15年9月7日に刊行された「最（三小）判」という資料の，57巻9号755頁に掲載されていることを示している。

● 次の文献探索について，以下の問いに答えなさい。

Shakespeareの「Tempest」の翻訳および「Tempest」についての論文を探している。

問 91 日本語と英語の資料を探すときは，「Tempest」と「テンペスト」「あらし」「嵐」等の論理和（OR）による検索を行うと検索漏れが少ない。

問 92 NACSIS-ILLで「Tempest」の翻訳書を書誌検索するときは，タイトルに「テンペスト」を入れて検索すると「嵐」と訳された資料もヒットする。

問 93 NACSIS-ILLの書誌検索で，タイトルに「Tempest」と入力し，かつ著者名に「Shakespeare」と入力した場合と「シェイクスピア」と入力した場合は，検索結果は同じである。

問 94 『翻訳図書目録』1945-2010および『翻訳図書目録. 明治・大正・昭和戦前期』（日外アソシエーツ）で原著者から翻訳図書を調べることができる。

問 95 CiNii Articlesで「Tempest」についての論文を検索するときは，件名に「Shakespeare Tempest」を入れて検索するとよい。

● 次の文献探索について，以下の問いに答えなさい。

「ストレス」に関する文献収集を行うことになった。

問 96 このテーマについて医学生物学的観点から研究した学術論文を調査するとき，「EMBASE」を検索するのは有効である。

問 97 CiNii Booksでは，詳細検索に件名フィールドがあるので，ここに「ストレス」と入れて検索すると，ストレスに関する図書で書名にストレスを含まないものも検索できる。

問 98 このテーマについて国立国会図書館サーチを使って検索するとき，詳細検索でタイトルフィールドに「／ストレス／」と入力して検索すると，「ストレス」という書名の完全一致検索が可能である。

問99 PubMedで検索した結果，図5の論文がヒットした。下線(D)は，67が巻(Vol)，(2)が号(no)，373-83がページということを表している。

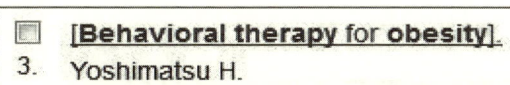

```
☐  [Behavioral therapy for obesity].                (D)
3. Yoshimatsu H.
   Nihon Rinsho. 2009 Feb;67(2):373-83. Japanese.
   PMID: 19202915 [PubMed - indexed for MEDLINE]
   Related citations
```

図　5

問100 図5の雑誌をNACSIS-ILLで書誌検索する場合，タイトルの検索キーとして「Nihon Rinsho」は正しい検索キーである。

カタロガーの独り言…②

省略するのか，しないのか……

　NACSIS-CATにおいては，同じ役割の責任表示が複数表示されている時，それが4以上の場合には1つだけを記入し，他は［ほか］として省略する，というのはよく知られた規則ですが，実はそうでない書誌もNACSIS-CATにはあり得ます。

　そもそもこの省略は，「4以上の場合には，主たる名称，あるいは最初に表示されている名称一つだけを記録し，他は［ほか］の語を補記して，省略することが・で・き・る」（C.M. 2.2.1　TR F3.4。傍点筆者）という表現になっており，必ず省略しなければならないというものではありません。

　しかも，「ただし，参照レコード等からの流用入力を行う際は，……（中略）……本則どおり，「一つの責任表示に記録する個人名や団体名の数」は「2まで」とすることができる」という例外も認められています。

　つまり，和図書の場合には，同じ役割の著者名が3以上だったら，①1つ以外は省略するという記述のほかに，②4以上でも省略しない，③3でも省略する，という合計で3パターンがあり得るのです。

　さらに和図書の場合には，「省略された責任表示はNOTEフィールドに記録する」とありますので，省略した著者名はNOTE注記に記入しなければなりません。

　それでは，洋図書の場合はどうなっているでしょうか。

　洋図書の場合は，4以上の場合は最初の1つだけを採用し，他は省略する事になっており，流用入力の際の例外に関する記述もありません。よって，4以上の場合だけ，かつ必ず省略する事になります。また，和図書のように省略した著者名をNOTE注記に記入するという規定もありません。

　NACSIS-CATでは和図書だけ，採用する人数に幅があって，省略された責任表示をNOTE注記に記入する，ということになっているのですね。

（IAAL事務局：K生）

第3章

「情報サービス−文献提供」模擬問題の正解と解説

I. 基礎問題

問1 ○

DOIは「Digital Object Identifier」の略で，デジタルオブジェクト識別子と言われるものです。これはインターネット上にある論文などに付与されるユニークな番号で，図書の特定のページや論文中の図表など資料の一部であっても番号を付与できるため，細分化された情報の識別が可能となっています。

また，例えばインターネット上の住所をあらわすURLは，サーバやHTMLファイルが置かれている場所が変わるとリンク切れとなり，正常なアクセスができなくなります。しかしDOIは恒久的な番号として付与されるため，DOIが判明していれば掲載されているサイトのURLが変わっても，求める情報にアクセスすることができます。

DOIを用いた具体的な資料の入手方法は，DOIのサイト (http://dx.doi.org/) でDOI (10.1021/jo0349227といった番号)を指定するか，インターネット上で http://dx.doi.org/10.1021/jo0349227 と指定することで，該当の情報にたどり着くことができます。そして，DOIの付与は国際DOI財団が管理しており，2012年5月1日には国際規格ISO26324:2012と認定されました。日本でも2012年3月に科学技術振興機構（JST），国立国会図書館（NDL），国立情報学研究所（NII），物質・材料研究機構（NIMS）による共同運営で発足したJaLC（Japan Link Center）が，DOIの登録機関(Registration Agency)になっています。

問2 ×

SPARCは「Scholarly Publishing and Academic Resources Coalition」の略称で，SPARC JAPANは国際学術情報流通基盤整備事業と言われる取り組みのことです。そもそも米国を発端に始まったSPARCは，研究者による学術雑誌の電子化支援を通して，雑誌の価格高騰を解決するための競争的市場を創出する活動であり，例えば欧州でもSPARC Europeという組織が設立されています。

日本におけるSPARC JAPANは国立情報学研究所が推進母体となっており，公式サイトには「オープンアクセスの推進，学術情報流通の促進および情報発信力の強化に取り組む事業です。日本の学協会等が刊行する学術雑誌の電子ジャーナルを支援・強化することによって，海外に流出する我が国の優れた研究成果を我が国の研究者自身の手に取り戻し，海外への研究成果発信の一層の普及を推進しています。」と，その目的が明示されています。そのことからも，SPARC JAPANが学術論文のデータベースそのものではないことが分かります。

SPARC JAPANは2003年から第一期の活動が始まり，現在は第四期まで進んでいます。各期の取り組み，成果などは公式サイトを参照してください。
http://www.nii.ac.jp/sparc/

問3 ○

図書館等が提供する多種多様な資料を，一括して検索することができるサービスのことをディスカバリーサービスといいます。従来までは往々にして，紙媒体の図書と雑誌を探すときはOPAC，電子ジャーナルや電子ブックの場合は電子コンテンツのリストあるいは各種データベース，そして学内成果物ならば機関リポジトリといったように，複数の検索システムを個別に検索しないと包括的な資料調査ができませんでした。ディスカバリーサービスではこれらを一つの窓口（インターフェース）から行うことができ，「次世代OPAC」と言われることもあります。

また，その図書館で所蔵されている資料だけではなく，ウェブ上で広く公開されているコンテンツを含むものもあります。利用者にこのようなサービスを紹介する際は，ど

の範囲の資料，情報を検索できるのかを明確に説明して，便利に使ってもらうようにしましょう。

問4 ○

OAIsterは，各国の機関リポジトリで公開された研究成果を検索できるデータベースです。これは，デジタルリソースのメタデータを定期的にハーベスティングすることによってデータを収集・提供しています。また，OAIsterはミシガン大学により運営されていますが，OCLCとのパートナーシップを2009年に締結しており，WorldCatからの検索も可能です。

OAIsterを利用することにより，日本を含む各国の機関リポジトリのコンテンツを横断的に，そして効率よく検索することができます。また，機関リポジトリにはフルテキストの論文なども多く収録されているので，利用者の求める資料が各機関のリポジトリから入手できないかどうかを積極的に確認するなど，OAIsterを有効に利用しましょう。

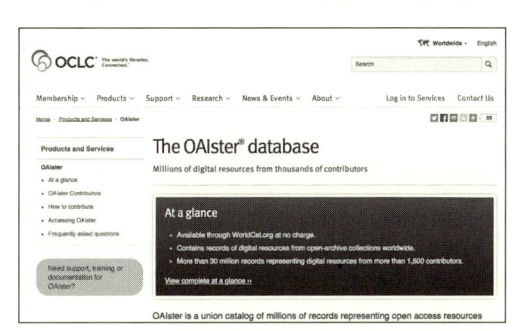

OAIster ―
http://www.oclc.org/oaister.en.html

問5 ○

HathiTrustデジタルライブラリーとは，米国の大学図書館等が共同で運営しているデジタル資料のリポジトリの名称です。2008年に13の大学図書館によりサービスが開始され，2015年3月時点で100以上の機関が参加し，約1,330万タイトルの資料が登録されています。その内訳は図書約675万タイトル，雑誌約35万タイトルなどで，問題文にあるとおり図書も雑誌も含まれています。
http://www.hathitrust.org/statistics_visualizations

HathiTrustに登録されているコンテンツは，Google Booksプロジェクトにより電子化された蔵書を中心に，各参加機関が独自に電子化した資料です。著作権などの事情により，検索結果にあがった資料すべてをHathiTrustのサイトから閲覧できるわけではありませんが，資料によっては全文を入手できるものもありますので，OAIsterと同様，利用者の求める資料がHathiTrustから入手できないかをきちんと確認しましょう。
http://www.hathitrust.org/

問6 ×

Europeanaとは，EU（欧州連合）の欧州委員会が2008年から公開している，EU全域にまたがる，デジタル化された文化遺産を統合的に横断検索できる電子図書館プラットフォームです。フランス，ドイツ，スウェーデン，イギリス，オランダなどを中心に，2014年の段階でアグリゲータ150機関とデータ連携し，約2,300機関からデジタルコンテンツを集約しています。問題文の「フランス国立図書館が運営する電子図書館」は，ガリカ（Gallica）と呼ばれています。

Europeanaではデジタルコンテンツとして，絵画，書籍，映画，写真，地図，古文書などが2014年現在で3000万点以上公開されています。ヨーロッパ中の既存のデジタルアーカイブをつなぐことによって統一検索を可能にしている，巨大電子図書館・博物館と言えます。
http://www.europeana.eu/

問 7 ○

　通常のGoogle での検索とは異なり，Google Scholarでは分野や発行元を問わず，学術出版社，専門学会，プレプリント管理機関，大学，およびその他の学術団体の学術専門誌，論文，書籍，要約，記事に特化して検索することができます。インターネット上にある学術資料を効率よく検索したい場合は，Google ではなくGoogle Scholarを利用しましょう。

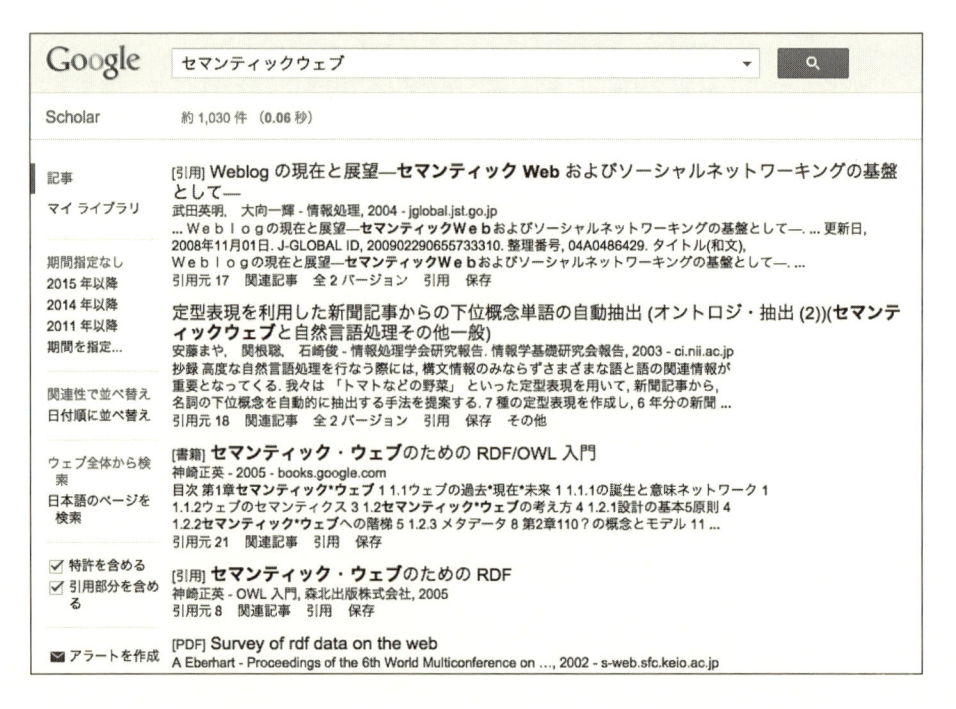

http://scholar.google.co.jp/

通常のGoogleとGoogle scholarで，「セマンティックウェブ」を検索した結果の比較
2015.1.4時点

Google

Google scholar

問 8
○

Scopusは，Elsevier社が提供する抄録・引用文献データベースです。そのホームページによると，「全分野(科学・技術・医学・社会科学・人文科学)，世界5,000社以上の出版社の21,000誌以上のジャーナル，5,200万件以上の文献を収録している」と書かれており，特許情報に関しても5つの特許庁から2,520万件以上を検索する事が可能です。5つの特許庁とは，USPTO (米国特許商標庁)，EPO (ヨーロッパ特許庁)，WIPO (世界知的所有期間)，JPO (日本特許庁)，UKIPO (英国特許庁)です。

Scopusの5,200万件以上の文献の内，査読ジャーナルは20,000タイトル以上で，その中には2,600誌のオープンアクセスジャーナルを含み，1800年代からの抄録に加えて，1996年以降の論文は参考文献も収録しています。他にも，370タイトルのブックシリーズ，550万件以上の会議録も対象となっている点が特徴です。(数字は2015年3月の下記のURLによります。)

http://www.elsevier.com/jp/online-tools/scopus/content-overview

問 9
×

国立情報学研究所が運営するNII-REO (NII電子リソースリポジトリ)は，我が国の大学教育機関に対して，安定的・継続的に電子ジャーナル等の学術コンテンツを提供することを目的とした電子ジャーナルアーカイブです。NII-REOに搭載するコンテンツは，国立情報学研究所，大学図書館コンソーシアム等，および各出版社との協議・契約に基づき，決定されます。NII-REOに搭載された各出版社のコンテンツは横断検索が可能で，書誌情報・抄録まではだれでも無料で利用できますが(人文社会科学系電子コレクションを除く)，本文の閲覧は別途出版社との購読契約が必要となります。

http://support.nii.ac.jp/ja/reo/outline

問 10
×

CiNii Booksの検索結果表示画面では，所蔵図書館リストをILL参加区分で絞り込むことはできますが，ここから直接図書館間相互利用サービスの申し込みを行うことはできません。図書館間相互利用サービス(ILL)については，あらためてNACSIS-ILLシステムを通して申込みを行います。また，来館利用サービスについては，所蔵館名をクリックすると各館のレンディングポリシーと共に利用方法が表示されますので，事前連絡・紹介状が必要かといったことを条件や来館担当者を確認し，その指示に従ってあらためて必要な手続きをとります。

なお，CiNii Books でOPACアイコンが緑色の場合は，クリックするとその図書館のOPACの当該資料の画面が別ウィンドウで表示され，より詳細な情報を見ることができます。事前の所蔵調査には大いに活用できます。

問 11
×

NACSIS-CATの書誌データあるいは所蔵データが更新されると，総合目録データベースには即時に情報が反映されますので，NACSIS-CATおよびNACSIS-ILLではデータのタイムラグはありません。しかし，NACSIS-CATのデータを一般に公開しているCiNii Booksでは，更新作業は原則として週に一度しか行われません。

データはすべてが即時更新とは限りませんので，NACSIS-CAT/ILLとCiNii Booksだけでなく，自館のOPACとNACSIS-CAT/ILLへの反映などについても，情報のタイムラグを正確に把握しておきましょう。

http://support.nii.ac.jp/ja/cib/manual_result_content

問 12
×

CiNii Articlesに収録されているデータベースの一覧は，下記のサイトにあります。国立情報学研究所のデータベースであるNII-ELS (学協会刊行物や研究紀要)，引用文献索引データベース，NII-REOや機関リポジトリに留まらず，国立国会図書館やJST (科学技術振興機構)との連携により雑誌記事索引データベース，J-STAGE等の書誌情報

も収録されています。書誌情報の統合作業は随時すすめられていると書かれており，同じ論文が由来によってそれぞれ表示される場合もあります。その構成を知っておくと，検索結果を理解する上で役立ちます。

http://support.nii.ac.jp/ja/cia/cinii_db

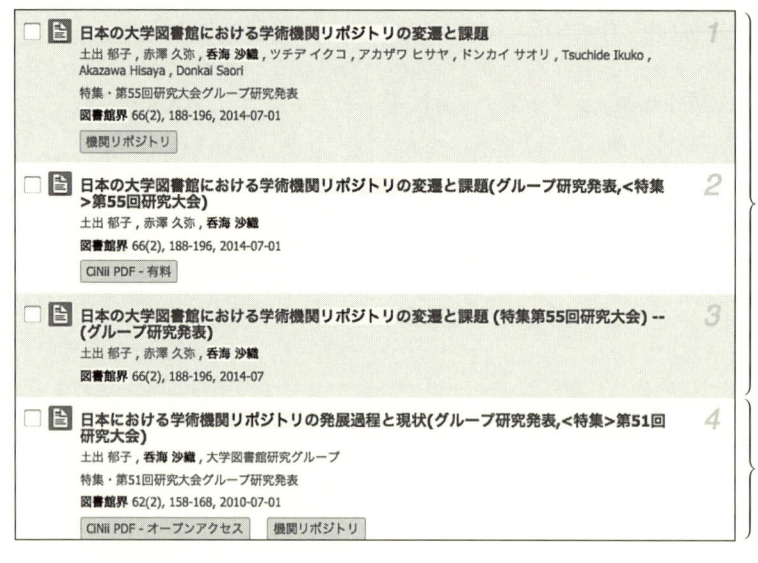

> 1　日本の大学図書館における学術機関リポジトリの変遷と課題
> 　　土出 郁子，赤澤 久弥，呑海 沙織，ツチデイクコ，アカザワ ヒサヤ，ドンカイ サオリ，Tsuchide Ikuko, Akazawa Hisaya, Donkai Saori
> 　　特集・第55回研究大会グループ研究発表
> 　　図書館界 66(2), 188-196, 2014-07-01
> 　　機関リポジトリ
>
> 2　日本の大学図書館における学術機関リポジトリの変遷と課題(グループ研究発表,<特集>第55回研究大会)
> 　　土出 郁子，赤澤 久弥，呑海 沙織
> 　　図書館界 66(2), 188-196, 2014-07-01
> 　　CiNii PDF - 有料
>
> 3　日本の大学図書館における学術機関リポジトリの変遷と課題 (特集第55回研究大会) -- (グループ研究発表)
> 　　土出 郁子，赤澤 久弥，呑海 沙織
> 　　図書館界 66(2), 188-196, 2014-07
>
> 4　日本における学術機関リポジトリの発展過程と現状(グループ研究発表,<特集>第51回研究大会)
> 　　土出 郁子，呑海 沙織，大学図書館研究グループ
> 　　特集・第51回研究大会グループ研究発表
> 　　図書館界 62(2), 158-168, 2010-07-01
> 　　CiNii PDF - オープンアクセス　機関リポジトリ

（右側注記）
3つは同じ論文（3つ目は雑誌記事索引より）
書誌情報が統合された例

問13　○

PDA (Patron Driven Acquisition)とは，「利用者主導型購入方式」などと訳されるもので，これまでの電子書籍の購入形態とは異なり，ベンダーからアクセスを許可された電子書籍を予めOPACに登録しておき，その中で一定数または一定時間の利用がされた場合に自動的に購入するという新しい選書・購入契約モデルのことです。購入したタイトルの書誌レコードは電子書籍ベンダーから提供されます。PDAの仕組みの利点としては，利用者が希望する，実際に利用される資料のみを購入することができるという点で費用対効果の高い蔵書構築ができ，利用者の満足度が高くなること，購入書籍の回転率が高いことなどが挙げられますが，一方で蔵書バランスが崩れる可能性などのデメリットも指摘されています。

http://current.ndl.go.jp/e1310

問14　○

国立国会図書館サーチ(通称：NDLサーチ)では，国立国会図書館が所蔵する資料の全てを探すことができるほか，都道府県立図書館，政令指定都市の市立図書館の蔵書(総合目録ネットワーク「ゆにかねっと」)や，国立国会図書館や他の機関が収録している各種のデジタル情報などを探すことができます。

http://iss.ndl.go.jp/information/outline/

また，問いは「国立国会図書館では所蔵していない資料」という文章ですが，NDLサーチの検索対象はいわゆる所蔵という概念で表される資料に限りません。次の問15にあるNDL-OPACとは異なり，NDLサーチは「デジタル情報の総合目録」「紙資料の総合目録」「レファレンス情報の総合目録」の統合検索サービスと位置づけられています。

NDLサーチの検索対象データベースは下記のサイトの一覧で確認できます。

http://iss.ndl.go.jp/information/target/

問 15 ○

国立国会図書館は様々な検索システムを提供しており，NDL-OPACと言われる国立国会図書館蔵書検索・申込システムは国立国会図書館で所蔵する和図書，洋図書，和雑誌・和新聞，洋雑誌・洋新聞，電子資料，国内博士論文，国内刊行雑誌の雑誌記事などを検索することができます。NDL-OPACで検索対象となっているものの一覧は，NDL-OPACのヘルプ画面から確認することができます。
https://ndlopac.ndl.go.jp/help.jpn.html#menu07

一方，国会会議録は国会会議録検索システムから検索することができ，このシステムでは第1回国会(1947年5月)からの国会会議録情報(本会議，全ての委員会等)を閲覧することができます。これら二つのシステムは別々のサイトで運営されており，また両者の横断検索は行われていません。
http://kokkai.ndl.go.jp/

このように，国立国会図書館で提供されるサービスは様々であり，どの検索システムで何が検索対象となっているのか，きちんと把握しておくことが大切です。

問 16 ×

国立国会図書館蔵書検索・申込システムのトップ画面は，「登録利用者IDをお持ちの方」向けのボックスと，「登録利用者IDが無い方」向けのボックスとに分かれており，検索機能のみを利用する(ゲストログイン)のメニューが用意されています。従って，利用者登録をしていなくても，検索機能は利用することができます。検索については利用者登録をしなくても可能ですが，利用登録の方法や，登録利用者IDを取得しておくと可能なサービス内容も把握しておくとよいでしょう。

問 17 ×

国立国会図書館の「東京本館」「関西館」「国際子ども図書館」の各館の所蔵資料であり，資料中の複写を希望する箇所(論文・項目名やページなど)がはっきりしている場合は，来館せずに複写を申し込み郵送で複写物を受け取る，遠隔複写サービスが利用できます。また，登録利用者であれば，東京本館にない資料を関西館から取り寄せることもできます。ただし，取り寄せ対象資料の制限があること，利用までに数日要することを知っておきましょう。同様に関西館に東京本館や国際子ども図書館の資料を取り寄せる方法も，利用条件等をよく確認しておく必要があります。厳密には国際子ども図書館に本館や関西館の資料を取り寄せ利用することはできませんが，「その館でしか閲覧することができない」という問いの文章は間違いです。
http://www.ndl.go.jp/jp/information/guide.html#personalriyo3

問 18 ×

国立国会図書館では，直接来館をせずとも(あらかじめ複写箇所が特定できている場合に限り)インターネットから複写物の取り寄せを依頼することができます。このサービスを受けるには事前の登録申請が必要であり，これは個人で登録することも，図書館(機関)で登録することも可能です。

機関での登録申請手続きが済んだ図書館では，利用者の求めに応じて図書館として国立国会図書館に複写を申し込むことができ，複写物は当該図書館に郵送されます。なお，登録できる機関の種別や規模などに制限はなく，国立国会図書館が指定する手順に沿って手続きを行えば，図書館，図書室，企業等(部署単位でも可)の単位で，機関としての登録が可能です。

ただし，国立国会図書館との図書館間貸出しサービスを利用するには，図書館間貸出制度への加入申請が別途必要となります。図書館として複写サービスを受けられるからといって，貸出サービスも受けられるわけではありません。また，日本で唯一の納本図書館・保存図書館である国立国会図書館の資料を館外に貸出すサービスのため，貸出しにはいくつかの制限があります。図書館間貸出しサービスについては，『国立国会図書

館 図書館協力ハンドブック』に手続きやサービス内容がまとめられていますので，詳細はそちらをご覧ください。
http://www.ndl.go.jp/jp/library/handbook/index.html

問19 ✗

国際標準化機構(International Organization for Standardization:ISO)が制定する国際規格ISO規格についての問題です。ISOは電気・電子分野および電気通信分野を除くすべての産業分野について，国際的な標準化を行っていますので，経済産業省の管轄のように思われがちですが，各国の代表的な標準化機関によって組織される非政府間国際機関です。日本からはJISを制定する日本工業基準調査会(JISC)が代表として参加しています。従って，経済産業省のサイトでは，ISO規格自体を調べることはできません。

個々の規格は基本的に規格票という小冊子形式で発行されていて，無料で入手はできません。ウェブ上では，ISOのホームページの検索画面から標題やキーワード検索できます。規格票そのものは公開されていませんが，ISO Storeで，冊子形式やPDF形式の規格票を購入できます。日本規格協会のサイトからも標題や発行年月日による検索は現在有効の規格に限り検索可能です。規格票については，国立国会図書館関西館で，ハンドブックは国立国会図書館東京本館の館内で閲覧は可能です。
http://rnavi.ndl.go.jp/research_guide/entry/theme-honbun-400353.php

問20 ✗

裁判所の判例サイトの判例検索システムでは，判決等は
1. 最高裁判所判例集
2. 高等裁判所判例集
3. 下級裁判所判例集
4. 行政事件裁判例集
5. 労働事件裁判例集
6. 知的財産裁判例集

の6種類の判例(裁判例集)に区分されて掲載されていますが，「すべての判決等が掲載されているわけではない」とシステムの使い方のページに書かれています。(裁判例情報検索画面参照)年間に行われる裁判件数からみれば，一部に過ぎません。その他の，判例集や判例誌，判例データベースなどにもすべての判決等が登録されるわけではないこと知っておきましょう。
http://www.courts.go.jp/picture/hanrei_search_help.html
http://www.courts.go.jp/app/hanrei_jp/search1

問 21
×

OCLC WorldCatの書誌レコードは，ローマンアルファベットで表記できない多言語の場合は，原語の表記形とローマ字読み形の並列フィールドに入力されているので，日本語資料の場合，タイトルはかな・漢字表記とローマ字形の両方で表示されます。中国語や韓国・朝鮮語の場合であれば，簡体字・繁体字の表記形，ハンジャ・ハングルの表記形と，それぞれのピンインヨミの翻字形，マッキューン・ライシャワーヨミの翻字形が表示されます。それ以外の多言語の場合も同様です。但し，CJK（中国語・日本語・韓国/朝鮮語）をはじめとする，いわゆるJACKPHY言語について，データベースで文字処理ができなかった時代には，ローマ字の翻字形のみで目録が記述されていたため，古い書誌レコードの中には日本語の表示がないものも存在しますが，現在はかな・漢字表記が表示されない訳ではありません。

問 22
○

BLDSC（British Library Document Supply Center）とは，British Library（大英図書館）の文献提供サービスを担当している部門のことで，世界最大級の文献提供機関です。定期刊行物，書籍をはじめ，会議録，レポート等の膨大な所蔵資料を検索するには，British Libraryの蔵書検索，閲覧，文献複写発注サイトである，Explore the British Libraryにアクセスします。このサイトで検索し，ヒットしたレコードの中で，DSC（Document Supply Centre）から文献を入手できる場合にはDocmnet Supply Serviceの画面より，直接複写の申し込みをすることができます。

問 23 ○

　NACSIS-ILLで図書館間相互貸借サービスの依頼業務を行う場合，まず最初に書誌を検索し，所蔵館を確認することから始まります。この書誌検索とはNACSIS-CATの検索のことであり，NACSIS-ILLで正確な依頼業務を行うにはNACSIS-CATの書誌レコードの特徴，適切な検索キーの選び方などを把握しておく必要があります。

　NACSIS-CATの検索は，書誌レコード登録・更新時に生成される検索用インデックスと，キーワードとして入力され，正規化処理された検索キーとのマッチングにより行われます。NACSIS-CATでは検索の便をはかるため，漢字の新字体と旧字体は漢字統合インデックスにより，そしてひらがなとカタカナ，アラビア数字の全角と半角などは正規化という処理により，一定の規則に沿って統一的に変換されます。問題文にある「学問のすすめ」と「學問ノススメ」を具体的にみてみると，旧字体は新字体に，ひらがなはカタカナに変換されるため，いずれも「学問ノススメ」となり，検索結果も同一のものとなります。

　このように目録担当者でなくても，ILLサービスで正確な検索を行うにはNACSIS-CATの基本原則を理解しておく必要があります。

問 24 ○

　NACSIS-ILLで，書誌確認や所蔵館を探すために検索する総合目録データベースは，NACSIS-CATの書誌・所蔵データが更新されると即時に反映されます。問11で解説したCiNii Booksとは異なり，同じデータベースを検索していて，完全に同期がとれていますので，最新の書誌・所蔵データということになります。

問 25 ×

　NACSIS-ILLでは，ILLレコードの送受信の都度，特定のコマンドを発行することで，レコード状態が遷移する仕組みになっています。現物貸借業務においては，次のように遷移します。依頼館がILLレコードを「SEND」コマンドにより送信することにより，レコード状態は「未処理」となります。受付館がILLレコードを「RECEIVE」コマンドにより受け付けると，「処理中」に変わり，受付館が現物発送と同時に「SEND」コマンドを発行すると「発送」の状態へ遷移します。このILLレコードに対して，依頼館が現物資料を受け取った時に，「BORROW」コマンドを発行すると，ILLレコードの状態は「借用中」となります。

　この問題の，借用期間を延長するためのコマンド「RENEW」（更新請求）を発行すると，ILLレコードは「更新請求」という状態へ遷移します。「新着照会」という状態は，複写業務の時に問い合わせのために発行する，「INQUIRE」または，ILLレコード転送先の次候補がない場合の謝絶のための「PARDON」コマンドの発行時の状態です。NACSIS-ILLシステムにおける複写・貸借業務においては，このようなILLレコードの状態と遷移を理解することがとても重要になります。

問 26 ○

　NACSIS-ILLで他機関から依頼があった場合，受付を行ってから実際に現物資料の内容を確認することになります。そこで，依頼のあった書誌事項と現物資料が異なっていることもあります。そもそも自館で所蔵していない資料，つまり参考文献など断片的な情報しかない状況で依頼を行うのが相互貸借サービスなので，受付をした館がしっかりと現物資料を確認するのも非常に重要なことです。

　また，書誌事項に誤りがあったからといって「謝絶（PARDON）」という操作をしてしまうと，NACSIS-ILLのシステムではその依頼内容がそのまま次の候補館に渡ってしまいます。結果，次の受付館でも同じように現物資料の確認を行い，「これは書誌事項の間違いでは？」と悩むことになります。そのような業務の無駄を防ぐために，書誌事項の不備，誤りと思われる内容などがあった場合（「参照不完」と言います）は，まずは依頼館に照会（INQUIRE）をして依頼内容を再確認してもらうのが最も適切です。

NACSIS-ILLの手順をすべて暗記する必要はありませんが，謝絶(PARDON)あるいは照会(INQUIRE)などの操作をした場合のレコード遷移については，状態遷移図の見方を理解しておきましょう。

問 27 ✗

NACSIS-ILLにおいて書誌検索後の所蔵検索時に絞り込みに使用できる検索コードとして，以下の項目が用意されていますが，私費の受付指定はありません。
CONT＝受入継続表示
AREA＝地域コード
SETCODE＝設置者種別
ORGCODE＝機関種別
GRPCODE＝料金総裁コード
ILLFLG＝ILL参加種別
CIPYS＝複写サービス種別
LOANS＝貸借サービス種別
FAXS＝FAXサービス種別
STAT＝サービス状態

私費で受付けてくれるか否かを予め知りたい場合は，参加組織レコードのレンディングポリシーに特に条件が記載されていないかを確認する方法しかありません。

ACCT(支払区分)フィールドは，ILLレコードの依頼時の入力項目中の必須項目で，公費の場合は「pb」，私費の場合は「pr」のようにコードで入力します。よくある勘違いは，受付館側の料金受取りについてのコードと思われがちですが，依頼館での申込者の支払に関する項目です。

問 28 ○

NACSIS-ILLの所蔵検索の際に絞り込みできる項目は，問27で解説しました。FAXS (FAXサービス種別)のコードは，A:可，C：条件付きで可，N:不可のいずれかを指定します。急いで入手したい場合の対応として，FAXや速達で送ってもらう方法も知っておきましょう。

もちろんFAXの場合は，FAXSのコードがAの所蔵館に依頼することになりますが，Cのところに申込む場合は，どのような条件かを参加組織情報のレンディングポリシー等で確認します。(ILL業務では，参加館組織レコードの情報がこのように参照されますので，常に最新の情報にメンテナンスしておくことが必要です。)そして，ILLレコードを作成する際に，SPVIAフィールドにFAXや速達といった資料の送付方法を記入し，送付方法に関わる特記事項があれば，COMMENT欄に付記します。

なお，FAX送信に関する著作権上の問題は，国公私立大学図書館協力委員会と日本著作出版権管理システム(現在,出版者著作権管理機構)及び学術著作権協会との間で「大学図書館間協力における資料複製に関するガイドライン」が取り交わされています。『大学図書館における著作権問題Q＆A』等で，注意事項を確認しておきましょう。

問 29 ✗

大学図書館におけるILL業務は，NACSIS-ILL参加館とのやりとりが大部分だと思われますが，利用者の求めによっては海外の図書館から資料を取り寄せる必要も出てきます。そのため，海外の図書館との相互利用サービスを円滑に行うためにGIF（グローバルILLフレームワーク）という仕組みが作られています。

NACSIS-ILLの参加館で，かつGIF参加館でもある機関は，NACSIS-ILLを通して海外のGIF参加館に複写あるいは図書の相互貸借依頼をすることができます。現在のGIF参加館の中心はOCLC加盟館と韓国・KERIS加盟館で，具体的な参加館についての情報はGIF公式サイトで確認することができます。

http://www.nii.ac.jp/CAT-ILL/gif/

　問題文にある料金処理の方法については，KERISとの間では国立情報学研究所が運用する文献複写等料金相殺サービスが活用されていますが，OCLC加盟館との間では料金決済第三者機関(紀伊國屋書店)が月毎にまとめて処理を行っています。そのため米国へ依頼した場合の料金決済は，相殺システムではなく紀伊國屋書店の仲介により処理されているのが現状です。

問30　○

　海外の図書館とのILLサービスにおいては，支払いは国際図書館連盟(International Federation of Library Association:IFLA)が発行するIFLAバウチャーと呼ばれる，プリペイドカード(プラスチック製の引換券)を使用できることが多くあります。日本円で2000円のフルバウチャーと1000円のハーフバウチャーの2種類があります。IFLAバウチャーの購入について，以前はドル建てであり，またIFLA事務局に申し込みを行い外貨送金を行う必要がありました。しかし現在では，日本図書館協会から購入することができるようになっています。

　海外にILLの貸借依頼をして，支払はバウチャーでと書かれていれば，返送する際にフルバウチャーを1枚同封するという使い方をします。また，他の図書館から送られてきたバウチャーがあれば，ストックしておいて次に依頼した際の支払に利用できますので，加盟館同士で繰り返し使われます。海外への料金の支払は，料金より送金手数料の方が高くついてしまう場合がありますし，為替レートの変動に直接影響されないのもバウチャー制度の利点です。ただし，バウチャーでの個々のやり取りに領収書は残りません。

Ⅱ. 応用問題

（1）応用問題（基本辞書）

問 31 ×

問 32 ×

　『国書総目録』とは，古代から幕末までの日本人が著作・編集したあらゆる分野の書物について，その著者や分野に関する情報のほか，所蔵先や翻刻書名などを明示している総合目録です。慶応3（1867）年までに，日本人によって書かれ，編纂され，あるいは翻訳された図書で，図書館や文庫などに所蔵されているもの約50万点を書名の五十音順配列した総合目録です。日本人が表した江戸以前の著作であれば，和文・漢文・欧文を問わず，また写本も活字本も収録しています。記載事項は，五十音順の書名のもとの読み，巻冊，角書，別称，内容の分野，著者名，成立年，写刊の別，活字本の有無，所収叢書名，所在箇所などからなり，明治以前の国書の書誌事項や所在を確かめるためには貴重な総合目録です。

　『国書総目録』は1963年～1976年に岩波書店から刊行されました。その後，内容の追加・訂正が行われ，1989年～1991年にかけて刊行されたのが『補訂版　国書総目録』です。一方『古典籍総合目録』は，『国書総目録』の継承・発展を目指して構築された古典籍の総合目録です。問32で「わが国の古典籍の書誌・所蔵情報を収録している」は正しいのですが，先にあったのは『補訂版　国書総目録』の方ですので，問32も×が正解です。

　なお，『国書総目録』及び『補訂版 国書総目録』，『古典籍総合目録』は国文学研究資料館が提供する『日本古典籍総合目録データベース』に収録され，インターネットを通して調べることができます。なお，『国書総目録』から由来する内容については，カード目録からおこした部分もあり，所蔵に関しては現在では不確かな情報も多くなっていますので，訪問利用の際には所蔵調査などが必要です。

問 33 ○

問 34 ○

　小学館の『日本国語大辞典』（第2版　全13巻＋別巻）は，総項目数50万，用例数100万を収録した日本で最大の国語辞典と言われています。普通語，古語，外来語，方言，俗語，隠語，慣用句，ことわざの他に，地名，人名，動植物名，その他の事項名を含んでいます。初版は1972年から1976年にかけて全20巻で刊行，第2版は項目や用例を増補して2000年～2001年に刊行されました。言葉の由来や用例が豊富なことが特徴のひとつです。「日国（ニッコク）」と略称で言われる場合もあります。（このような基本資料は略称でも通じるようになっているとよいでしょう。）

　冊子として刊行されたもの以外に，ネットアドバンスが小学館の辞典・百科事典類を中心に集めて，有料データベースとして提供している「JapanKnowledge」に収録されています。また，CD-ROM版はありませんが，「日国オンライン」というオンライン版（有料）があります。

　辞書・辞典類について，最近は冊子以外の形で提供されるものが多くなっています。基本的なものについては，電子化されたものの有無や，どのデータベースに収録されているか，把握しておくとよいでしょう。

問 35 ○

国立天文台が編纂する『理科年表』は，1925年創刊以来の歴史と伝統を持つ科学データブックです。現在の内容は，暦部，天文部，気象部，物理/化学部，地学部，生物部，環境部，附録で構成されています。附録には，第1回(1901年)から最新までのノーベル賞の受賞者と授賞対象や，数学公式，三角関数表，慣用の計量単位などが掲載されています。過去のノーベル賞の受賞者を調べる方法は他にもありますが，古い年代から，年刊で更新される新しい情報まで載っているので，有効な手段ということが言えます。

問 36 ○

国民の祝日の中で，春分の日と秋分の日は，春分日・秋分日が暦の上で何日になるかによって変動する祝日ですが，『理科年表』の暦部には翌年分のこれらのデータが載ります。毎年2月の官報に翌年の暦が発表され，それが『理科年表』転載される仕組みです。日の出・日の入や二十四節気なども，この暦部にあります。また，気象部には平均気温，降水量などのさまざまなデータが収録されています。

『理科年表』は戦争中の1944～1946年を除き，継続して毎年刊行されており，理科年表プレミアムと呼ばれる会員制有料ページでは，80年以上にわたる『理科年表』のデータを検索，ダウンロードすることができます。

問 37 ○

『角川日本地名大辞典』は各巻が都道府県別に編纂されており，47都道府県の47冊と，「日本地名資料集成」「日本地名総覧」からなる別巻2冊の計49冊が，1978年から1991年にわたって刊行されました。各巻はそれぞれ総説，地名編，地誌編，資料編で構成されています。地名編では，古代から近代までの地名を網羅的に収録しており，五十音順排列で解説が加えられています。但し，自治体の合併等により名称や区割りが変更になっていることもあるので，最新の状況については，より刊行年の新しい他の地名辞典や，自治体のホームページ等も確認する必要があります。

別巻の「日本地名総覧」には，「難読地名一覧」がまとめて画数順に編成されており，特殊な読み方をする地名について調べる際に便利です。

問 38 ×

『ゼンリン住宅地図』は，一軒一軒，一戸一戸の建物名称・居住者名，番地が地図上に詳細表示されている地図資料で，全国の特別区や市毎に1冊単位で発行されています。冊子の他にネットでのプリントサービスもあり，電子版も利用可能です。但し，地名の読みは入っていません。この問のように，地名の読みを調べるためには，前問の『角川日本地名大辞典』や，自治体のホームページ等を利用する方が適切と言えます。

一口に地図といっても，住宅地図，地形図や，都市計画地図，地価図，古地図など目的により書かれている情報が異なりますので，用途に応じて使い分けます。

問 39 ○

人名辞典(事典)も，収載されている範囲，特徴を知っておくと，時代，地域や属性によってどの辞典を使うかの判断に役立ちます。『岩波西洋人名辞典』は，西洋人を幅広く収録している基本辞書のひとつです。また，欧米人に限らず，中近東，アフリカ，大洋州，インドまでも含む広域にわたる古今の著名人，日本から見て関係の深い西洋人に重点をおいているところが特徴です。古代や神話の中の架空人物も取り上げられています。

1956年に刊行され，その後1981年に増補版がでてからも既に年月が経っていますので，最近の人物については載っていません。『岩波世界人名大辞典』がこれを引き継ぎ，2013年に2分冊で刊行されています。
http://www.iwanami.co.jp/moreinfo/0803150/top3.html

問 40
✗

　著作権者の情報を調べるためのツールとして、以前は『文化人名録』（別名『著作権台帳』）がありましたが、2001年の第26版をもって刊行が中止されています。従ってまとまった形で著作権者を調べるツールがなくなってしまいました。（文学者については、代わるものとして『文芸年鑑』日本文芸家協会編の巻末に「文化各界名簿」「著作権関係者名簿」が収録されています。）著作権者を例にとっていますが、人物について調べる際、意外に現代の人物の方が、人名辞典にも出ていないので調査が難しいのです。『Who's who』にあたるようなものとして、『現代日本人名録』『現代日本執筆者大事典』（ともに日外アソシエーツ）、『人事興信録』（興信データ編纂）や『日本紳士録』がありましたが、これらも冊子体は『現代日本人名録』は2002年まで、『現代日本執筆者大事典』は2003年まで、『紳士録』は2007年に無期休刊が発表され、『興信録』は2009年（45版）以降刊行がありません。
　著作権保護期間の確認のため生没年を調べる目的であれば、国立国会図書館やNACSIS-CATの著者名典拠を確認する方法もあります。ただし、CiNii Booksでは著者名典拠レコードにある生没年は表示されないようになっています。
　権利者の了解を得る代わりに文化庁長官の裁定を受け、著作物等の通常の使用料額に相当する補償金を供託することにより、適法にその著作物等を利用する制度として「著作権者が不明の場合の裁定制度」があります（法第67条）。ただし、この制度でも申請の前提条件として、権利者と連絡を取るために「相当な努力」を払う必要があるとされており、「相当な努力」の具体的な内容については、ここに挙げるような参考図書を調べたり、文化庁の著作権登録状況検索システムを検索する、著作権等管理事業者に照会するなどが挙げられています。
http://www.bunka.go.jp/eGenbo4/index.aspx

　　　　　　＊　　　　　　＊　　　　　　＊

　図書館業務を通じて、利用者に文献提供を円滑に行うには、基本的な辞書・事典（レファレンス資料）に関する知識が必要になります。基本的な辞書・事典については、以下の文献が参考になります。この文献を出発点として、基本的な辞書・事典の内容、収録範囲、使い方について理解を深めてください。

・長澤雅男, 石黒祐子共著. レファレンスブックス：選びかた・使いかた. 新訂版, 日本図書館協会, 2015, x,242p.

　また、国立国会図書館のリサーチナビやレファレンス協同データベースの調べ方マニュアルを検索して、適するレファレンスツールをみつける事も有効な方法です。

・リサーチナビ　　　　　　　http://rnavi.ndl.go.jp/rnavi/
・レファレンス協同データベース　http://crd.ndl.go.jp/reference/

(2) 応用問題（総合）

問 41　○

参考文献欄における記述方法については，分野によってそれぞれ違いがあり，学術雑誌では投稿規定に定められていますが，標準的なものとして，SIST：科学技術情報流通技術基準があります。SISTはISO基準をもとに，科学技術情報の流通を円滑にするために設けられた基準で，事業自体は2011年度末で終了しましたが，ウェブ上での公開は続けられています。(http://sti.jst.go.jp/sist/index.html) また，小冊子『参考文献の役割と書き方』科学技術振興機構編にも，参考文献の書き方(即ち見分け方)が，分かりやすく解説されています。

SIST 02に「参照文献の書き方」が制定されています。その中の5.2.1図書1冊の項では，下記のように書かれています。これによりこの文献は図書だと分かります。

　　著者名．書名．版表示，出版地，出版者，出版年，総ページ数，(シリーズ名，シリーズ番号)，ISBN．(言語の表示)，(媒体表示)，入手先，(入手日付)．

また，世界的に用いられている学術論文の標準スタイルとして，Chicagoスタイル，MLAスタイル，APAスタイル，CSEスタイル，AMAスタイル，NLMスタイル，IEEEスタイルなどがあります。例えばChicagoスタイルでは著者が1名の図書の場合，NotesやBibliographyでは下記のように書きます。また，タイトルをイタリックで書くというような決まりになっています。引用文献から資料を探す際には，手がかりとなる要素(タイトル，著者等)を判断するために，学術論文の標準スタイルを知っておくと良いでしょう。

　　Pollan, Michael. *The Omnivore's Dilemma: A Natural History of Four Meals.* New York: Penguin, 2006.

問 42　×

図書館が情報サービスとして文献提供をする際に，知っておかなければならないことのひとつが著作権法です。中でも最も関係するのが，第31条の「図書館等における複製等」です。ここには，「次に掲げる場合には，その営利を目的としない事業として，図書館等の図書，記録その他の資料(以下この条において「図書館資料」という。)を用いて著作物を複製することができる。」として，下記の条件が示されています。

　　一．図書館等の利用者の求めに応じ，その調査研究の用に供するために，公表された著作物の一部分(発行後相当期間を経過した定期刊行物に掲載された個々の著作物にあっては，その全部。第三項において同じ。)の複製物を一人につき一部提供する場合

この条項に照らし合わせると，複写が行える範囲は「著作物の一部分」であり，具体的に「一部分」とは，その著作物全体の半分以下と解釈されています。単一著者のこのケースで「著作物」とは図書全体ですから，「各章の半分以下」というのは誤りになります。著作権法については，31条を中心にしっかりと理解をしておきましょう。また，31条を実務でどのように解釈するかについては，『大学図書館における著作権問題Q＆A　第8版』が参考になります。

問43 ○

全国の大学図書館等が共同分担目録方式で構築するNACSIS-CATのデータを，利用者向けに公開するサービスがCiNii Booksです。大学図書館等の図書や雑誌の所在を調べるには，このCiNii Booksで検索するのが有効です。

また，参加館が参加組織情報にそれぞれOPACのオープンURLを記入していれば，CiNii Booksの所蔵情報から各参加館のOPACにリンクが貼られるので，各OPACへのスムーズなアクセスが可能です。CiNii Booksの機能として，所蔵館を地域やNACSIS-ILLの参加状況で絞り込むこともできます。

ただし，参加館がNACSIS-CATにどのくらいのデータを登録しているかは参加館によって異なっており，カード目録や冊子体目録でしか探せない資料がある状況をふまえ，CiNii Booksで検索できる資料がすべてではないことに注意しましょう。

問44 ×

NACSIS-ILLでの検索方法については，問23の解説にもある通り，NACSIS-CATと同じ仕組みです。もともと漢字，ひらがな等で表記されるタイトルは，日本語の特性で単語単位に分かれていません。そこでNACSIS-CATでは，ヨミの分かち書きをもとに検索用インデクスが生成されます。この資料の場合，作成されるインデクスは「社会」「保障」「ハンドブック」ですので，「社会保障」という語ではヒットしません。問23にあった，ひらがな・カタカナ，漢字の処理のされ方などと共に，分かち書きによる検索用インデクスの生成についても正しく理解しておきましょう。

もし，どうしても見つけられない場合は，CiNii Booksで「詳細情報」に表示されるNII書誌ID（NCID）をキーに検索をすると，一意にヒットさせることができます。しかし，NACSIS-ILLの日常業務を効率的に行うには，この問題集の総合目録-図書・雑誌初級の解説を参考に，検索の仕組みやインデクス生成等について知っておくとよいでしょう。

問45 ×

この文献は図書の種類としてはハンドブックの類いで，「第4版」とあり，社会保障制度の改編等に合わせて内容が改訂されていることが想像できます。検索をして，タイトルも著者もこれだというものがヒットしても，探しているものがその「版」であるかを確認しなければなりません。

「版」はいわば内容に改編があったことを示すものです。書誌的には「出版年」は初刷の年が記述されており，参考文献では手元の個々の刷年を記している場合もあるので，内容の異同について注意が必要です。一般的に自然科学系の文献では最新の情報が求めら

れることが多いですし、社会科学系の文献では、いつの時点の何版かを指定されている場合があります。版が異なっていては役に立たないこともありますので、検索結果を見極めることが大切です。

国立国会図書館サーチの一覧(簡略)表示では「版」がありませんが、出版年から、探しているものは(A)ではなく、上から2件目のものだろうと判断できます。

問 46 ○

SIST 02(問41の解説参照)によると、参考文献(雑誌)の書き方は下記のようになっています。また巻数や号数、ページ数などから、この文献は雑誌の1論文であることが分かります。

　　5.1.1　通常の1記事
　　　著者名. 論文名. 誌名. 出版年, 巻数, 号数, はじめのページ-おわりのページ, ISSN. (言語の表示), (媒体表示), 入手先, (入手日付).

問42の解説(著作権法第31条)をもう一度見てみましょう。雑誌の複写提供に関しては、「(発行後相当期間を経過した定期刊行物に掲載された個々の著作物にあつては、その全部。...)」の箇所が関係しています。この記事は2005年に発行されたことが分かっていますが、果たして「相当期間を経過」しているとみなせるでしょうか。先程も挙げた『大学図書館における著作権問題Q＆A　第8版』によると、「次号が発行されるまでの間または発行後3か月(季刊以上の頻度の場合など)までの間」と定義されていて、この場合は相当期間を経過しているため提供可能と判断することができます。詳しくは『大学図書館における著作権問題Q＆A　第8版』の3. 発行後相当期間　Q20～Q25を参照しましょう。さらに、Q26では図書館間のILLも、法31条1項1号の範囲内であるという解説が示されています。

問 47 ○

文献複写を依頼する際、利用者が持参する情報が場合によって不充分であったり、間違えていることがあり、そのまま依頼レコードに転記すると、「参照不完」(当該ページに当該論文無し)で戻ってきてしまうことがあります。ILLシステムでの「照会(INQUIRE)」については、問26でも解説しています。ILL等で事前に書誌事項を確認する必要がある時に、論文単位の書誌事項を調べるには何を利用するのが有効かを知っておくとよいでしょう。

この文献は、和雑誌の1論文ですから、雑誌論文・記事のデータベースとして、「CiNii Articles」を利用することが有効です。同様に国立国会図書館の「雑誌記事索引」も有効な手段と考えられます。ただし、CiNii Articlesの収録対象に、国立国会図書館の雑誌記事索引等も含まれていますので、CiNii Articlesの検索で概ねカバーされると考えられます。収録誌についてはそれぞれのサイトを参照してください。また、年代によっても収録が異なる場合がありますので、古い年代のもの、特殊な雑誌の記事などは含まれない場合もあります。

この問いで入手したい資料の手がかりを整理すると以下のようになります。

野口和雄　　　　　　　　　　　→　論文の著者　　　　　｝論文単位の検索の手がかり
景観法の活用と自治体のジレンマ　→　論文のタイトル
地方自治職員研修.　　　　　　　→　掲載されている雑誌のタイトル
　　　　　　　　　　　　　　　　　　雑誌単位の検索の手がかり
2005, vol. 38, no. 5, p. 18-32.　→　論文の雑誌中の掲載箇所
　　　　　　　　　　　　　　　　　　雑誌の所蔵巻号を絞り込む手がかり

問48 ○

参考文献として示されたこの資料は，雑誌「地方自治職員研修」38巻5号（2005年刊行）の18〜32ページに掲載された論文と考えられます。書誌レコード(1)はタイトルが「月刊地方自治職員研修」ですが，初号巻次（年月次）-終号巻次（年月次）が記述されているVLYR（Volume Year）から該当の書誌レコードと判断することができます。文献複写を取り寄せる際は，この雑誌の所蔵館に対して依頼を行うことになります。

雑誌では検索結果を同定する際に，その雑誌の範囲を示すVLYRやNOTEに記述されている情報が決め手となることが多いので，書誌レコードを注意深く読み取らなければなりません。

「VT:ST:地方自治職員研修」は，記述の根拠となった号（この場合は初号の33巻, no. 1）の背のタイトル（Spine Title）が「地方自治職員研修」であると読み取ります。

「月刊」は刊行頻度ですが，タイトルの冒頭にあって切り離せない場合に（例『週刊朝日』『月刊福祉』など），タイトルの一部と解釈されることもありますので注意が必要です。この例では，文献リストに書かれているタイトルが「地方自治職員研修」であっても，書誌レコードの本タイトルとしては「月刊地方自治職員研修」と「地方自治職員研修」に分かれていたということになります。

問49 ○

NACSIS-ILLでは，NACSIS-CATの所蔵レコードから所蔵館を特定する機能があります。雑誌の場合は当該巻号を所蔵しているところに依頼しなければならないので，絞り込む要素として「所蔵巻次（HLV）」が最も重要です。NACSIS-CATの雑誌所蔵レコードは，機械的な絞り込みができるように，巻・号・Vol.・No.・年度版…などの修飾語を除いた数字のみで，「巻レベル（号レベル）」という定型で記入されていますので，所蔵を絞り込む際も同じ形式で対応させます。（「総合目録-雑誌初級」Ⅳ. 所蔵レコードの記入方法の問題と解説も参照しましょう。）

vol. 38, no. 5は，「38」が巻レベル，「5」が号レベルですから，「38(5)」と指定します。この時，「38」とすると，vol. 38のすべての号(no.)を所蔵しているところを指定したことになり，vol. 38, no. 5を所蔵していてもno. 5ではない他の号が欠号していることが原因で，該当する所蔵館としてあがってこないことになってしまいます。

書誌レコードのVLYRでは優先的に2階層の巻次が採用され，それに対応して所蔵レコードの所蔵巻次も2階層で記述するのが正しい記入方法です。従って，通巻○号は使いません。稀に書誌レコードのVLYRに関わらず，通巻の号で所蔵巻次を記入しているレコードがありますが，正しい記述方法ではなく，また所蔵検索の時に検索漏れとなってしまいますので，記述の仕方は特に注意しなければなりません。

問50 ×

書誌レコードの記述を見ると，「VLYR:33巻, no. 1(2000.1)-…」となっており，この書誌レコードは33巻1号からの「月刊地方自治職員研修」を対象としていることが分かります。また「BHNT:CF:地方自治職員研修 / 全国自治研修協会［編］〈AN00058766〉」は，書誌的来歴BHNT（Bibliographic History Note）として，継続前誌CF（Continuation/Former）がNCID〈AN00058766〉の「地方自治職員研修」であるということを示しています。2006年以降，軽微な変化という考え方で，タイトル変遷の基準が変わりましたが，コーディングマニュアルの6.0.1.A1.2［軽微な変化］の項でも，このような刊行頻度を含むタイトルについての規定がなく，情報源上のタイトルの表示が「地方自治職員研修」→「月刊地方自治職員研修」になった場合に変遷とみなした例も存在しています。

利用者の申し出は「20巻」なので，書誌レコード(1)の変遷前誌である〈AN00058766〉の20巻だろうと推測されます。そして所蔵館の確認も，その前誌のレコードの所蔵館を確認しなければなりませんので，問題文にある調査方法は適切とは言えません。

問 51 ✗

一般的に引用・参考文献では，冒頭に著者名を表示します。科学技術系の場合多くは，その後ろの「""」で囲ってある部分が論文名です。この例でも冒頭の「Harrison, B. R.」が著者で，その後ろの「"Risks of handling cytotoxic drugs"」は，図書の一部に収録されている論文名と判断できます。

SIST 02（問41の解説参照）によると，参考文献の書き方は下記のようになっています。

> 5.2.2 図書の1章又は一部
> 著者名．"章の見出し"．書名．編者名．版表示，出版地，出版者，出版年，はじめのページーおわりのページ，（シリーズ名，シリーズ番号），ISBN．（言語の表示），（媒体表示），入手先，（入手日付）．

「Lippincott Williams & Wilkins」は人名のような単語からなっていますが，「3rd ed.」版表示の後に表示されていますので，出版者であることが分かります。所蔵調査をする際には，「Lippincott Williams & Wilkins」から出版された「The Chemotherapy Source Book」という書名の図書を探すことになります。

問 52 ✗

この問いでは，大学図書館から相互貸借で資料を借りる場合に使用するシステムを問われています。NACSIS-CAT/ILLに参加している大学図書館間では，NACSIS-ILLを通して相互貸借の申込みを行うのが通常です。では，NDL-OPACはどうでしょう。NDL-OPACは「国立国会図書館蔵書検索・申込システム」であり，国立国会図書館の資料に対する予約や複写申込みの機能はありますが，ここから大学図書館への相互貸借依頼は行えません。

問 53 ○

図書館間相互貸借サービスで取り寄せた図書について，以前は借り受けた図書は"自館で所蔵する図書館資料"ではないという理由から，著作権法第31条による複製が制限されていました。そのため当該図書を一旦返却した後，別途複写を申し込むなどの方法がとられていましたが，利用者にとっては非常に理解しにくい，また時間と費用のかかる状態でした。そのため，2006年に日本図書館協会，国公私立大学図書館協力委員会，全国公共図書館協議会により「図書館間協力における現物貸借で借り受けた図書の複製に関するガイドライン」が制定され，一定の条件のもとで借り受けた図書の複製ができるようになりました。

もちろん著作権の範囲内での複写，また所蔵館が規定した範囲内での複写となりますが，図書館間相互貸借サービスで借り受けた図書の複写は，自館所蔵資料と同じ条件で複写が行われているわけではないことを念頭に置いておきましょう。

日本図書館協会のサイトに，著作権法第31条に関連するガイドラインがまとめられています。http://www.jla.or.jp/library/gudeline/tabid/239/Default.aspx

問 54 ✗

問51の解説で説明したように「"Risks of handling cytotoxic drugs"」は，図書の一部に収録されている論文名です。NACSIS-ILLで書誌検索する場合には，NACSIS-CATの総合目録データベース即ち図書，雑誌の目録所在情報を対象としていますので，図書に収録されている各論文名は，タイトルとして扱われていません。CW（内容著作注記）として，選集等の構成部分の著作単位の情報が記述されている場合がありますが，このフィールドは目次情報を入力するものではありませんので，p. 566-580のこの論文名が記述されている可能性は低いと想像がつきます。

また，CiNii Booksで図書の内容説明や目次が表示される仕組みは，BOOKデータベース（トーハン，日本出版販売，日外アソシエーツ，紀伊国屋書店）や，Nielsen Book

Data(Nielsen Book Data)のデータを取り込んだもので，NACSISの情報ではありませんので注意しましょう。この資料をNACSIS-ILLで書誌検索する場合，収録している図書のタイトルで検索することが最も適切な方法と言えます。

問 55 ○

分野によって文献複写で求められることに違いがあり，それを踏まえたきめ細かなサービスを心がけましょう。例えば，細胞の画像がカラーで掲載されているのに白黒の複写物が届いたとか，当時の広告が知りたいのに広告頁を除いた記事の部分だけだったということが，自然科学系，社会科学系などでそれぞれ起こり得ます。

受付館側でカラーの図に気づいて，複写する前に問い合わせてくれることも日常行われますが，依頼館側が利用者の要望を確認して，依頼する際にILLレコードに記入しておくと，ILL業務がよりスムーズになります。また，カラーの複写料金は，通常の複写料金と異なることが多いので，料金のことも事前に調べておくとよいでしょう。

NACSIS-ILLのシステムでは，カラー複写を指定するフィールドはありません。問題文にあるように，ILLレコードのコメント欄(COMMNT)に簡潔にそのことを記入します。『ILLシステム操作マニュアル』の付録A.8に依頼館/受付館入力データ項目一覧があります。速達で送って欲しい場合は，記入するフィールドとして送付方法(SPVIA)の欄が用意されていますが，このようなカラーの指定などはコメント欄を利用します。

問 56 ×

新聞記事についても，図書や雑誌と同様に，利用者から求められる資料の一つとして，情報の性格や入手の手段について理解しておきましょう。新聞記事を確認する手段としていくつかありますが，この問いにある国立国会図書館蔵書検索・申込システム(NDL-OPAC)には新聞記事は収録されていません。問47の解説で紹介した国立国会図書館「雑誌記事索引」にも，新聞記事の索引は含まれません。国立国会図書館が『朝日新聞』という新聞そのものを所蔵しているかどうか検索することはできますが，記事単位でのデータは入っていませんので，「オランダ総選挙右翼政党惨敗」では検索できないと考えられます。

新聞といっても，海外の新聞，国内の一般紙(地方版/全国版)，専門紙，機関紙など様々です。また，原紙は長期保存が難しいため，縮刷版，マイクロ版，CD-ROM等で再刊されることや，データベース化されている範囲はどの部分かなど，把握しているとよいでしょう。収録する年代や，全文が利用できるか，著作権によって収録内容が制限されているかといったことも，媒体によって異なります。この問では，国内・一般紙のおよそ10年前の記事の書誌事項を確認するという条件で，提供できるものを考えてみましょう。

問 57 ○

CiNii Articlesの本文収録刊行物ディレクトリは，下記のサイトにあります。
http://ci.nii.ac.jp/cinii/servlet/DirTop

基本的に学術雑誌が主で，新聞(一般紙)はほとんど含まれていません。このように，CiNii Articlesが雑誌や新聞など様々な資料を網羅していると思われているところもありますが，新聞の個別の記事や図書として刊行された論文集の各論題は収録されていないので注意が必要です。

問 58 ○

日経テレコン21は，その名に「日経」とある通り日本経済新聞デジタルメディアが提供するデータベースです。新聞や雑誌記事，企業情報，人物情報のデータベースとして，日本で最も古い有料のデータベースサービスのひとつです。収録されている新聞は，日経各紙，日経関係の雑誌記事の他に，全国紙・地方紙や専門紙(鉄鋼新聞，冷食タイムスなど特殊な分野の新聞)も多く含まれています。

因に,『朝日新聞』については「1985年1月以降の東京本社発行の朝夕刊記事を中心に収録しています。」と書かれています。それぞれ収録範囲が異なりますので,新聞記事ならすべてということではありません。有料ですので,検索する前に収録範囲を確かめることも必要です。(http://t21.nikkei.co.jp/public/guide/article/price/index.html) データベースの収録誌やその年代を覚えることは意味がありませんが,その主な特徴を知っていれば,代表的な全国紙の2000年代の記事が収録されているだろうことは想像がつくはずです。

朝日新聞の記事データベースとして有名なのは,聞蔵（きくぞう）シリーズでしょう。聞蔵（きくぞう）シリーズでは1985年以降の朝日新聞データベースの他に,明治・大正・昭和(戦前)の紙面がオプションで検索できるようになりました。新聞記事は年代によってデータベースにはなく,縮刷版やマイクロフィルムでないと入手できない場合もあります。

問 59 ○

新聞記事には,新聞社として書かれた記事と,著作者名が明記された署名記事があります。著作権上,署名記事に関しては本文そのものをデータベースに収録できるのは,データベース作成者が著作権者の許諾がとれていることが前提になると考えます。従って,問題文にある通り,署名入りの記事がデータベースでは閲覧できない場合があるということを念頭においておく必要があります。

この問いでは具体的に,朝日新聞記事データベースについて聞かれており,確かにホームページには「著作権の関係から本文表示ができない記事が一部ありますが,見出しまでの検索は可能です。」と表示されています。
http://www.asahi.com/information/db/2forl.html

データベースを契約する際にも,どの新聞のどの期間の記事か,本文・見出しのみの利用かを知っておくことが必要です。いくつかの大学図書館のサイトでは,利用者にも分かるように明示しているところもあります。問58の解説にある縮刷版やマイクロフィルムと補完的に活用する理由のひとつとして,署名記事の扱いについて知っておくとよいでしょう。

問 60 ×

問41で紹介したSIST02のルールや,世界的に用いられている学術論文の標準スタイルをあてはめて考えてみましょう。問題文にある「・・・という論題の雑誌記事である」という箇所が誤りであることが分かります。この文献は,著者が「Frenkel, D」と「Smit, B.」であるところまでは正しいのですが,2002年にAcademicPressから刊行された「Understanding Molecular Simulation: From Algorithms to Applications」(第2版)という図書全体を指しています。

雑誌記事の場合は,収録されている雑誌のタイトル(場合によっては略タイトルの形で)だけでなく,巻号がないと文献リストとしての体をなしません。求めている資料は雑誌記事ではないということが,それぞれの要素からも判断ができます。

問 61 ×

Web of Scienceはトムソン・ロイターが提供する自然科学,社会科学,人文科学の書誌および引用文献情報です。従って他大学図書館等でこの資料を所蔵しているかを調べるには適しません。
http://ip-science.thomsonreuters.jp/products/

国内の大学図書館等の目録所在情報は,NACSIS-CATおよび,その目録所在情報を一般にインターネットで公開されているCiNii Booksを利用するのが適切でしょう。その他に,国立国会図書館や公共図書館を探す場合や,NACSIS-CATには参加していないがOCLCに参加している図書館,また,個々のOPACでしか所蔵を確認できないところなど,所蔵調査の方法は様々です。しかし問いの文章は,所蔵調査の際に,引用文献

情報のデータベースを用いると書いていますので、明らかに×が正解となります。

問 62 ○

OCLC WorldCatは世界各国に参加館が多数あり、膨大な書誌レコードが含まれています。従って、求める資料を的確に検索することは容易ではありません。この問題が出題された情報サービス-文献提供第1回目試験日（2012年11月）頃は検索結果が690件でしたが、2014年11月現在では同じ検索キーで5,370件以上がヒットします。

簡易検索では結果が膨大になることが多いので、最初から詳細検索でタイトルのフィールドを指定して検索する方が的確な検索ができますが、検索結果から絞り込む方法を活用することも可能です。そのひとつがフォーマットで限定する方法です。通常簡易検索でヒットするものの大半は「記事/論文」です。OCLC WorldCatには図書・雑誌の書誌所蔵情報だけでなく、記事/論文や電子ファイルも含まれています。今回は求めているものが図書ですので、「書籍」を選択することになります。また、著者のリストから「Daan Frenkel」もしくは「D Frenkel」で絞り込む方法もあります。

詳細検索画面から著者名とタイトルで検索すると、この著者の同じタイトルでPhysics today. 50, no. 7, (1997): 61, の雑誌論文があることや中国語に翻訳された書籍があること等も分かりました。粒度の異なる検索結果を含んでいることを踏まえて利用しないと、膨大な情報から必要な情報を効率よく見つけることができません。

問 63 ×

北米の図書館とのILLについては、グローバルILLの取り組みにより、NACSIS-ILLを通してGIF（グローバルILLフレームワーク）参加館に対して文献複写の依頼ができるようになっています。具体的なGIF参加館はGIFのサイトに掲載されていますが、Library of Congress（LC：アメリカ議会図書館）はこのGIF参加館ではありません。

参加館の名称を全て暗記する必要はありませんが、LCが加盟館ではないことなど、大まかな特徴は意識しておきましょう。

問 64 ○

「カーリル」はそのホームページに、「全国の図書館の蔵書検索機能を無償提供すると同時に、図書館の情報をまとめたポータルサイト」であると書かれています。2014年11月現在、日本全国6600館以上（公共図書館がその内約5000館）で、市町村カバー率：1259/1749 ＝ 71% 図書館システム数：2339個とあり、一度の検索で、複数の図書館の蔵書とAmazon等の書誌情報を横断検索する、統合検索という仕組みをとっています。

一方、CiNii Booksは、NACSIS-CAT参加館の共同分担入力方式により構築されている書誌所蔵データが元になっていますので、データベースとしてはまったく異なるものです。他にもWorldCat等のリンクが表示されますが、CiNii Booksの検索結果から、それぞれのシステムに対して検索した結果を表示する仕組みですので、所蔵館の情報などは違う結果になります。

問 65 ×

この問いは、ある文章の一節に有島武郎の『一房の葡萄』が1920年に発表されたということが書かれており、その出典を求める方法についての問題です。手がかりとして、『赤い鳥』の第五巻第二號とあります。巻・號で識別されるものということから、これは雑誌に掲載されたものだろうと推測されます。児童文学の有名な雑誌ですので、『赤い鳥』を知っている方には簡単な問題ですが、知らなくても文脈から図書ではないということが読み取れるでしょう。

問66 ×

各ツールにどのような論文の情報が収録されているかは，常に変化していますので最新の情報を把握しておきましょう。ここでは，CiNii Articlesで検索できるものかどうかが問われています。CiNiiのホームページには，「雑誌記事索引」や「J-STAGE」，機関リポジトリ等のデータも含んでいることが書かれています（問47の解説でも触れました）。問57で収録刊行物ディレクトリも紹介しましたが，これらを念頭において，収録されている可能性を考えてみましょう。

この中で最も古い年代の論文情報は，国立国会図書館の「雑誌記事索引」で，提供を開始したのは戦後の1949年からです。また，「雑誌記事索引」は冊子体の創刊以来，おもに学術雑誌から採録誌を選定し，採録対象の雑誌は年々増えているものの，最近まで児童誌は範囲外でした。従って，1920年に発行された児童誌に掲載されたかを調べるための有効な手段とはいえません。現在のところCiNii Articlesを利用して，大正時代の人文系の雑誌を調べられる可能性は低いと考えることができます。

CiNii Articlesで"一房の葡萄"を検索すると，紀要に書かれた研究論文等が沢山ヒットしますが，『赤い鳥』の原著がヒットしないからといって，この文章の一節は間違えていると思ってはいけません。

問67 ○

問43，問61で解説したように，大学図書館等の図書・雑誌の所蔵を調べるには，CiNii Booksを調べるのが有効な手段です。

問68 ○

図書・雑誌の書誌レコードから，利用者に提供するための有用な情報を読み取りましょう。これはNACSIS-CATの，1979年に日本近代文学館が発行した雑誌『赤い鳥』の復刻版の書誌レコードです。原誌を所蔵していなくても，複製資料によって内容を確認することが可能です。

またNOTEの記述から，原誌にはない付加的な情報として，別冊付録の解説・執筆者索引がついていることが分かります。有島武郎の他の著作がこの雑誌に掲載されているかどうか，この執筆者索引を使って調べることも効率的です。CiNii Booksの検索結果詳細表示では，「注記」が「書誌事項」と離れて表示されるため見逃されがちですが，注記には利用する上で有用な情報が多いので，見逃さないようにしましょう。

問69 ×

書誌事項の中の単語，crystal, oxides, ceram[ic]等から，この文献は，材料化学系の論文ではないかと思われます。論文タイトルだけでは判断できない場合も多いですが，掲載された雑誌名から予想することができます。

この問いで取りあげたデータベース「Scopus」と「PubMed」はどちらも膨大な量の文献情報を収めているデータベースですので，以下の特徴はおさえておきましょう。

- 「Scopus」は問8でも解説したように，エルゼビアが提供するデータベースで，その日本語のサイトには「世界の5,000以上の出版社から出版される20,500以上の科学・技術・医学・社会科学・人文科学のタイトルを網羅する世界最大級の抄録・引用文献データベース」と紹介されています。
  http://japan.elsevier.com/products/scopus/
- 「PubMed」は，NLM（米国国立医学図書館：National Library of Medicine）内の，NCBI（国立生物科学情報センター：National Center for Biotechnology Information）が提供している医学・生物学・健康科学系のデータベースです。2,000万件以上の抄録が検索でき，かつ無料で全文が公開されているものもかなりの割合にのぼっています。

このケースでは，分野から判断して「Scopus」の方が適していると考えられます。

問 70 ✗

参考文献等では，欧文雑誌のタイトルは省略形で書かれますので，雑誌の省略形からでも文献を入手する方法を知っているとよいでしょう。省略形誌名から完全形を調べるツールとして，冊子では『Periodical Title Abbreviations By Abbreviations』が，インターネット上のサイトでは『Abbreviations』(http://www.abbreviations.com/jas.php)等があります。

また，この問いにあるように，雑誌タイトルの省略形は単語の冒頭から構成されていることから，検索の前方一致の機能を使えば，完全形が分からなくても検索ができると考えられます。しかし，NACSIS-CAT/ILLでの正しい検索方法を知っておく必要があります。一見問題文の検索キーは，*(アスタリスク)を用いて前方一致検索ができるように見えますが，NACSISの業務システムでは，前方一致は2文字以上の末尾に*となっています(『目録システム利用マニュアル 第6版』2.1.1　検索の画面)。「J*」は正しい検索キーとはいえません。1文字に*をつけた検索キーは，syntax errorとなりますので覚えておきましょう。

問 71 ✗

問50と同じく，NACSIS-ILLでの雑誌所蔵レコードの正しい絞り込み方についての問題です。「巻レベル(号レベル)」については問50の解説や，『ILLシステム操作マニュアル』の4.5.7　雑誌所蔵レコードの所蔵巻次〈HLV〉の見方 を参照しましょう。

この問いの巻次は，巻レベルが「15」です。15の中の号レベルがすべて揃っていれば，完全巻と言い，巻レベルのみを記述することになっています。もし，15の中に欠号があれば(不完全巻と呼ぶ)，2通りの記入方法があります。a.括弧内に実際に所蔵する号レベルの数字を列記，あるいはb.号レベルの数字を記入せずに丸括弧だけを添える方法です。即ち「15()」は15巻の一部しか所蔵していないという意味ですから，「15」とある所蔵館に依頼する方が適切というのが正解です。

b.の方法で不完全巻の記述がされているデータを見ることがあると思いますが，この場合，どの号が欠号か表現できません。もし15()と書かれた所蔵館しか15を所蔵しているところがない場合には，no. 6が欠号ではないかを別途確認することになります。

問 72 ✗

雑誌は刊行の途中でタイトルが変わることがあり，それを誌名変遷(タイトル変遷)あるいは，改題という表現で書誌レコードに記述されています。NACSIS-CATの場合については，問48で一例を示しました。今回のケースはLibrary of Congress (LC：アメリカ議会図書館)の Online Catalogの例です。いろいろな書誌レコードの読み方を身につけておきましょう。

見出しに「Continues:」とあるのは「継続前誌」を意味します。「Continued by:」と書かれていれば「継続後誌」，どちらの表現が前誌だったか後誌だったか，英語の表現が分かりにくいので気をつけましょう。

因にこの書誌レコードはRDA (Resource Description and Access)に準拠した記述になっています。画面の下部にある3種類のtypeがその特徴のひとつです。

　　Content type: text　内容は文字で，
　　Media type: unmediated　再生機器を必要としないメディアで
　　Carrier type: volume　巻冊＝冊子

また，電子媒体等の資料の「関連」を記述されていることも，RDA準拠のレコードの特徴です。

　　Additional formats:　Online version: Journal of the European Ceramic Society (Online) 1873-619X (DLC) ...

2013年3月31日から，LC（Library of Congress）をはじめとする海外の書誌作成機関ではこのようにRDA準拠に変わってきていますので，その意味が理解できるようになるとよいでしょう。問の主題とは離れますが，雑誌は電子化が進んでいますので，書誌レコードの読み方（このレコードは電子ジャーナルなのか，冊子なのか等）にも注意が必要です。

問 73　○

グローバルILLの取り組みについては，問29の解説も参照しましょう。GIF（グローバルILLフレームワーク）の参加館であれば，NACSIS-ILLとOCLCや韓国のKERISとの間で，文献複写の依頼ができるようになっています。仕組みとしては，ISOのILLプロトコルに基づき，書誌ユーティリティの間のシステム間リンクでそれが可能になっています。参加していない図書館では実務で経験することがないかと思いますが，グローバルILLとは何か，というようなことは知っておきましょう。概要や操作方法，状態遷移などについては『ILLシステム操作マニュアル ISO ILLプロトコル対応 第3版』に書かれています。

具体的なGIF参加館はGIFのサイト（問29の解説参照）に掲載されています。Library of Congress（LC：アメリカ議会図書館）はこのGIF参加館ではありません。参加館の名称を全て暗記する必要はありませんが，LCが加盟館ではないことなど，大まかな特徴は意識しておきましょう。

問 74　○

参考文献として示されたこの資料は，博士論文です。因に，SIST 02（問41の解説参照）で，5.4　学位論文　は下記のように書かれています。

　　著者名．論文名．出版地，大学名，学位授与年，総ページ数，学位請求論文の種類．（言語の表示），（媒体表示），入手先，（入手日付）．

国内の博士論文については，学位が授与された大学の図書館等と，国立国会図書館で所蔵されています。また，各大学の機関リポジトリや国立国会図書館において，デジタル化資料として公開されているケースも増えています。博士論文を探す場合は，学位授与機関（大学）と国立国会図書館の2箇所は必ず確認しましょう。

なお，2013年4月に「学位規則」が改正され，新たに学位を授与された学位論文についてはインターネット上での公開が義務付けられるようになったため，学位論文の幅広い公開がますます広がると考えられます。2015年6月にCiNii Dissertationsが公開され，博士論文の情報がより調べやすくなりました。

問 75　×

博士論文はNACSIS-CATに収録されていないことも多いですが，総合目録データベースでノーヒットだった場合でも，NACSIS-ILLを利用して文献複写等の申込みをすることができます。総合目録データベースに書誌がある場合は，申込みのフォームの記入の際，書誌レコードの情報がNACSIS-CATのデータから自動的に埋め込まれますが，なければ書誌情報を直接入力して依頼レコードを作成すればよいのです。詳しくは『ILLシステム操作マニュアル 第7版』5.2.3　ノーヒットからの依頼を参照しましょう。

NACSIS-ILLでの検索方法については，他の問いでも解説していますが，*（アスタリスク）は前方一致検索で用います。この文献のタイトルは「走行車両の時制階層型環境危険度推論システムに関する研究」ですから，タイトルの冒頭を指定して*をつけるのが正しい使い方です。タイトルの冒頭ではない熟語の冒頭からでは検索できません。総合目録データベースに書誌がノーヒットでもNACSIS-ILLで依頼レコードを作成できますが，検索方法が間違っていて，ヒットするのに探すことができなかったというので

は，正確に書誌レコードの手がかりを伝えることができませんので，検索技術はILL業務においても重要です。

問 76 ✗

「学術研究データベース・リポジトリ」の中に，国立国会図書館・国立情報学研究所による「博士論文書誌データベース」があります。これは，国内の博士論文を包括的に検索できるデータベースです。問いでは，博士論文及び修士論文を検索することができるかを問うていることに注意しましょう。

「博士論文書誌データベース」の収録対象に修士論文は含まれていません。なお，国内の修士論文を包括的に検索できるデータベース等は現在のところ存在していません。修士論文は灰色文献(プラハ定義によると「商業出版ルートで入手できない，主たる活動が出版を本業としない組織によってコントロールされるの文献」)のひとつということができるかも知れません。多くの場合，学位授与機関(大学)もしくはその図書館に，個別に問合せることになります。

問 77 ✗

修士論文の著作権上の問題については，『大学図書館における著作権問題Q&A　第8版』9. 学位論文，卒業アルバム，灰色文献の項(Q79～Q86)に書かれてあります。その中のQ81で，修士論文が「公表された著作物」にあたるかについて，次のように解説されています。

> 著作権法では「公表」を「発行され，又は(中略)口述(中略)された場合において，公表されたものとする。」と法4条1項で定め，また「発行」については「著作物は，その性質に応じ公衆の要求を満たすことができる相当程度の部数の複製物が，(中略)作成され，頒布された場合において，発行されたものとする。」と法3条1項で定めていますが，通常，修士論文は相当程度の部数の頒布はされませんし，修士論文の発表会などで全文が口述されることもないと思われますので，公表された著作物には該当しないと考えられます。

また，Q79では図書館における文献複写で，修士論文について以下のように解説されてます。

> 修士論文については，博士論文のような「公表」に関する規定がないので，公表された著作物に該当するとは考えられません。このような未公表の著作物については，部分的な複写でも著作権者の許諾が必要となります。

問 78 ✗

国立国会図書館ホームページ上の「国立国会図書館サーチについて」には，「国立国会図書館をはじめ，国内の各機関が持つ豊富な「知」をご活用いただくためのアクセスポイントとなることを目指し，開発されました。」と書かれています。問14の解説でも触れたように，国立国会図書館の蔵書以外にも多くのデータベースを包括的に検索することを目的としていますので，ヒットするデータは，国立国会図書館から利用できるもののみではありません。

何がヒットしたかを見極めることが，資料そのものの入手方法に繋がります。ヒットした結果表示から，国立国会図書館蔵書(NDL-OPAC)，NDL雑誌記事索引であれば，複写サービス等の申し込みができ，他のデータベースであれば，当該データベースの詳細画面にナビゲートされます。

検索結果の図4の(C)では，右下に「JAIRO」と表示されています。これは，国立情報学研究所が提供するJAIRO「日本の学術機関リポジトリに蓄積された学術情報を横断的に検索できる，学術機関リポジトリポータル」由来のデータだということが分かります。従って，国立国会図書館の蔵書検索・申込システムから入手することはできません。

問79 ○

引用・参考文献の見方は，問51で，図書の1章または一部の場合の洋書の例をみました。今度は和書の例です。この文献は，2002年に医学出版から発行された『量的形質の遺伝解析』という図書の，109〜110ページにある，鵜飼保雄という人が書いた，"遺伝率の相対性"を指しています。

問80 ×

問79でこの文献が図書の一部だということが分かれば，国立国会図書館の「雑誌記事索引」に収録されるような雑誌記事・論文ではないと判断できます。同様にCiNii Booksでも図書の一部や章のタイトルでは検索ができません。

問81 ×

NACSIS-ILLの書誌検索では，インデクス検索という方法をとりますので，インデクス作成の仕組みを理解して，どのような検索キーが有効かを考え，正しく検索を行いましょう。この場合，本タイトルは「量的形質の遺伝解析」です。TITLEKEYのインデクスは，「量的形質の遺伝解析」と，分かち単位のヨミ「リョウテキ」「ケイシツ」「ノ」「イデン」「カイセキ」とヨミから機械的に切り出した漢字のインデクス「量的」「形質」「遺伝」「解析」が生成されます。NACSISの分かちの規則は，『目録情報の基準』の付録に「単語をもって分かち書きの単位とする」と書かれています。即ち熟語単位ではありませんので（「成語，あるいは文節をもって分かち書きの単位とはしない」），「量的形質」や「遺伝解析」というインデクスは生成されません。

問82 ×

NACIS-ILLシステムから国立国会図書館への外部依頼機能は，2007年3月末にサービスが終了されました。また，外部依頼機能はBLDSC（British Library Document Supply Centre）への依頼が2011年3月に終了になり，現在はNACSIS-ILLの参加館もしくはグローバルILLを通してGIFプロジェクト間でのILLのみとなっています。国立国会図書館への複写依頼は，国立国会図書館へ個々に登録をして，直接依頼する方法をとります。

平成23（2011）年9月に，国立国会図書館（調査及び立法考査局）がNACSIS-ILLシステムおよびILL料金相殺システムに加入したという広報「国立国会図書館のNACSIS-ILLの加入について（連絡）」がありましたが，これは国立国会図書館からNACSIS参加館への依頼において発生した費用を，相殺システムを通して支払われるという意味です。
http://www.nii.ac.jp/CAT-ILL/2011/09/nacsisill.htmla

問83 ○

一般社団法人学術著作権協会と国公私立大学図書館協力委員会の間で，「大学図書館間協力における資料複製に関する合意書」（平成27年3月5日調印）が結ばれています。その中の，5. 複製物の送付方法に以下のように書かれています。

「乙の一の大学図書館（以下，「依頼館」という。〈中略〉）の利用者が複製を求める資料が当該大学図書館に所蔵されていない場合において，乙の他の大学図書館（以下，「受付館」という。）が当該資料の複製を行い依頼館宛に郵送又は通信回線を利用して送信し，…〈後略〉」。これは，学術著作権協会と合意した文書に書かれている複写依頼の前提と捉えられます。即ち，複写依頼は「所蔵されていない場合」に行うものですから，依頼時には自館の所蔵を確認することが基本です。
http://www.jaacc.jp/reference/for_rightholders/doc/ill.pdf

ILLでは，著作権法に基づいてしてはいけないことがあったり，運用上のモラルとしてのシステム利用指針や，このような各種申し合せのレベルでの遵守事項があります。

| 問 84 ○ | 問46で参考文献(雑誌)の書き方を説明しました。この文献の書き方から、雑誌記事・論文だということが分かります。具体的には、「藤江京子, 山崎正博, 大須賀美恵子」は論文の著者、「身体的負担の小さいクリーナーの開発」は論文のタイトルであり、問題文にある通り、『人間生活工学』はその論文を収録している雑誌のタイトルです。 |

| 問 85 ○ | どのデータベースでこの分野(工学系)の和雑誌の論文情報を収録しているか考えてみましょう。
「SciFinder」は化学系の最も大きなデータベースです。化学情報協会のサイトには「物質科学分野で世界一網羅的に文献・物質・反応情報を検索できるツールです。単に論文・特許データを検索できるよう蓄積するだけではなく、専門スタッフが技術的に的確な抄録を英語で作成しています。さらに、記載された化学物質や有機化学反応の構造情報も検索可能な形式で収録しています。」とあります。冊子の時代の『Chemical Abstracts』に由来するデータベースです。
JDreamは平成24(2012)年6月から株式会社ジー・サーチに民間移管され、名前もJDream IIIになりました。「JDreamIII」の中でも「JSTPlus」はJST(独立行政法人科学技術振興機構)の『科学技術文献速報』に由来するデータベースです。1981年からの情報が収録されています。JDreamのサイトには「科学技術や医学・薬学関係の国内外の文献情報を検索できる、日本最大級の科学技術文献データベースです。」と書かれています。
このケースでは、工学系の和雑誌に掲載された論文ですので、「JDreamIII」の「JSTPlus」の方が適していると考えることができます。 |

| 問 86 × | 問84で解説した通り、「藤江京子」は論文の著者名ですので、NACSIS-ILLで書誌検索する場合の著者名の検索キーにはなりません。検索キーとなるのは雑誌のタイトルである「人間生活工学」です。情報の粒度の違いに注意しましょう。書誌検索で『人間生活工学』が見つかったら、その1巻2号の所蔵館を検索するという流れになります。
(2014年11月から、CiNii Articlesでヒットした論文情報の書誌レコードから、CiNii Booksの雑誌の書誌レコードへの展開が可能になりました。また、CiNii Booksの雑誌の書誌レコードから、収録されている論文がCiNii Articlesへ展開されるような機能も追加されてきています。文献情報を提供する際に、それぞれの検索対象を理解して、これらを上手く使えるようになりましょう。) |

| 問 87 × | 問86でNACSIIS-ILLでの書誌検索について説明しました。次に所蔵検索について問う問題です。この例では、「1巻2号」という2階層の巻次体系です。所蔵巻次(HLV)には、「巻レベル(号レベル)」という決まった形で所蔵レコードを記述するルールになっています。例えば「HLV:1-10」という所蔵レコードは、1巻から10巻までを完全巻(号レベルが欠号なく)で所蔵していることを示しています。号レベルでの欠号がある場合には、「HLV:1(1-7,9-12)」(1巻の1-7号と9-12号を所蔵)または、「HLV:1( )」(1巻を不完全巻で所蔵)のどちらかの方法で記述します。後者の記述方法は、入力の手間は少ないですが、何号が欠号かの特定ができません。
「HLV:1( )」は、1巻を不完全巻で所蔵している意味ですから、求める1巻2号が欠号かも知れません。「HLV:1」とある完全巻の所蔵館に依頼する方が適切です。 |

| 問 88 ○ | 著作権法第31条で「図書館等の図書、記録その他の資料(以下この条において「図書館資料」という。)を用いて著作物を複製することができる。」とする範囲は、「一 図書館等の利用者の求めに応じ、その調査研究の用に供するために、公表された著作物の一部分(発行後相当期間を経過した定期刊行物に掲載された個々の著作物にあつては、その全 |

部)の複製物を一人につき一部提供する場合」とありますので，複製物をさらに複製すればこれに抵触することになると考えます。

これは，自館の「図書館資料」ではなく，ILLで他館から提供された複製物についても同様です。ここでは，問83で紹介した「大学図書館間協力における資料複製に関する合意書」(平成27年3月5日調印)を根拠に，ILLで提供された複製物をさらに複製することもできないことを確認しておきましょう。

7. 複製物の再複製の禁止
依頼館の利用者は，複製物の提供を受けた後，これをさらに複製することはできない。

問89 ×

この資料は，判例を指しています。判例や裁判例の記述方法は複数あり，「ジュリスト」「判例タイムズ」など掲載誌によっても若干異なりますが，主にはこのような形式です。

最(三小)判平15・9・7民集57巻9号755頁

裁判所・審判所名の略号　裁判形式の略号　年号　掲載誌の略号　掲載箇所の巻号ページ

この文献の所在を調べる問いですが，ポイントとなるのは資料の種類が判例であることです。それが分かれば，文章にいくつか間違いがあることに気づくでしょう。まず，「最*三小*」は論文名ではありません。また，CiNii Articlesでは裁判所の判例集を収録していませんし，文献の所在はCiNii Booksの方が適しています。かつ，CiNii Articlesで前方一致検索で検索したい場合は「*(アスタリスク)」を文字列末尾につけますが，この検索は，アルファベット，数字などの1バイト文字にしかできません(NACSIS-CAT/ILLにおける「*」前方一致とも少し異なるのでヘルプを参照しておきましょう)。

問90 ×

「最(三小)判」は，問89で解説しましたが，最高裁判所第三小法廷の判決であることを示しています。そして判例の引用文献では，掲載誌は略号を用いて記載されます。「民集」と書かれていても，これが一般的な雑誌名ではないことに注意が必要です。「民集」は「最高裁判所民事判例集」を指します。

よってこの文献は，以下のように読み解きます。
最高裁判所第三小法廷の判決(平成15年9月7日)であり，「最高裁判所民事判例集」の57巻9号の755ページに掲載されている。

この文献を入手したいという場合には，OPACやCiNii Books等で，「最高裁判所民事判例集」の当該巻号がどこに所蔵されているかを検索します。各分野によってその専門家間で自明の省略方法があります。すべてに精通することはできなくても，省略形ではないかという予想がつけば，×と解答できるでしょう。

問91 ○

情報サービスにおいて，検索の論理演算についての知識は基本事項です。論理積(AND)による掛け合わせでは，複数のキーワードのすべてが含まれる条件で検索します。一方，論理和(OR)による検索では，いずれかが含まれるものをすべて求めることを意味します。また，論理差(NOT)は検索結果から特定の条件を除く機能を意味します(下図参照)。データベースによって使用できる論理演算の方法は異なり，NOTが使えないシステムもありますが，論理積と論理和の違いは覚えておきましょう。

論理和は，同義語や別の言い回しがある場合に，広く結果を求めるために必要な機能

です。しかし，「嵐」を入れたためにTempestとは関係のないものもヒットしてしまうことにもなります。問いの文中の「検索漏れ」が少ないことを再現率が高いといい，逆にノイズが少ないことを適合率(精度)が高いという表現をします。この場合，翻訳されたタイトルがいくつも考えられますので，再現率が高い検索方法，即ち漏れが少ない検索方法として論理和を用いることが考えられます。(論理差も使えれば，さらにNOT「ジャニーズ」とすると，「嵐」でヒットしたものからノイズを少しは除くことができるかもしれません。)

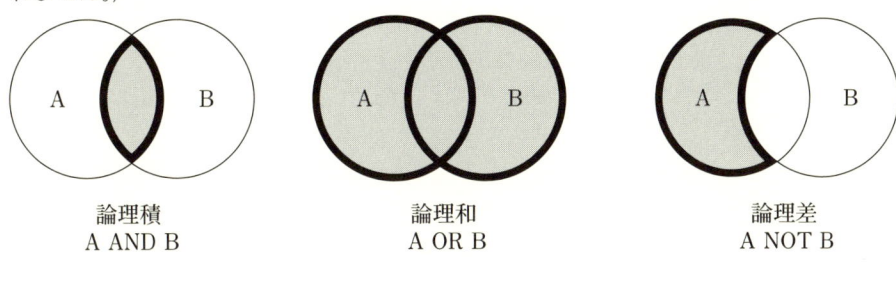

論理積　　　　　　　　論理和　　　　　　　　論理差
A AND B　　　　　　A OR B　　　　　　　A NOT B

問 92 ✗

これまでの解説で述べてきたとおり，目録の知識は情報サービスの基本であると言えます。総合目録データベースの書誌情報にどのような要素が記述されているかを知っていることが，どのような検索が可能かを予測する手がかりに繋がります。では，NACSISの総合目録データベースにおける色々なタイトル的要素の記述について，この例に即して説明しましょう。

- **TR**（タイトル及び責任表示）に本タイトル，タイトル関連情報，並列タイトルが記述されます。ここには，所定の情報源に表示されている通り，転記の原則で記述されています。従って情報源に「テンペスト」とあるものはヒットしますが，「嵐」と表示されているものまでヒットする訳はありません。
- **VT**（その他のタイトル）に，タイトルの種類コード「OR」と共に原著のタイトルが入っています。「Tempest」と入れればその翻訳がヒットする仕組みですが，「テンペスト」は原著のタイトルではありませんのでヒットしません。
- **UTL**（統一書名典拠リンク）は，無著者名古典，音楽資料と日本の古典作品については作成されます。この問いのようなShakespeareの著作は基本的に統一書名典拠の対象外となり，この機能は使えません。
- その他**SH**（件名）として，下記のように記述されているデータがあり，検索フィールドの**SH**に原綴りで入力するとヒットすることになります。これは，主題即ち，ShakespeareのTempestについての資料であるということを意味します。

    SH:LCSH:Shakespeare, William, 1564-1616. Tempest // A

問 93 ✗

この問いも目録の基礎的な知識を必要とする問題です。ここでは総合目録データベースの著者的要素の記述について説明します。

- **TR**（タイトル及び責任表示）には，「／」の区切り記号をはさんで責任表示が記述されます。問92の解説にあるように，ここも所定の情報源に表示されている通りの形です。標題紙等に「シェイクスピア」「シェークスピア」「シェークスピヤ」また「沙翁」などの書き方があるように，書誌の記述もレコードによってまちまちになります。
- **AL**（著者名典拠リンク）のフィールドには，目録規則で言うところの著者標目が入り，かつ標目形をコントロールするために典拠レコードとリンクすることができるようになっています。著者標目とは，いわば著者名の見出し語です。資料にどのような表記で書かれていても，日本語や別の言語の資料であっても，著者標目はこの

場合「Shakespeare, William, 1564-1616」です。

　書誌レコードが正しいという前提で、著者名に「Shakespeare」と入力して検索すれば、すべての「Shakespeare」の著作が検索されるはずです。一方、「シェイクスピア」では責任表示として情報源に日本語でこのように表記されているものしかヒットしません。さらに、**TR**から切り出されたAUTHKEYには末尾に「著」などの役割表示も含まれることも多いため、検索結果はかなり違うことが予想できます。

　ILL業務用のインデックス検索とは異なりますが、因にCiNii Booksの詳細検索で著者名の欄に「shakespeare」と入れて検索すると9,298件、「シェイクスピア」だと661件、かつ「別名を含む」にチェックをして検索すると8,803件でした。

　また、この問いとは離れますが、CiNii Booksの「著者検索」は著者名典拠レコードを検索しています。「shakespeare william」で検索すると図のような様々な形の表記形があり、リンクしている8,754件の書誌レコードが表示されます。また、同姓同名のHays, Will. S. (William Shakespeare)や、Shakespeare, Tom (Thomas William)という人物がいることも分かります。（検索結果は、2014年12月18日現在の数字です。）

問94 ○

　原著者から翻訳図書を調べるためのツール（参考図書）として、『翻訳図書目録』（日外アソシエーツ）があります。調べ方案内として国立国会図書館が提供している「リサーチ・ナビ」でも、「外国語から日本語に翻訳された単行書を探す」という項目で紹介されています。「リサーチ・ナビ」は、調べものに有用な図書館資料、ウェブサイト、各種データベース、関係機関情報が、特定のテーマ、資料群別に紹介されており、何を見たらよいかを知る上で参考になります。

　この『翻訳図書目録』は冊子としては、現在までに40巻あまりが刊行されています。1868年から1944年までの分は『翻訳図書目録 明治・大正・昭和戦前期』としてまとまっ

ており，1945年以降のものは定期的に，4巻セットで継続刊行されていて，それらすべてを揃えると1868年から2010年までの翻訳図書を調べることができます。

また，日外e-レファレンス・ライブラリー（日外アソシエーツがこれまで刊行してきた主な参考図書を横断検索できる有料データベース）では，『翻訳図書目録』と，『全集合集収載翻訳図書目録』を含めて，1867年〜2013年に発表された翻訳文献，約30万4千点が串刺しで全文検索することができます。

「リサーチ・ナビ」には他に「外国語から日本語に翻訳された文学作品を探すための書誌・目録」の項目もあり，世界文学綜覧シリーズ（日外アソシエーツ）に入っている世界文学全集に収録された各作品を調べるとか，他の有用な参考図書が紹介されています。目的に応じてどのような参考図書（レファレンスブック）・ツールがあるかを知っておくことも情報サービスにとって重要なポイントのひとつです。

問 95 ✕

CiNii Articlesには件名の検索ボックスはありません。件名(Subject)とは，資料の主題や形式を表す言葉で，同義語や類義語を一定のルールに基いて統制語(Controlled Term)として編成された件名標目表に従って付与されます。タイトル等の書誌データ中に主題を表す言葉が含まれていない資料でも，件名によって主題からの検索を可能にするものですが，論文単位のCiNii Articlesのレコードには項目として，カタロガーが付与する「件名」というようなものはありません。

しかし，CiNii Articlesの論文検索では抄録に入っている言葉からも検索できる機能がありますので，「Shakespeare Tempest」と入力して検索すると，いくつかのレコードがヒットします。抄録とは本文の内容を要約したものです。学術論文のデータには著者抄録がついており，欧文の抄録があればそこから「Shakespeare」「Tempest」が見つけられたということが分かります。さらに，全文検索では本文にこの言葉が含まれる論文もヒットします。一部引用されているなど，「Tempest」についての論文とはいえないようなものもヒットするので，検索スコアの高い順に表示する(図)などして，取捨選択することになります。

また，これは統制語での検索ではありませんので，前に解説したように様々な表記の違い（シェークスピア，シェイクスピア，テンペスト，嵐など）で，検索結果が異なります。CiNii Articlesは全文検索に限らず常に進化しているので，その機能はこれからも向上していくと思われます。検索する際にどのようなキーワードを選択するとよいか，いろいろ試してみるように心がけましょう。

問 96 ○

「Embase (Excerpta Medica database)」は，PubMedと並ぶ，医学・薬学分野の代表的な文献データベースでElsevier社が提供している，有料のデータベースです。欧州を中心としているExcerpta Medicaを母体としているためか，PubMedには収録されていないタイトルも多数カバーしていることや，医薬品情報が豊富で薬品名からの検索が便利であること，会議情報の収録などが特徴です。あるテーマの文献を幅広く収集するには，各分野の代表的なデータベースを検索します。医学生物学的観点から研究した学術論文を調査する場合，「Embase」の使用は有効と言えます。

http://jp.elsevier.com/online-tools/embase

問 97 ○

問92及び問95でも件名について説明しました。ここでは，CiNii Books即ちNACSIS-CATのデータでもっている書誌的要素のひとつである件名を使って，どのような検索ができ，どのような場合は検索できないかを考えてみましょう。

日本語の件名標目表の代表的なものとして，NDLSH（国立国会図書館件名標目表）と日本図書館協会編のBSH（基本件名標目表）があります。NACSIS-CATでは，さまざまな件名標目表の件名を入力することができます。「ストレス」はNDLSHでも，BSHでも件名として採用されている言葉です。NACSIS-CATで書誌レコードを作成する際，JPMARCから流用入力するとNDLSHが，TRCMARCが流用元ならBSHが付与されています。それを削除しないで書誌登録すれば，どちらかの件名がそのまま主題検索の手がかりとして残ります。例えば『生きぬく力：逆境と試練を乗り越えた勝利者たち』ジュリアス・シーガル著；小此木啓吾訳という図書には，タイトルに「ストレス」という言葉はありませんが，件名で「ストレス」と指定してヒットします。従って，正解は○です。

ただし，件名は入力必須項目ではありません。オリジナル入力の場合，記述しないケースも多く，実際には件名よりタイトルに「ストレス」を含むもので検索した方がヒット件数は多くなります。また，NDLSHやBSHはほぼ日本語の資料に限られます。逆にLCSH（米国議会図書館件名標目表）は日本語の資料にはほとんど付与されていません。医学系の件名であるMeSH（NACSISでの件名標目表の種類コードはMESH。米国国立医学図書館件名標目表）は，USMARCやUKMARCでも，またJPMARCやTRCMARCの流用入力でも入っていることがあるので，医学系の場合には外国語・日本語を問わずより有効な検索方法となりえます。

```
分類：
  NDC8：493.49
件名：
  BSH：ストレス
  BSH：ホルモン
  NDLSH：ストレス
  NDLSH：内分泌
  MESH：Stress --
  physiopathology
  MESH：Stress --
  complications
```

CiNii Booksの和図書の検索結果で複数の件名が付与されている例

問 98 ○

各検索システムの便利な機能が，マニュアルやヘルプをみて分かります。今時のシステムはマニュアルを見なくては使えないようなものはなく，ユーザフレンドリーにできていますが，マニュアルを読むと便利な裏技を知ることができます。既知検索においては，単に検索キーを指定するだけではノイズが多くなりがちです。それぞれのシステムで完全一致等のさまざまな限定的な検索も覚えておくと便利です。

この問いでは，国立国会図書館サーチでの完全一致検索の方法を問うています。マニュアル（ヘルプ）には，以下の表が示されています。

表2　特殊な検索方法

検索方法	説明	指定例
前方一致検索	検索キーワードの後に*（半角記号）を付けることで，検索キーワードで始まるテキストを検索できます。	国立*
後方一致検索検索	キーワードの前に*（半角記号）を付けることで，検索キーワードで終わるテキストを検索できます。	*図書館
完全一致検索	検索キーワードの前後に／（全角記号）を付けることで，検索キーワードと同一のテキストを検索できます。	／国立国会図書館／

（因に，CiNii Booksでは「タイトル完全一致」のチェックボックスを使います。）
http://iss.ndl.go.jp/help/help_ja/help.html

問99　○

普段からよくPubMedを利用している方はもちろん，そうでない方も，誌名に続き，西暦，巻号やページ数のような数字が記載されていると，それが巻号であるか，ページ数であるかなどの予測はつくかと思います。とはいえ，データベースによって結果表示に違いがありますので，使い慣れていないデータベースの結果を見るときも，必ずマニュアルやヘルプ，凡例などを確認し，正確に検索結果を読み解くようにしましょう。

問100　×

図5のPubMedの検索結果の「Nihon Rinsho. 2009 Feb;67(2):373-83. Japanese.」は，この論文が掲載された資料を示しています。PubMedでは，日本語で書かれた論文であっても，論文タイトル，抄録等は英訳されています。雑誌名の日本語は翻字（ローマナイズ）されています。論文のタイトルが [ ] で表示されていて，頁数の後に「Japanese.」とあることから，これは日本語の論文で，日本語の雑誌に掲載されていることが分かります。収録誌のタイトルは「日本臨床」であろうと推定できます。

NACSIS-ILLで書誌検索する際に，CATの雑誌書誌レコードにローマナイズしたタイトルが必ずしも記述されているとは限りません。並列タイトルや，その他のタイトルのKTキータイトル（ISDSにおいて，ISSNと一体となって登録されているタイトル）やRM（ローマ字翻字タイトル）等として記述されている可能性はありますが，必ずしも検索キー「Nihon Rinsho」でヒットするとは限りません。

カタロガーの独り言…③

TXTL＝本文の言語コードではない？

　「TXTL フィールドには，本文の言語に対応する言語コードをデータ要素として記録する」（C.M. 2.1.8C C1）とあります。それでは本文が複数の言語で書かれている場合はどうするのかというと，「当該目録対象資料において優勢な言語の順にコードを記入する」（C.M. 2.1.8D D3）ので，例えば論文集などで，本文の著作が日本語と英語のものが収められている場合は，量の多いものから記入すれば良いと考えられます。

　ところが資料の種類によっては，本文中に収められている量の順にはならないものもあります。それは，書誌，データ表，文法書等です。書誌，索引等，およびデータ表については「凡例，解説等の言語」を，文法書，対訳等，および多言語辞書（英和辞典等）については「本文中にある，主たる利用対象者の母語」を記入する事になっています（C.M. 2.1.8E《注意事項》E2）。前者については，凡例や解説は本文ではないし，後者については，英語の文法書で英文の方が多い時にもこれを適用して良いのか，あるいは英日の対訳の場合は英語の方が向かって左側のページにあることが多いので，英語が先の方が良いのではないか，などという疑問も生じます。そもそも本文の言語を記入するフィールドに，利用者の母語がなぜ関係するのでしょうか。

　なぜこうなるかを考えてみますと，これらの資料の場合に規定されている一番優勢な言語とは，本文の言語という意味ではなく，著者等が著述した際に使用している言語である，と言えるかもしれません。書誌，データ表は，著者等が著述しているのは本文ではなく凡例や解説の部分ですし，文法書や対訳についても著者が著述している部分は，量の多寡に関わらず，利用対象者の母語の部分です。

　TXTL は本文の言語コードである，とだけ覚えていると，これらの例外に対応できないかも知れませんね。

（IAAL 事務局：K生）

第4章

「総合目録－図書中級」
模擬問題150題

I. 目録の基礎

以下の問1～問30は，和洋図書の目録に関する基本問題です。

● 次の文章を読んで以下の問1～2に答えなさい。

書誌レコードや典拠レコードの作成の際，他機関が作成したMARCを【a】した参照ファイルを利用して，書誌流用入力を行うことができる。
また，海外の書誌ユーティリティ等に接続して直接データベースを参照する【b】も導入されている。これらは，様々な目録規則に従って作成されているため，総合目録データベースへのデータ取り込みの際は，NACSIS-CATの基準と照合する必要がある。

問 1 【a】に入る最も適切なものを選びなさい。
① Unicode化
② ダウンロード
③ フォーマット変換
④ 相互リンク

問 2 【b】に入る最も適切なものを選びなさい。
① OAI-PMH
② Z39.50
③ 共同分担目録
④ 目録システム間リンク

● 次の文章を読んで以下の問3～5に答えなさい。

書誌を新規に作成する場合，必要なフィールドを一から記述していくオリジナル入力の他に，参照ファイルからの流用入力と，【a】からの流用入力がある。後者の流用入力は，特に【b】がある場合に効率的な書誌作成が行える。具体例として，【c】を作成する場合があげられる。

問 3 【a】に入る最も適切なものを選びなさい。
① LC MARC
② NDL MARC
③ 総合目録データベース
④ 図書館流通センター MARC

問 4 【b】に入る最も適切なものを選びなさい。
① 一致する書誌
② 参照ファイル
③ 親書誌
④ 類似の書誌レコード

問5 【c】に入る最も適切なものを選びなさい。
① 原書の書誌
② 親書誌
③ 多巻物の書誌
④ 版が異なる書誌

● 次の文章を読んで以下の問6～7に答えなさい。

図書書誌ファイルに登録されたすべての書誌レコードは，当該書誌レコードが国立情報学研究所で定めた基準や，目録規則などに照らして誤りであると判断されない限り，原則として【a】。
逆に，国立情報学研究所で定めた基準や，目録規則に照らして誤りであることが明らかである場合は，【b】。
また，修正はデータが正確かつ豊富になる方向で行う。

問6 【a】に入る最も適切なものを選びなさい。
① 最初に作成された書誌レコードを維持する
② 当該書誌レコードの修正を行う必要がある
③ 書誌の修正は一切認められていない
④ 作成館だけが修正できる

問7 【b】に入る最も適切なものを選びなさい。
① コーディングマニュアルの修正指針に従って対応する
② いつでも参加館が修正できる
③ 国立情報学研究所に報告する
④ 最初に作成された書誌レコードを維持する

● 次の文章を読んで以下の問8に答えなさい。

次のフィールドの内，転記の原則によってデータ記入を行うフィールドは【a】である。
　TR (タイトル及び責任表示に関する事項)
　ED (版に関する事項)
　PUB (出版・頒布等に関する事項)
　PHYS (形態に関する事項)
　PTBL (書誌構造リンク)
　AL (著者名リンク)

問8 【a】に入る最も適切なものを選びなさい。
① TR, PUB, PHYS, AL
② TR, ED, PUB, PTBL
③ TR, ED, PHYS, PTBL
④ TR, PUB, PTBL, AL

● 次の文章を読んで以下の問9～11に答えなさい。

各フィールドの区切り記号は，原則として【a】区切り記号法に準拠している。この区切り記号は，【b】のためのものであるため，総合目録データベースでは一部の記号法が改変されている。例えば，システムによってはフィールドごとにピリオドを置く出力形式もあるため，【c】のピリオドは記述しない。

問 9　【a】に入る最も適切なものを選びなさい。
① ISBD
② ISO
③ JIS
④ NCR

問 10　【b】に入る最も適切なものを選びなさい。
① ステミング
② 機械的識別
③ 正規化
④ 全文一致検索

問 11　【c】に入る最も適切なものを選びなさい。
① イニシャル
② フィールドの末尾
③ 省略形
④ 文末

● 次の文章を読んで以下の問12～15に答えなさい。

ID&コードブロックは，次の諸要素からなる。
1. 目録規則上は記述の一部として記録されることになっているが，コードブロックにフィールドを独立させた項目
　　具体例：【a】, 国際標準図書番号, 国際標準逐次刊行物番号 等
2. 出版物理単位の表現を行うために，対のフィールドとして設定された項目群
　　具体例：巻次等, 【b】, 価格／入手条件 等
3. その他のコード化情報
　　具体例：【c】, 出版国コード, 言語コード, その他の標準番号 等
4. 管理用フィールド
　　具体例：レコードID 等

記述ブロックの内容をコード化することにより，例えば特定の言語の資料をシステム的に抽出するといったことが可能になる。
【d】は入力レベルが「必須1」の項目の一つである。

問 12 【a】に入る最も適切なものを選びなさい。
① 一般資料種別コード
② 刊年
③ 言語コード
④ 主題コード

問 13 【b】に入る最も適切なものを選びなさい。
① 一般資料種別コード
② 刊年
③ 国際標準図書番号
④ 全国書誌番号

問 14 【c】に入る最も適切なものを選びなさい。
① 一般資料種別コード
② 刊年
③ 構造コード
④ 主題コード

問 15 【d】に入る最も適切なものを選びなさい。
① 原本の言語コード
② 出版国コード
③ 複製コード
④ 本文の言語コード

● 次の文章を読んで以下の問16〜21に答えなさい。

【a】のために，ALフィールドを使用する。
目録作業時には，記述対象資料の著者標目に対応する著者名典拠レコードを作成し，著者名リンクを形成することができる。ただし，対応する著者名典拠レコードが既に作成されている場合は，リンク形成のみを行う。
リンク形成を行うとALフィールドには，リンク先著者名典拠レコードのレコードIDが表示される他，さらにリンク先著者名典拠レコードの【b】が表示される。これによって，【c】が統一されることになる。
リンク形成を行わない場合，『目録情報の基準』8の条項に従いつつ，ALフィールドに【d】を記録する。
ALフィールドには，必要に応じて，会議の回次等を記録する。
また，【e】の標目であることを示す【f】フラグとしてアスタリスク(*)を記録することもできる。

問 16 【a】に入る最も適切なものを選びなさい。
① 著者の記述
② 著者名のヨミの検索
③ 著者名典拠コントロール
④ 同姓同名著者の生年月日確認

問 17 【b】に入る最も適切なものを選びなさい。
① 著者
② 著者の生年月日
③ 著者名のヨミ
④ 統一標目形

問 18 【c】に入る最も適切なものを選びなさい。
① 生年月日の表記形
② 著者
③ 著者標目の形
④ 著者名のヨミ

問 19 【d】に入る最も適切なものを選びなさい。
① 著者
② 著者の生年月日
③ 著者標目形
④ 著者名のヨミ

問 20 【e】に入る最も適切なものを選びなさい。
① 会議名
② 基本記入
③ 主記入
④ 著者性の高い著者

問 21 【f】に入る最も適切なものを選びなさい。
① 会議名
② 基本記入
③ 主記入
④ 著者名

● 次の文章を読んで以下の問22～24に答えなさい。

> 当該書誌単位と書誌構造を形成している書誌単位相互の関係を，コード化して記録することができる。具体的には，シリーズである場合は【a】，セットである場合は【b】というコードを記入する。この構造の種類は，例えば親書誌の単位でまとめて分類して書架に置くような場合は，【c】を記入するといった，各参加組織の便宜のために設けられたデータ要素であり，不都合があれば変更できる。

問 22 【a】に入る最も適切なものを選びなさい。
① a
② b
③ k
④ l

問 23 【b】に入る最も適切なものを選びなさい。
① a
② b
③ k
④ l

問 24 【c】に入る最も適切なものを選びなさい。
① a
② b
③ k
④ l

● 次の文章を読んで以下の問25〜29に答えなさい。

主題ブロックには，標準的な分類及び【a】等を記録する。分類については，【b】であって，【c】ではないことに注意する。すなわち，個々の図書館等の独自な情報である【d】は，書誌レコードではなく【e】に記録することができる。

問 25 【a】に入る最も適切なものを選びなさい。
① シソーラス
② 件名
③ 索引語
④ 主題語

問 26 【b】に入る最も適切なものを選びなさい。
① NDC分類
② 階層型分類
③ 書架分類
④ 書誌分類

問 27 【c】に入る最も適切なものを選びなさい。
① NDC分類
② 階層型分類
③ 書架分類
④ 書誌分類

問 28 【d】に入る最も適切なものを選びなさい。
① NDC分類
② 階層型分類
③ 書架分類
④ 書誌分類

問 29

【e】に入る最も適切なものを選びなさい。
① 所蔵レコードのCLNフィールド
② 所蔵レコードのCPYNTフィールド
③ 所蔵レコードのLTRフィールド
④ 所蔵レコードのRGTNフィールド

● 次の文章を読んで以下の問30に答えなさい。

> コーディングマニュアル本編の他に，各種資料についてのマニュアルとして「和漢古書の取扱い」，「視聴覚資料の取扱い」，【a】などがあり，それぞれの資料の取扱い，記述等について特に定められているが，そこに書かれていない事柄は，原則として本編による。

問 30

【a】に入る最も適切なものを選びなさい。
① マイクロ資料の取扱い
② リモートアクセスされる電子ブックの取扱い
③ 楽譜資料の取扱い
④ 地図資料の取扱い

Ⅱ．書誌作成・和図書

以下の問31～問72は，和図書の書誌作成を前提とした問題です。

【複製・原本代替資料】

問 31

複製・原本代替資料について述べた文章のうち，最も適切なものを選びなさい。
① 目録対象資料が複製物である場合は，REPROフィールドに「r」を記入する。
② 原則として，原本代替資料の書誌のPUBフィールドには，原本の情報を記述する。
③ 「私家複製版」など，原本代替資料であることを示す表示はEDフィールドには記述しない。
④ 目録対象資料が複製物であっても，その原資料の書誌が総合目録データベースに存在しない場合は，REPROフィールドには何も記入しない。
⑤ 原本代替資料は，記述対象資料ごとに書誌を作成しなければならない。

【YEAR】

● 問32～34について，YEAR1フィールドの値と，PUBフィールドの出版年月等との対応として，正しい場合は①を，間違っている場合は②を選びなさい。

問 32

YEAR1:197712   PUB:1977.12

問 33

YEAR1:1995   PUB:[1995序]

| 問 34 | YEAR1:1990　　PUB:[199-] |

【TTLL, TXTL, ORGL】

| 問 35 | ある小説がフランス語で刊行された後，英語に翻訳され刊行された。さらにその後，その英語版を日本語に翻訳したものが刊行された。この日本語版の図書の書誌について，ORGLフィールドに入るコードとして最も適切なものを選びなさい。

① fre
② eng
③ jpn
④ freeng
⑤ mul

● 図2-1の図書について，TTLLフィールドおよびTXTLフィールドに入るコードとして最も適切なものをそれぞれ選びなさい。

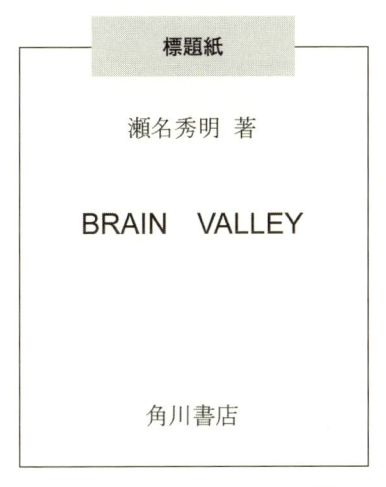

標題紙

瀬名秀明 著

BRAIN　VALLEY

角川書店

本文は日本語

図　2-1

| 問 36 | TTLLフィールド
① jpn
② eng
③ jpneng
④ engjpn
⑤ mul

| 問 37 | TXTLフィールド
① jpn
② eng
③ jpneng
④ engjpn
⑤ mul

[VOL]

問38 図2-2の図書について，VOLフィールドの記述として最も適切なものを選びなさい。

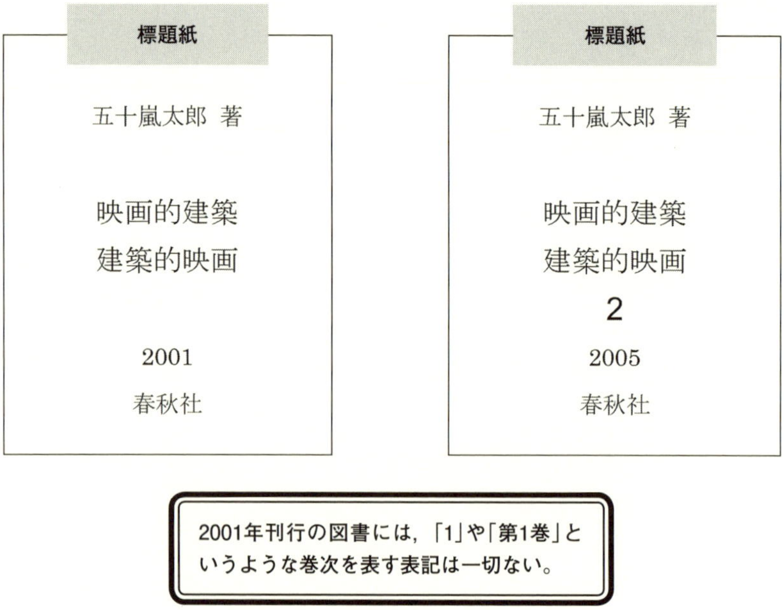

標題紙

五十嵐太郎　著

映画的建築
建築的映画

2001

春秋社

標題紙

五十嵐太郎　著

映画的建築
建築的映画
2

2005

春秋社

2001年刊行の図書には，「1」や「第1巻」というような巻次を表す表記は一切ない。

図　2-2

① **VOL:**1
　 VOL:2

② **VOL:**[1]
　 VOL:2

③ **VOL:**[1]
　 VOL:[2]

④ **VOL:**
　 VOL:2

⑤ **VOL:**[1], 2

| 問 39 | 次の図書について，VOLフィールド及びISBNフィールドの記述として最も適切なものを選びなさい。 |

> ・全2巻（各巻の情報源に「1」「2」という巻次の明記あり）
> ・「セット」に対応するISBN（4469030805）のみあり
> ・各巻にはISBNは付与されていない

① **VOL:**1, 2　　　**ISBN:**4469030805

② **VOL:**　　　　　**ISBN:**4469030805
　VOL:1
　VOL:2

③ **VOL:**1　　　　**ISBN:**4469030805
　VOL:2　　　　**ISBN:**4469030805

④ **VOL::** セット　**ISBN:**4469030805
　VOL:1, 2

⑤ **VOL::** セット　**ISBN:**4469030805
　VOL:1
　VOL:2

【TR】
● 問40～44について，TRフィールドのデータ要素の情報源であるものには①を，そうでないものは②を，それぞれ選びなさい。

| 問 40 | 表紙 |

| 問 41 | 標題紙裏 |

| 問 42 | ジャケット |

| 問 43 | 副標題紙 |

| 問 44 | 背 |

問 45　情報源に著者と監修者がそれぞれ明記されている場合，TRフィールドの責任表示の記述の仕方として最も適切なものを選びなさい。
① 著者と監修者を記述する。
② 著者と監修者を記述するが，監修者は補記とする。
③ 監修者のみ記述する。
④ 著者のみ記述し，監修者はNOTEフィールドに記述する。
⑤ 著者と監修者のどちらを記述するかは目録作成者の判断に任せられている。

問 46　情報源に同一の役割を持つ著者が5名書かれてあり，1名（田中次郎と仮定）だけをTRフィールドの責任表示に記述し，その他は省略することにした。この場合のTRフィールドの責任表示の記述の仕方として最も適切なものを選びなさい。
① 田中次郎著
② 田中次郎他著
③ 田中次郎［ほか］著
④ 田中次郎［ほか4名］著
⑤ 田中次郎 ... [et al.]

問 47　情報源にある「有頂点物語」という本タイトルが，「有頂天物語」の誤り（誤植）であることが分かった。この場合のTRフィールドの記述として最も適切なものを選びなさい。
① 有頂点物語
② 有頂天物語
③ 有頂［点］物語
④ 有頂［天］物語
⑤ 有頂天［点］物語

● 問48～52について，ヨミに関する規定として，以下の内容が正しい場合は①を，間違っている場合は②を選びなさい。

問 48　タイトル中に漢数字がある場合，それに対応するヨミはすべてアラビア数字とする。

問 49　タイトルに「シエクスピア」という語がある場合，対応するヨミは一般的な「シェークスピア」とするのが望ましい。

問 50　タイトルに「Windows」という語がある場合，対応するヨミは「ウインドウズ」である。

問 51　「倫敦」は「ロンドン」，「伯林」は「ベルリン」とするなど，漢字で表記された外国の国名や地名等は，原則として原語に近い慣用音をヨミとする。

問 52　中国語のタイトルについては，カタカナのヨミの代わりに，ピンイン表記を入力しなければならない。

| 問 53 | タイトル「21世紀への招待」のヨミ及びわかち書きとして,最も適切なものを選びなさい。
① ニジュウイチセイキ　ヘノ　ショウタイ
② ニジュウイチセイキ　エノ　ショウタイ
③ 21セイキ　ヘノ　ショウタイ
④ 21セイキ　ヘ　ノ　ショウタイ
⑤ 21セイキ　エノ　ショウタイ

【版表示】

| 問 54 | 情報源にある「普及版」という情報について,これを記述するフィールドとして最も適切なものを選びなさい。
① VOLフィールド
② TRフィールドのタイトル関連情報
③ EDフィールド
④ NOTEフィールド
⑤ VTフィールド

【PUB】

● 問55～59について,PUBフィールドのデータ要素の情報源であるものには①を,そうでないものは②を,それぞれ選びなさい。

| 問 55 | 表紙

| 問 56 | 標題紙裏

| 問 57 | 奥付

| 問 58 | ジャケット

| 問 59 | 背

問 60 情報源に次の情報がすべて明記されている場合，PUBフィールドの記述として最も適切なものを選びなさい。

```
・出版年    2001年11月
・出版者    日経BP社
・発売所    日経BP出版センター
・出版者及び発売所の所在地    東京都中央区
```

① **PUB:** 東京 : 日経BP社, 日経BP出版センター（発売）, 2001.11

② **PUB:** 東京 : 日経BP社 : 日経BP出版センター（発売）, 2001.11

③ **PUB:** 東京 : 日経BP社 , 2001.11
　PUB: 東京 : 日経BP出版センター（発売）

④ **PUB:** 東京 : 日経BP社
　PUB: 東京 : 日経BP出版センター（発売）, 2001.11

⑤ **PUB:** 東京 : 日経BP社
　PUB: 東京 : 日経BP出版センター［発売］, 2001.11

問 61 出版者が全く特定できず不明である場合，PUBフィールドの出版者の記述として最も適切なものを選びなさい。
① [ ]
② [?]
③ [出版者不明]
④ 出版者不明
⑤ 　　　　　（何も記入しない）

問 62 複数の出版物理単位から成る書誌で，出版年の始まりが1995年，終わりが1997年である場合，PUBフィールドの出版年月等の記述として最も適切なものを選びなさい。
① 1995, 1997
② 1995-1997
③ 19951997
④ 1995-97
⑤ 1997

【PHYS】

問63 複数の出版物理単位から成る書誌で，第1巻と第2巻の大きさは25センチメートル，第3巻は21センチメートルである場合，PHYSフィールドの大きさの記述として最も適切なものを選びなさい。
① 21-25cm
② 25-21cm
③ 21cm
④ 25cm
⑤ 21cm, 25cm

問64 ある図書と同時に刊行され，同時に使用するようになっている付属CD-ROMが1枚ある。このCD-ROMをPHYSフィールドで記述する場合の，最も適切な記述の仕方を選びなさい。なお，図書本体のページ数は100ページ，大きさは25センチメートルとする。
① 100p ; 25cm ＋ CD-ROM1枚
② 100p, CD-ROM1枚 ; 25cm
③ 100p : CD-ROM1枚 ; 25cm
④ 100p ; 25cm : CD-ROM1枚
⑤ 付属資料はPHYSフィールドに記述してはならない

問65 本文が100ページ，ページ付に含まれない図版が10ページある図書の場合，PHYSフィールドの数量の記述として最も適切なものを選びなさい。
① 110p
② 100, 10p
③ 100p, 図版10p
④ 100p, 図版［10］p
⑤ 100p : 図版［10］p

【CW】

問66 CWフィールドについて述べた文章のうち，最も適切なものを選びなさい。
① CWフィールドにはタイトル及びタイトル関連情報を記述するが，著者や編者など責任表示に関する情報は記述してはならない。
② CWフィールドには，参考文献や年表などの情報を記述しておくことが望ましい。
③ 複数の出版物理単位から成る図書で，うち数冊にのみ固有のタイトルがある場合，その固有のタイトルはCWフィールドに記述しておく。
④ CWフィールドは，目録対象資料の解題や要旨などを記述するためのフィールドである。
⑤ 1つのCWフィールドに複数の著作単位のタイトルを記述してはならない。

【PTBL】
● 問67～71について，PTBLフィールドのデータ要素の情報源であるものには①を，そうでないものは②を，それぞれ選びなさい。

問 67　標題紙

問 68　標題紙裏

問 69　背

問 70　表紙

問 71　ジャケット

【AL】

問 72　著者名典拠レコードについて述べた文章のうち，最も適切なものを選びなさい。
① 同姓同名などの場合は著者標目形が重複しないよう，付記事項として生年や専門分野を記述する。
② 付記事項は，名称に続けて補記としての角括弧を用い，その中に記述する。
③ 実際に存在する姓名ではないような芸名やペンネーム等は，著者標目形には採用してはならない。
④ 日本人名の場合，名前および付記事項のヨミも記述しなければならない。
⑤ 1人の著者が著作によって名前を使い分けている場合，任意の1つの名前を著者標目形に採用し，その他の名前はそのレコード内のSFフィールドで記述する。

Ⅲ．総合・和図書

以下の問73～問90は，和図書の書誌作成に関する総合的な問題です。

● 図3-1の図書について，参照ファイルからの書誌流用入力を行うことになった。書誌3-1を流用元のレコードとする場合，問73～問79に挙げるフィールドのうち，そのままで良い箇所には①を，修正すべき箇所には②を選びなさい。

```
GMD: SMD: YEAR:1992 CNTRY:ja TTLL:jpn TXTL:jpn ORGL:eng
ISSN: NBN:JP80019354 LCCN: NDLCN:
REPRO: GPON: OTHN:
VOL: ISBN:4882613832 PRICE: XISBN:

TR:GATTと途上国　国際経済資料集4 / ロバート・E.ヒュデック著||ガット　ト　トジョウコク
PUB:東京 : 信山社 , 1992.2
PHYS:305, 19p ; 20cm
NOTE:訳: 中川淳司
NOTE:原タイトル: Developing countries in the GATT legal system
AL:Hudec, Robert E. <>
CLS:NDC9:678.3
SH:NDLSH:発展途上国 -- 貿易||ハッテントジョウコク -- ボウエキ//K
SH:NDLSH:貿易政策||ボウエキセイサク//K
```

書誌　3-1

問 73　VOLフィールド

問 74　YEARフィールド

問 75　TRフィールドのタイトル

問 76　TRフィールドの責任表示

問 77　TRフィールドのヨミ

問 78　PUBフィールド

問 79　PHYSフィールド

標題紙

GATT と途上国

国際経済資料集 4

ロバート・E.ヒュデック 著

中川淳司 訳

ページ付け：305, 19
縦の長さ　：19.8センチメートル
横の幅　　：12.5センチメートル

奥付

GATT と途上国　　国際経済資料集 4

1992年2月7日　第1刷発行

著者　ロバート・E.ヒュデック
訳者　中川　淳司
発行所　株式会社　信山社
　　　〒150-8400 東京都渋谷区神宮前 17-19
装丁　グラフィック社
製本　神宮製本社

ISBN　4-882-61383-2

図　3-1

標題紙

WTO と国際貿易

国際経済資料集 1

若林隆平 著

(参考)

● 図3-2の図書の書誌を新規に作成することになった。

```
標題紙
哲学と倫理学の
   バランス

鷲田　清一



思想史学会
```

```
奥　付
思想史基礎講座 3　倫理学シリーズ 1
哲学と倫理学のバランス
                        非 売 品
---------------------------------------------
    2003 年 5 月 10 日　初版第 1 刷発行
    2004 年 1 月 15 日　初版第 2 刷発行
                ©2003   Kiyokazu Washida

著者　　鷲田清一
発行所　思想史学会
   〒101-0051　東京都西東京市新町 1-20
               武蔵野大学文学部内
   印刷製本・図書印刷
---------------------------------------------
```

図　3-2

```
・思想史基礎講座 1
　世界思想史の系譜
・思想史基礎講座 5　倫理学シリーズ 2
　ドイツ倫理学の現在
```

(参考)

● 書誌を新規に作成する場合，図3-2の情報源にある各データのうち，問80〜82に挙げる内容をどのフィールドで記述するのが最も適切か，それぞれ選択肢から選びなさい。

問 80　図3-2の「哲学と倫理学のバランス」
① VOLフィールド
② TRフィールドの本タイトル
③ TRフィールドのタイトル関連情報
④ PTBLフィールドの親書誌
⑤ PTBLフィールドの中位の書誌

問 81　図3-2の「思想史基礎講座」
① VOLフィールド
② TRフィールドの本タイトル
③ TRフィールドのタイトル関連情報
④ PTBLフィールドの親書誌
⑤ PTBLフィールドの中位の書誌

問 82　図3-2の「倫理学シリーズ」
① VOLフィールド
② TRフィールドの本タイトル
③ TRフィールドのタイトル関連情報
④ PTBLフィールドの親書誌
⑤ PTBLフィールドの中位の書誌

問 83　図3-2の図書について，PUBフィールドの記述として最も適切なものを選びなさい。
① 東京：思想史学会 , 2003.5
② 東京：思想史学会 , 2004.1
③ 東京：思想史学会 , c2003
④ 西東京：思想史学会 , 2003.5
⑤ 西東京：思想史学会 , 2004.1

問 84　図3-2の奥付のように，情報源に「非売品」とある場合，その記述の仕方として最も適切なものを選びなさい。
① TRフィールドのタイトル関連情報として記述する
② PRICEフィールドに「非売品」と記述する
③ PRICEフィールドに「0円」と記述する
④ NOTEフィールドに「非売品」と記述する
⑤ どのフィールドにも記述しない

● 図3-3の図書を検索した結果，総合目録データベースにはこの図書の1巻にあたる書誌しかないことが分かった（書誌3-3）。検討の結果，この書誌3-3を修正して図3-3の図書を登録することにした。
この修正について，問85～88に挙げるフィールドのうち，そのままで良い箇所には①を，修正すべき箇所には②を選びなさい。（ただしリンクフィールドのリンク先は正しいものとする。）

問 85　TRフィールドのタイトル

問 86　TRフィールドのタイトルのヨミ

問 87　PUBフィールド

問 88　PTBLフィールド

● 同様に，書誌3-3の修正に関して，問89～90に答えなさい。

問 89　YEARフィールド（YEAR 1）の修正について，最も適切なものを選びなさい。
① 修正なし
②「1987」を「1988」に修正する
③ ①，②以外の修正を行う

問 90 PHYSフィールドの修正について，最も適切なものを選びなさい。
① 修正なし
②「315 p ; 25cm」を「315, 397p ; 25cm」に修正する
③ ①，②以外の修正を行う

標題紙

つかこうへい
戯曲シナリオ作品集
II

白水社

奥付

つかこうへい戯曲シナリオ作品集　II
　　　　　　白水社戯曲シリーズ　9

1988年10月25日　第1刷発行

著者　つかこうへい
発行所　株式会社　白水社
〒113-0051　東京都文京区音羽 4-5-6
印刷製本・日本印刷

ISBN　4-56-004061-3

ページ付け：397ページ
縦の長さ　：24.7センチメートル
横の幅　　：17.3センチメートル

図　3-3

GMD: SMD: YEAR:1987 **CNTRY:**ja **TTLL:**jpn **TXTL:**jpn **ORGL:**
ISSN: NBN: LCCN: NDLCN:
REPRO: GPON: OTHN:
VOL:1 **ISBN:**4560034869 **PRICE:**800円 **XISBN:**

TR:つかこうへい戯曲シナリオ作品集 / つかこうへい著‖
ツカ コウヘイ ギキョク シナリオ サクヒンシュウ
PUB:東京 : 白水社 , 1987.7
PHYS:315p ; 25cm
PTBL:白水社戯曲シリーズ‖ハクスイシャ ギキョク シリーズ <BA38280038> 7 //a
AL:つか, こうへい‖ツカ, コウヘイ <DA00031219>
CLS:NDC9:912.6

書誌　3-3

Ⅳ. 書誌作成・洋図書

以下の問91～問130は，洋図書の書誌作成を前提とした問題です。

【更新資料】

問 91 巻次としてそれぞれ "1", "2" と表示されている2巻ものの図書が，更新資料である加除式資料である場合について，VOLフィールドの記述として最も適切なものを選びなさい。

① **VOL:**1
  VOL:2

② **VOL:**1-2

③ **VOL:**1, 2

④ **VOL:**[1]
  VOL:[2]

⑤ **VOL:**　　　（何も記入しない）

● 図4-1を見て，以下の問92～94に答えなさい。

表紙:
SHORT STORIES IN ITALIAN

RACCONTI IN ITALIANO

EDITED BY NICK ROBERTS

タイトルページ:
SHORT STORIES IN ITALIAN

Edited by Nick Roberts

Penguin Books
New York London

図 4-1

```
┌─ 本文. 向かって左側のページ ─┐    ┌─ 本文. 向かって右側のページ ─┐

  Donna in piscina                    Women by the Pool

  Da qualche giorno ha ripreso        Over the past few days she's
  a fare ginnastica. Indossa un       started doing exercises again.
  body nero attillato,                She wears a tight-fitting black
  scaldanuscoli avana.                leotartd, tobacco-coloured
                                      leg-warmers.
```

図 4-1（続き）

【複製・原本代替資料】

問 92 図4-1の図書が，出版者から刊行されたものを図書館において複写（コピー）したものである場合，PUBフィールドの記述として最も適切なものを選びなさい。
① Penguin Books
② ［Penguin Books］
③ （：In-house reproduction）
④ ［Private reproduction］
⑤ Private reproduction

【TTLL, TXTL, ORGL】

問 93 図4-1の図書について，TTLLフィールドに入るコードとして最も適切なものを選びなさい。
① eng
② engita
③ ita
④ itaeng
⑤ und

問 94 図4-1の図書について，TXTLフィールドに入るコードとして最も適切なものを選びなさい。
① eng
② engita
③ ita
④ itaeng
⑤ mul

【VOL】

● 問95～99について，VOLフィールドの巻冊次の規定の情報源であるものには①を，そうでないものは②を，それぞれ選びなさい。

問 95 表紙

問 96 タイトルページ

問 97 タイトルページ裏

問 98 奥付

問 99 裏表紙

問100 巻次が"volume 1"で装丁がペーパーバックである図書について，VOLフィールドの記述として最も適切なものを選びなさい。
① vol. 1 : pbk
② vol. 1 : paperback
③ vol. 1 : pbk.
④ 1 : paperback
⑤ v. 1 : pbk

【TR】

● 情報源にある"Love and freindship and other early works"の3番目の単語が"friendship"の誤植である場合，これを本タイトルとしてTRフィールドに記述する仕方として，問101～105のうち正しい場合は①を，間違っている場合は②を選びなさい。

問101 Love and freindship [i.e. friendship] and other early works

問102 Love and freindship [= friendship] and other early works

問103 Love and freindship [s.n. friendship] and other early works

問104 Love and freindship [friendship] and other early works

問105 Love and freindship [sic] and other early works

問106 情報源にある"INTRODUCTION A L'ETUDE DU DROIT CIVIL"を本タイトルとする場合，TRフィールドの記述として最も適切なものを選びなさい。
① Introduction a l'etude du droit civil
② Introduction a l'étude du droit civil
③ Introduction à l'etude du droit civil
④ Introduction à l'étude du droit civil
⑤ Introduction â l'étude du droit civil

問107 情報源にある"If elected..."を本タイトルとする場合，TRフィールドの記述として最も適切なものを選びなさい。
① If elected...　　　（ピリオド3点）
② If elected--　　　（ハイフン2本）
③ If elected—　　　（ダッシュ1本）
④ If elected…　　　（中黒3点）
⑤ If elected　　　（ピリオドは記入しない）

● 問108～112について，TRフィールドの責任表示のデータ要素の規定の情報源であるものには①を，そうでないものは②を，それぞれ選びなさい。

問108 表紙

問109 タイトルページ

問110 タイトルページ裏

問111 奥付

問112 裏表紙

問113 情報源にある"by Walter Allen, Michael Slater, A.W. Pollard, G.R. Redgrave"を責任表示とする場合，TRフィールドの責任表示の記述として最も適切なものを選びなさい。
① by Walter Allen, Michael Slater, A.W. Pollard, G.R. Redgrave
② by Walter Allen, Michael Slater, A.W. Pollard ... [et al.]
③ by Walter Allen, Michael Slater, A.W. Pollard [... et al.]
④ by Walter Allen ... [et al.]
⑤ by Walter Allen [... et al.]

問114　情報源にある"INTRODUCED BY"を役割表示とする場合，TRフィールドの責任表示の記述として最も適切なものを選びなさい。
① introduced by
② introd. by
③ intro. by
④ intr. By
⑤ intr by

問115　TRフィールドの責任表示の記述の仕方として，最も適切なものを選びなさい。
① 情報源上に"by Miss Jane"とあったので，"by Jane"と記入した
② 情報源上に"Dr. Harry Smith"とあったので，"Harry Smith"と記入した
③ 情報源上に"Sir Harry Smith"とあったので，"Harry Smith"と記入した
④ 情報源上に"by the late Harry Smith"とあったので，"by the late Harry Smith"と記入した
⑤ 情報源上に"by the late Harry Smith"とあったので，"by late Harry Smith"と記入した

問116　情報源に，タイトルとして"The John Franklin Bardin omnibus"とのみ表示されている場合，TRフィールドの記述として最も適切なものを選びなさい。
① The John Franklin Bardin omnibus / John Franklin Bardin
② The John Franklin Bardin omnibus / [John Franklin Bardin]
③ The John Franklin Bardin omnibus
④ The omnibus / John Franklin Bardin
⑤ The omnibus / [John Franklin Bardin]

【ED】
● 問117～121について，EDフィールドのデータ要素の情報源であるものには①を，そうでないものは②を，それぞれ選びなさい。

問117　表紙

問118　タイトルページ

問119　タイトルページ裏

問120　奥付

問121　裏表紙

問122 EDフィールドに "second edition" という情報のみを記録する場合，その記述の仕方として最も適切なものを選びなさい。
① 2nd ed.
② 2nd ed
③ 2nd edition
④ second edition
⑤ second ed

【PUB】

問123 情報源にある "Carbondale Illinoi" を出版地とする場合，PUBフィールドの出版地の記述として最も適切なものを選びなさい。
① Carbondale, Ill.
② Carbondale Ill.
③ Carbondale, Illinoi
④ Carbondale [Illinoi]
⑤ Carbondale Illinoi

問124 出版地が全く特定できず不明である場合，PUBフィールドの出版地の記述として最も適切なものを選びなさい。
① [S.l.]
② [s.l.]
③ [Sl]
④ [sl]
⑤ [n.p.]

問125 情報源にある "published 2007, copyright 2007, printed in 2009" について，刷による内容の変更がないと分かった場合，PUBフィールドの出版年の記述として最も適切なものを選びなさい。
① 2007
② 2007, c2007
③ c2007
④ 2009 printing
⑤ 2009, c2007

問126 情報源に出版年の表示が無く，序文 (preface) の末尾に 2009 と表記されている場合，PUBフィールドの出版年の記述として最も適切なものを選びなさい。
① [2009 pref.]
② [2009 preface]
③ 2009 pref
④ 2009 preface
⑤ [2009]

【PHYS】

問127 PHYSフィールドに下記の内容のみを記述する場合，その記述の仕方として最も適切なものを選びなさい。

① 40 p ; 25 cm
② 40 p. ; 25 cm.
③ 40 p. ; 25 cm. + 1 CD-ROM
④ 40 p. : illus ; 25 cm
⑤ XI, 40 p. ; 25 cm

問128 volume 1, volume 2 の2分冊からなる図書のページ付けが，下記のようになっていた。

```
volume 1: xxii, 466
volume 2: xv, 467-1087
```

それぞれに固有のタイトルが無く，出版物理単位として1書誌で表現する場合，PHYSフィールドのページ数の記述として最も適切なものを選びなさい。

① xxii, 1087 p.
② 2 v. (xxii, 1087 p.)
③ 2 v. (xxii, xv, 467-1087 p.)
④ 2 v. (xxii, 466, xv, 467-1087 p.)
⑤ [xxxvii], 1087 p.

問129 図書の大きさを測ったところ，高さ：24.2センチメートル，幅：18.0センチメートルであった。この場合のPHYSフィールドの大きさの記述として最も適切なものを選びなさい。

① 24 cm
② 24.2 cm
③ 25 cm
④ 18 cm
⑤ 25 × 18 cm

【CW】

問130 CWフィールドの記述の仕方として，最も適切なものを選びなさい。
① **CW:**vol. 1: The evolution of the Essais / David Maskell
② **CW:**vol. 1:The evolution of the Essais / David Maskell
③ **CW:**vol. 1. The evolution of the Essais / David Maskell
④ **CW:**v. 1. The evolution of the Essais / David Maskell
⑤ **CW:**v. 1: The evolution of the Essais / David Maskell

V. 総合・洋図書

以下の問131～問150は，洋図書の書誌作成に関する総合的な問題です。

問131 図5-1の情報源にもとづいたALフィールドの記述として，最も適切なものを選びなさい。

① **AL:**Wälde, Thomas

② **AL:**Werner, Jacques
　AL: Ali, Arif Hyder

③ **AL:**Werner, Jacques
　AL: Ali, Arif Hyder
　AL:Wälde, Thomas

④ **AL:**Wälde, Thomas
　AL: Werner, Jacques
　AL: Ali, Arif Hyder

⑤ **AL:**Wälde, Thomas
　AL: Werner, Jacques, Ali, Arif Hyder

タイトルページ

A liber amicorum : Thomas Wälde / edited by Jacques Werner & Arif Hyder Ali

Cameron May
London　2009

目次

CONTENS

Search engines, copyright and innovative business models / Charlotte Wälde......1

Legal issues of OPEC production management practices and the law :
an overview / Melaku G. Desta..24

Dispute prevention and dispute settlement / Hew R. Dundas................44

The wisdom of international commercial mediation and
conciliation / William F. Fox... 59

Going to pieces without falling apart / John P. Gaffney........................ 86

Index... 112

図　5-1

問132 図5-2の(ア)と(イ)の部分の記述として，最も適切なものを選びなさい。

① **VOL:**t. 1
　TR: Science de l'information

② **VOL:**tome 1
　TR: Science de l'information

③ **TR:**Science de l'information
　ED:t. 1

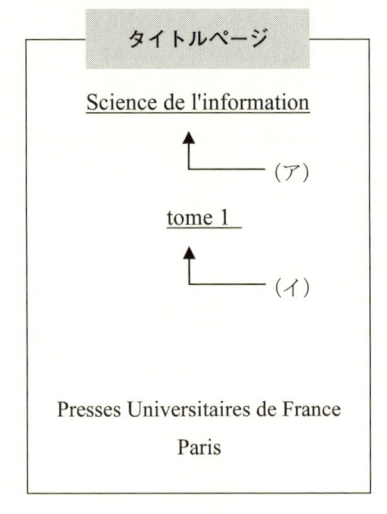

④ **TR:**Science de l'information
　ED:tome 1

⑤ **TR:**Science de l'information
　ED:T. 1

```
┌─────────────────────────┐
│      タイトルページ       │
│                         │
│  Science de l'information│
│         ↑               │
│         └── (ア)        │
│                         │
│       tome 1            │
│         ↑               │
│         └── (イ)        │
│                         │
│                         │
│ Presses Universitaires de France │
│         Paris           │
└─────────────────────────┘
```
図　5-2

問133 図5-3の(ア)と(イ)の部分の記述として，もっとも適切なものを選びなさい。

① **VOL:**2. Aufl
　TR: Die Sowjetunion und das Dritte Reich

② **VOL:**zweite Aufl
　TR: Die Sowjetunion und das Dritte Reich

③ **TR:**Die Sowjetunion und das Dritte Reich
　ED:2. Aufl

④ **TR:**Die Sowjetunion und das Dritte Reich
　ED:zweite Aufl

⑤ **TR:**Die Sowjetunion und das Dritte Reich
　ED:zweite Auflage

```
┌─────────────────────────┐
│      タイトルページ       │
│                         │
│  Die Sowjetunion und das│
│     Dritte Reich        │
│         ↑               │
│         └── (ア)        │
│                         │
│    Zweite Auflage       │
│         ↑               │
│         └── (イ)        │
│                         │
│       Springer          │
│    Berlin   New York    │
└─────────────────────────┘
```
図　5-3

● 図5-4の図書について，書誌を新規に作成してみたが（書誌5-4），いくつか修正すべき間違いがある。問134〜141に挙げるフィールドのうち，そのままで良い箇所には①を，修正すべき箇所には②を選びなさい。（ただしリンクフィールドのリンク先は正しいものとする。）

```
GMD: SMD: YEAR:2008 CNTRY: TTLL:eng TXTL:eng ORGL:
ISSN: NBN: LCCN: NDLCN: REPRO: GPON: OTHN:
VOL: ISBN: PRICE: XISBN:

TR:Essential readings in ethical leadership and management / ed. by Abe J. Zakhem ... [et al.] ; foreword by Norman E. Bowie
PUB:New York : Prometheus Books , c2008
PHYS:ix, 275, vi p. ; 23 cm
VT:CV:ESSENTIAL READINGS IN ETHICAL LEADERSHIP AND MANAGEMENT
AL:Zakhem, Abe J. <...>
AL:Bowie, Norman E. <...>
```

書誌 5-4

問134　TRフィールドの本タイトル

問135　TRフィールドの最初の責任表示

問136　TRフィールドの2番目の責任表示

問137　PUBフィールドの出版地

問138　PUBフィールドの出版年

問139　PHYSフィールドの数量

問140　VTフィールド

問141　ALフィールド

問142 図5-4のCNTRYコードとして最も適切なものを選びなさい。
① ua
② uk
③ un
④ us
⑤ xx

表紙

edited by
ABE J. ZAKHEM, DANIEL E. PALMER,
AND MARY LYN STOLL

STAKEHOLDER
THEORY

ESSENTIAL READINGS
IN ETHICAL LEADERSHIP
AND MANAGEMENT

FOREWORD BY NORMAN E. BOWIE

タイトルページ

edited by
ABE J. ZAKHEM, DANIEL E.
PALMER, AND MARY LYN STOLL

STAKEHOLDER
THEORY

ESSENTIAL READINGS
IN ETHICAL LEADERSHIP
AND MANAGEMENT

Prometheus Books
59 John Glenn Drive
Amherst, New York 14228-2119

タイトルページ裏

Published 2008 by Prometheus Books
Copyright c2008 by Abe J. Zakhem

Inquiries should be addressed to
Prometheus Books
59 John Glenn Drive
Amherst, New York 14228-2119
Voice: 716-691-0133, ext. 210
FAX: 716-691-0137
WWW.PROMETHEUSBOOKS.COM

12 11 10 09 08   5 4 3 2 1

ページ付け：ix, 275, vi
縦の長さ：23.0センチメートル
横の幅：17.3センチメートル

図　5-4

● 図5-5の図書について，書誌を新規に作成してみたが（書誌5-5），いくつか修正すべき間違いがある。問143〜150に挙げるフィールドのうち，そのままで良い箇所には①を，修正すべき箇所には②を選びなさい。（ただしリンクフィールドのリンク先は正しいものとする。）

```
GMD: SMD: YEAR:2009 CNTRY:us TTLL:eng TXTL:eng ORGL:
ISSN: NBN: LCCN: NDLCN: REPRO: GPON: OTHN:
VOL: ISBN:0415877636 PRICE: XISBN:

TR:Who speaks for the poor / R. Allen Hays
PUB:New York : Routledge , 2009 printing
PHYS:vii, 600 p. ; 22 cm
AL:Hays, R. Allen <...>
```

書誌　5-5

問143　YEARフィールド（YEAR 1）

問144　LCCNフィールド

問145　VOLフィールド

問146　TRフィールドの本タイトル

問147　PUBフィールドの出版年

問148　PUBフィールドの数量

問149　PUBフィールドの大きさ

問150　ALフィールド

表紙

WHO
Speaks
for
the Poor?

R. Allen Hays

タイトルページ

WHO SPEAKS FOR THE POOR?
National Interest Groups
and Social Policy

R. Allen Hays

Routledge
New York & London / 2001

ページ付け：vii, 600
縦の長さ：21.4センチメートル
横の幅：13.0センチメートル
装丁：ペーパーバック

タイトルページ裏

Published in 2001 by
Routledge
270 Madison Ave,
New York NY 10016

Transferred to Digital Printing 2009
Copyright c2001 by R. Allen Hays

Library of Congress Cataloging-in-Publication Data
Hays, R. Allen, 1945-
　Who speaks for the poor : national interest groups and social policy / R. Allen Hays.
　p. cm
　Includes bibliographical references and index.
　ISBN 0-8153-3075-8
　1. Pressure groups—United States.　2. Economic assistance, Domestic—United States. I. Title. II. Politics and policy in American institutions.
JK1118.H37　2000
322.4'3'0973—dc21　　　　　　　　　　　　　00-044254

ISBN 10: 0-815-33075-8 (hbk)
ISBN 10: 0-415-87763-6 (pbk)

ISBN 13: 978-0-815-33075-8 (hbk)
ISBN 13: 978-0-415-87763-6 (pbk)

図　5-5

第5章

「総合目録－図書中級」模擬問題の正解と解説

I. 目録の基礎

問 1 ③ **問 2** ④

　書誌レコードや典拠レコードを新規に作成する方法として，必要な情報を一から記述していくオリジナル入力と，類似するレコードを基にして作成する書誌流用入力があります。そして総合目録データベースの外周には，国内外の各機関が作成したMARCを総合目録データベースのファイル形式にフォーマット変換した参照ファイルが収められています。これを書誌流用入力時に利用することで，オリジナル入力よりも効率の良い書誌作成を行うことができます。

　また，海外の書誌ユーティリティ等に接続して直接データベースを参照する目録システム間リンクという方法もあり，2014年12月末現在，BNE（Biblioteca Nacional de Espana: スペイン国立図書館），ICCU（Istituto Centrale per il Catalogo Unico: イタリア図書館総合目録・書誌情報中央研究所），KERIS（Korea Education and Research Information Service: 韓国教育学術情報院），HBZ（Hochschulbibliothekszentrum des Landes Nordrhein-Westfalen: ノルトライン-ヴェストファーレン州大学図書館センター）を参照できます。ただし目録システム間リンクは，総合目録データベースと既存の参照ファイルを検索した上で，なおもノーヒットだった場合に使用するなどの利用時の制限がありますので，使用の際は注意が必要です。

　なお問題文に書かれてあるとおり，参照ファイル等を利用し新規レコードを作成する際は，必ずNACSIS-CATの規則に沿った修正を行う必要があります。
（『基準』1.3　総合目録データベースの環境，『基準』3.1　レコード作成，『テキスト』1講5.参照ファイル）

問 3 ③ **問 4** ④ **問 5** ④

　問1～2の解説のとおり，書誌流用入力には参照ファイル中のレコードが活用できますが，総合目録データベースに登録されている既存のレコードも利用することができます。つまり，総合目録データベース中に類似の書誌レコードがある場合，それを流用元に必要な修正を行うことで，新たな書誌レコードを作成することができます。

　問5について，最も適切なケースは「版が異なる書誌」です。版を重ねてもタイトルや出版者に変更がない場合はそれらの入力を省力することができ，版表示や出版年，形態に関する事項など以前の版から変わった部分だけを修正すればよいので，当該書誌レコードを効率的に作成することができます。
（『基準』3.1　レコード作成，『テキスト』2講　1.書誌流用入力の手順）

問 6 ① **問 7** ①

　この問題は，書誌レコードの修正に関する方針を述べたものです。総合目録データベースの特徴の一つはオンライン共同分担入力方式を採用していることです。この方式により書誌レコードや典拠レコードは参加館全体の共有データとなっていて，各館で重複して書誌レコードを作らなくてすむなど，目録業務の省力化が実現できています。

　一方で，書誌データを多くの館で共有しているため，データ内容については参加館同士の調整が必要になります。そこで，原則として書誌レコードは，最初に作成された内

容を維持するという方針になっています。また記述に誤りがあったとしても，共有レコードが勝手に修正あるいは削除されないように，コーディングマニュアルでは修正指針が規定されています。「このデータは修正が必要。」と判断できたとしても，まずコーディングマニュアルの修正指針を確認し，どのような手順で修正を行うべきか必ず確認しましょう。
(『基準』3.4　総合目録データベースの品質管理，『C.M.』第21章 図書書誌レコード修正)

問 8　②

　転記の原則とは，記述対象資料に表示されている情報を入力(転記)するとき，原則として資料に表示されているままの字体等を使用するという，データ入力の基本方針です。コーディングマニュアル1.1.2では，この転記の原則を適用するフィールドを定めており，「TR (タイトル及び責任表示に関する事項)」「ED (版に関する事項)」「PUB (出版・頒布等に関する事項)」「PTBL (書誌構造リンク)」，そして雑誌書誌レコードに固有の「VLYR (巻次年月次)」の5つのフィールドが該当します。なお，外字やローマ数字，合成文字などは「表示されているまま」に入力することが難しいこともあり，例外規定として，コーディングマニュアル1.1.2や『目録情報の基準』に，その記述方法が記されています。
(『基準』11データの表記法，『C.M.』1.1.2 転記の原則)

問 9　①　問 10　②　問 11　②

　総合目録データベースに登録されるレコードの各データ要素は区切り記号で分けられており，この区切り記号は原則としてISBD (International Standard Bibliographic Description: 国際標準書誌記述)に準拠しています。具体的には，「本タイトルと責任表示の間は，スペース，スラッシュ，スペース(△/△)とする。」といった記述ルールのことです。このような規定を設けることで，区切り記号は，システムがデータ要素を識別する際の"しるし"として機能します。
　区切り記号にはピリオド，コンマなどの記号が使われますが，システムによっては各フィールドの末尾に「．」(ピリオド)を置くことがあるため，総合目録データベースではフィールドの末尾にピリオドを入力しないことになっています。このため，例えばEDフィールドに「Second edition」→「2nd ed.」とだけ記述する場合は末尾のピリオドを取り，「2nd ed」となります。
　目録業務において区切り記号の全てを暗記する必要はありませんが，データを機械的に処理する際には区切り記号が非常に重要な情報，しるしとなります。そのためデータを登録するときは，記述の内容だけではなく区切り記号の書き方にも注意し，どう書けばよいか迷ったときは必ずコーディングマニュアルを参照しましょう。
(『基準』10　入力データ記述文法，『テキスト』2講　2.4 図書書誌レコードのデータ内容，『C.M.』1.0.2 データ要素間の区切り記号)

問 12　①　問 13　③　問 14　②　問 15　④

　図書書誌レコードのデータ要素は，「ID＆コードブロック」「記述ブロック」「リンクブロック」「主題ブロック」に分かれています。このうち「ID＆コードブロック」については問題文にあるとおり，(1)コードブロックにフィールドを独立させた項目(一般資料種別コード，国際標準図書番号等)　(2)出版物理単位の表現を行うために対のフィールド

として設定された項目群(巻次等,国際標準図書番号,価格／入手条件等) (3)その他のコード化情報(刊年,出版国コード,その他の標準番号等) (4)管理用フィールド(レコードID等) から構成されています。

　記述ブロックは,TRフィールドやPUBフィールドなど目録記入の記述の部分に相当するものです。これらの記述内容をコード化しID＆コードブロックのフィールドで記入することで,システム的に識別がしやすいデータとなります。またID＆コードブロックの項目のうち,入力レベルが「必須1」であるものは,TTLLフィールド(本タイトルの言語コード)とTXTLフィールド(本文の言語コード)です。
(『基準』4.1　図書書誌レコードの構成と記述規則)

問 16 ③　問 17 ④　問 18 ③　問 19 ③　問 20 ②　問 21 ③

　TRフィールドの責任表示は,原則として情報源に記されているとおりに記述します。しかし同一人物でも全ての資料で氏名表記が同じ形とは限らないため,例えば「夏目漱石」と「夏目金之助」,「ヘーシオドス」と「ヘシオドス」など表記にゆれが生じていることがあります。そのため,ALフィールドでは著者標目の形を統一し,一元的に管理する著者名典拠コントロールを行います。

　具体的には,問題文にあるとおり,著者標目に対応する著者名典拠レコードを作成して著者名リンクを形成しますが,該当するレコードが既にある場合はリンクの形成だけを行います。リンクが形成されると,ALフィールドにはリンク先著者名典拠レコードのID,統一標目形が表示され,それにより著者標目の形が統一されます。先ほどの例でいうと,TRフィールドの責任表示では「夏目金之助」と記述されていても,ALフィールドで適切にリンクを形成した場合は,「夏目,漱石」という統一標目形が表示され,
AL:夏目,漱石‖ナツメ,ソウセキ ＜DA00151899＞
となります。

　リンク形成を行わない場合であっても,ALフィールドには著者標目形を記述します。またALフィールドは個人名だけではなく団体名や会議名なども記述することができ,会議の場合は回次などの情報も記録します。また,基本記入の標目であることを示す場合は,主記入フラグとしてアスタリスクを記入します。
(『基準』8　著者名典拠レコード,『C.M.』2.3.2, 4.3.2 AL)

問 22 ①　問 23 ②　問 24 ②

　書誌構造リンクをあらわすPTBLフィールドでは,書誌構造の関係をコード値で記入します。コードは2種類あり,当該書誌単位と直下の書誌単位の関係がシリーズである場合は「a」,当該書誌単位と直下の書誌単位の関係がセットである場合は「b」となります。また書誌構造が3階層以上の場合は,上位から順に記録します。

　具体的に,「PTBL:日本文学‖ニホン ブンガク ＜BN00012345＞ 1//a」とある場合は,コードが「a」なので書誌単位の関係が「シリーズ」とわかります。また3階層の書誌で上位から「シリーズ」「セット」である場合は,構造の種類として「ab」と記入します。また問題文にあるとおり,これは各参加組織の便宜のために設けられたデータ要素であるため,不都合があれば変更することができます。
(『基準』4.3 記述対象のレコード上での表現方法,『C.M.』2.3.1, 4.3.1 PTBL)

問 25 ②　**問 26** ④　**問 27** ③　**問 28** ③　**問 29** ①

　　主題ブロックは，分類を記述するCLSフィールドと，件名を記述するSHフィールドからなります。CLSフィールドで記述する分類は，書誌分類であって，書架分類ではありません。書誌レコードは参加館全体の共有レコードであり，また多くの利用者が利用，参照するものであるため，個々の図書館等の独自情報である書架分類は記録しないことになっています。そのような情報は，所蔵レコードのCLNフィールドに記録することになります。
　　分類や件名は入力が必須とされている項目ではありませんが，書誌レコードの内容を豊かにし，検索精度があがる重要なフィールドですので，なるべく積極的に分類および件名を付与するように心がけましょう。
（『基準』4.1.4 主題ブロック，『C.M.』2.4, 4.4 主題ブロック）

問 30 ②

　　総合目録データベースには参加館が所蔵する様々な資料が登録されるため，コーディングマニュアルのほか，「各種資料取扱いマニュアル」が用意されています。そこには，この設問の正解となる「リモートアクセスされる電子ブックの取扱い」のほか，「和漢古書の取扱い」「視聴覚資料の取扱い」「展覧会カタログの取扱い」などが用意されています。また多言語対応として，「韓国・朝鮮語資料の取扱い」「アラビア文字資料の取扱い」などもあります。やや特殊な資料の目録をとる際は，取扱いマニュアルが用意されていないか確認をしましょう。
　　なお，設問にあるマイクロ資料，楽譜資料，地図資料については，一般的な図書と同様，コーディングマニュアルや『NCR』等に準拠して書誌レコードを作ることになります。
参照サイト：目録所在情報サービス―各種資料取扱いマニュアル（http://catdoc.nii.ac.jp/index.html#3）
（『テキスト』1講　8.マニュアル等）

II．書誌作成・和図書

問 31 ③

　　複製・原本代替資料には，「出版を目的とした複製資料」（影印版や復刻版等）及び「注文生産による複製資料」（オンデマンド版）と，コピー機などを用いて私的に複製される原本代替資料があります。これらはいずれもREPROフィールドにコード「c」を記入します。
　　複製資料は，複製資料自体に所定の情報源があればそれにもとづいて記録し，原本の情報（原本の出版者や原タイトルなど）はNOTEフィールドに記録します。
　　また，原本代替資料であることを示す表示は「PUB:（：私製）」のようにPUBフィールドに記述します（出版地・出版年は空欄）。
　　ちなみに⑤の記述対象資料ごとに書誌を作成するのは和漢古書と稀覯本です。
（『C.M.』2.0.4 複製・原本代替資料，NII各種資料取扱マニュアル『和漢古書に関する取

扱い及び説明』等)

問 32 ②

　　YEARフィールドには，原則としてPUBフィールドに記録した出版年に対応する4桁の西暦年の数字を記入します。このフィールドに発行月は記入しません。
（『C.M.』2.1.5 YEAR）

問 33 ①

　　PUBフィールドの出版年を序文など所定の情報源以外から採ったために角括弧（[　]）を付けて補記した場合や，例えば[1995?]といった推定された出版年であっても，YEARフィールドにはPUBフィールドの出版年と同じ4桁の西暦年を記入します。
（『C.M.』2.1.5 YEAR）

問 34 ②

　　PUBフィールドの出版年が推定のハイフンを含んでいる場合も，ハイフンも含めてPUBフィールドと同じものを記入します。PUBフィールドが出版年ではなく[大正年間]など元号で記述されることもありますが，その場合も「19--」のように推定できる限りの西暦を記入します。
（『C.M.』2.1.5 YEAR D5）

問 35 ②

　　ORGLには直接の翻訳対象となった資料の本文の言語コードを記入します。
　　フランス語の小説を英語に翻訳し，さらに英語から日本語に翻訳された場合は，原テキストのフランス語版ではなく直接翻訳対象となった英語の言語コードを記入することになります。
　　資料中に原テキストのオリジナルタイトル（この問題ではフランス語タイトル）が表示されていても，訳者あとがきなどに「○○の英語版を翻訳したものである」などと記載されていることがありますので，必ず何を翻訳対象としたのかを確認するようにしましょう。
　　なお，この問題では原テキストは英語のみなので「eng」になりますが，例えば英語のテキストから翻訳したものとフランス語のテキストから翻訳したものが混在するような資料は「engfre」とコードを複数記入します。
（『C.M.』2.1.9 ORGL）

問 36 ②

　　TTLLフィールドには，TRフィールドの本タイトルに対応する3桁の言語コードを記入します。図2-1の図書は本文が日本語ですが本タイトルは英語ですので，コードは「eng」になります。
　　本タイトルは1つの特定の言語であるか，言語が特定できないかのいずれかなので，TTLLフィールドには③「jpneng」や④「engjpn」のように複数のコードを記入したり，⑤のように多言語のコードである「mul」を記入することはありません。

(『C.M.』2.1.7 TTLL, 付録1.3言語コード表)

問37 ①

　TXTLフィールドには，本文の言語に対応する3桁の言語コードを記入します。図2-1の図書の場合，本文は日本語なのでコードは「jpn」になります。本文に日本語とその他の言語が含まれている場合は「jpneng」(日本語の方が多い)や，「engjpnfre」(英語，日本語，フランス語の順に多い)のようにコードも複数記入することになります。
　ただし，目次や序文，要約など本文でない部分が多言語で書かれていても，これらの箇所は原則として言語コードを記入する対象にはならないので注意が必要です。
(『C.M.』2.1.8 TXTL,『C.M.』2.1.8 TXTL E1, 付録1.3言語コード表)

問38 ②

　VOLフィールドは出版物理単位ごとに繰り返すので，2冊の出版物理単位を1つのVOLにまとめている⑤は間違いです。2005年の「2」には標題紙に巻次が記載されているのでそれをVOLフィールドに転記します。2001年のものはタイトル・著者・出版者が同じなので「2」の前の巻であると推測できますが，現物には巻次の記載がありませんので「1」を角括弧([　])に入れて補記にして記入します。
(『C.M.』2.1.11 VOL F1.3)

問39 ⑤

　VOLフィールドとISBNフィールドは一組にして巻冊次や説明語句とISBNを記録します。まず説明語句として「セット」をVOLフィールドに記入し，それに対応するISBN「4469030805」をISBNフィールドに記入します。「1」「2」の各巻は「セット」とは別にそれぞれのVOLフィールドを作成しますが，各巻に対応するISBNはないので空欄のままになります。
(『C.M.』2.1.11 VOL,『C.M.』2.1.12 ISBN)

問40 ①　問41 ①　問42 ②　問43 ②　問44 ①

　TRフィールドの情報源は，標題紙(標題紙裏を含む)，奥付，背，表紙です。本タイトルを標題紙裏から採ることはあまりないと思いますが，責任表示については全集や講座の編集者が標題紙裏にしか記載されていない資料もあります。この場合も標題紙裏の編集者をTRフィールドの責任表示として，補記の角括弧([　])を付けずに記録します。また，資料本体と分離するジャケット(カバー)は情報源にはなりません。
(『C.M.』2.2.1 TR E1)

問45 ④

　監修者，監訳者については，2通りの記録方法があります。a)著者や訳者など，より直接的に関与した者も情報源に明記されている場合は，それらをTRフィールドの責任表示に記録し，監修者等はNOTEフィールドに記録します。b) a)のような，より直接的に関与した著者等がいない場合は，監訳者等をTRフィールドの責任表示として記述します。この問題では著者がいるという前提ですので，④が適切と言えます。

(『C.M.』2.2.1 TR F3.1)

問 46 ③

同じ役割の責任表示が4人以上ある場合は，1人をTRフィールドの責任表示に記録し，その他は「△[ほか]△」という記述をして省略することができます。なお，省略した著者等はNOTEフィールドに記録します。
(『C.M.』2.2.1 TR F3.4)

問 47 ④

タイトルの誤記，誤植が明らかな場合は④のように訂正した箇所がわかるように角括弧([　])を付して補記で正しい形を記述し，NOTEに誤記，誤植がある旨を記録します。(この場合は角括弧([　])の前後にスペースは不要です。)

なお，補記なしの「有頂天物語」と訂正前の「有頂点物語」をその他のタイトルとしてVTフィールドに記録するのは選択事項ですが，どちらでも検索できるように記録しておきたいところです。
(『C.M.』2.0 通則 D,『NCR』2.0.6.6)

問 48 ②

漢字，ひらがな，カタカナによって表示された日本語及び中国語には原則としてカタカナでヨミをふります。これは漢数字についても同様です。
　(例)
　　「七人の侍」→「シチニン△ノ△サムライ」
　　「第三帝国の野望」→「ダイサン△テイコク△ノ△ヤボウ」
ただし，回次，年次，日付，順序付を表す漢数字は対応するアラビア数字をヨミとします。
　(例)
　　「昭和六十年度」→「ショウワ△60ネンド」

(『基準』11.3.2 ヨミの表記 2)

問 49 ②

ひらがな又はカタカナで表示された外来語等は，表示されているとおりをカタカナでヨミとして記述しますので，タイトルの「シエクスピア」という語のヨミは「シエクスピア」となります。
(『基準』11.3.2 ヨミの表記 2)

問 50 ②

アルファベットは原則として表示されているとおりをヨミとします。「Windows入門」のようにアルファベットと日本語表記が混ざっている場合でも「Windows」はそのままをヨミとするので「Windows△ニュウモン」となります。
(『基準』11.3.2 ヨミの表記 3)

問 51 ①

「倫敦」や「伯林」など漢字で表された外国の地名・人名及び団体名等は，原則として原語に近い慣用音をヨミとしますので，「倫敦」→「ロンドン」，「伯林」→「ベルリン」となります。
（『基準』11.3.2 ヨミの表記 2(d)）

問 52 ②

中国語のヨミは原則として日本語慣用の音読みをカタカナで表記します。ピンイン表記はカタカナのヨミの変わりになるものではなく，カタカナのヨミの後ろに「その他のヨミ」として記入します。
（『基準』11.3.4 中国語資料のヨミの表記及び分かち書き規則，NII各種資料取扱いマニュアル『中国語資料の取扱い(案)』）

問 53 ⑤

まず「21世紀」は，アラビア数字はそのままをヨミとするため「21セイキ」となります。助詞の「へ」「の」は『NCR 標目付則1 片かな表記法』により「エ」「ノ」となります。さらに『目録情報の基準』11.3.3の7に「助詞が二つ以上続く場合は，その全体を1単位とする」とあるので2字を続けて「エノ」と表記します。
したがって正解は⑤の「21セイキ△エノ△ショウタイ」となります。
（『基準』11.3.2 ヨミの表記 3, 11.3.3 分かち書き 7）

問 54 ③

特定の版を識別するものとして，「普及版」は版表示を記述するEDフィールドに記録するのが適切です。EDフィールドに記録するものの例としては他に「限定版」，「復刻版」，「縮刷版」などがあります。
ただし，同じ「○○版」という語句でも，「新装版」，「総革版」など装丁に関する語はEDではなくVOLフィールドに説明語句として記述しますので，慎重な判断が必要です。
（『C.M.』2.2.2 ED F2）

問 55 ① **問 56** ① **問 57** ① **問 58** ② **問 59** ①

PUBフィールドの情報源は，TRフィールドと同じく標題紙(標題紙裏を含む)，奥付，背，表紙であり，資料本体と分離するジャケット(カバー)は情報源にはなりません。
（『C.M.』2.2.3 PUB E）

問 60 ④

出版者と頒布者が別にある場合は，PUBフィールドを繰り返して記録します。問題のように出版地が同じ「東京」であっても①や②のように1行にはまとめません。『NCR』2.4.2.2Dの頒布者の記述方法により，頒布者には「(発売)」と丸括弧で役割を付記します。PUBフィールドが複数作成された場合，出版年は最後のPUBフィールドに記録します。
（『C.M.』2.2.3 PUB F1）

問 61 ③

　出版者の表示がない場合は頒布者を記録しますが，頒布者の表示もなく調査や推測もできない場合は「[出版者不明]」と記録します。
(『C.M.』2.2.3 PUB F1.6)

問 62 ②

　出版年が2年以上にわたるときは，PUBフィールドの出版年は刊行開始年と刊行終了年をハイフンで結んで記録します。どちらの数字も④の「97」のように省略はせず4桁の西暦年を記録します。
(『C.M.』2.2.3 PUB F2)

問 63 ①

　2点以上の，それぞれ大きさの異なる資料で構成される書誌のPHYSフィールドは，そのうち最小のものと最大のものの大きさをハイフンで結んで記録します。②のように1巻を最初に記録するわけではありません。
(『NCR』2.5.3.2A)

問 64 ①

　資料と同時に刊行され一緒に使用するようになっている付属資料はPHYSフィールドの大きさの後ろに記録します。PHYSフィールドの区切り記号は，「数量(ページ数)△;△大きさ△+△付属資料」です。
　なお，選択事項としてPHYSフィールドではなくNOTEフィールドに記録することもできます。
(『C.M.』2.2.4 PHYS F2)

問 65 ④

　本文のページ付けに含まれない図版のページは，PHYSフィールドの先頭の「数量」のエリアに記録することになります。本文のページ数に続けて「図版○p」と記入しますが，問題では現物には表示されていないページ数なので角括弧([　])を付けて「[10] p」と補記します。
　⑤のように「その他の形態的細目」に図版の数量を記録すると，全体で100pのページ付けの中に[10] pの図版が含まれている，という意味になってしまうので誤りです。
(『NCR』2.5.1.2F)

問 66 ⑤

　CWフィールドには当該資料の構成部分である著作単位について，巻冊次，タイトル，責任表示及びタイトルのヨミをデータ要素として記録します。タイトルや責任表示についてはTRフィールドと同様の記述文法を用いて記述しますが，TRフィールドと違うのは，1つのCWフィールドに「;」(セミコロン)や「.」(ピリオド)を用いて複数の著作単位を記述してはいけないという点です。また，著作に該当しない参考文献や年表，解題など

の情報はCWフィールドではなくNOTEフィールドに記録します。
(『C.M.』2.2.6 CW)
　複数の出版物理単位からなる図書のうちの数冊のみであっても，当該巻冊次のタイトルが「固有のタイトル」であれば，CWに記述するのではなく別に書誌レコードを作成しなければなりません。
(『C.M.』2.0.2 書誌構造)

問 67 ①　**問 68** ①　**問 69** ①　**問 70** ①　**問 71** ②

　PTBLフィールドのデータ要素の情報源はTRフィールドと同じく標題紙(標題紙裏を含む)，奥付，背，表紙です。資料本体と分離できるジャケット(カバー)や，資料中の出版案内や広告などは情報源にはなりません。
(『C.M.』2.3.1 PTBL D2.1)

問 72 ①

　著者標目形は一意のものでなければなりませんので，著者名の他，付記事項として生没年，世系，専攻分野や職業を「( )」(丸括弧)で括って記述します。付記事項のヨミは不要です。
　芸名やペンネームも標目となります。著作の分野によって名前を使い分けている著者についてはそれぞれの名前で著者名典拠レコードを作成し，SAFフィールドにリンクを張って関連付けをします。
(『NCR』23章 著者標目，『C.M.』8.2.1 HDNG)

Ⅲ. 総合・和図書

問73～問79は参照ファイルからの流用入力の際に，修正すべき点はどこかという問題です。

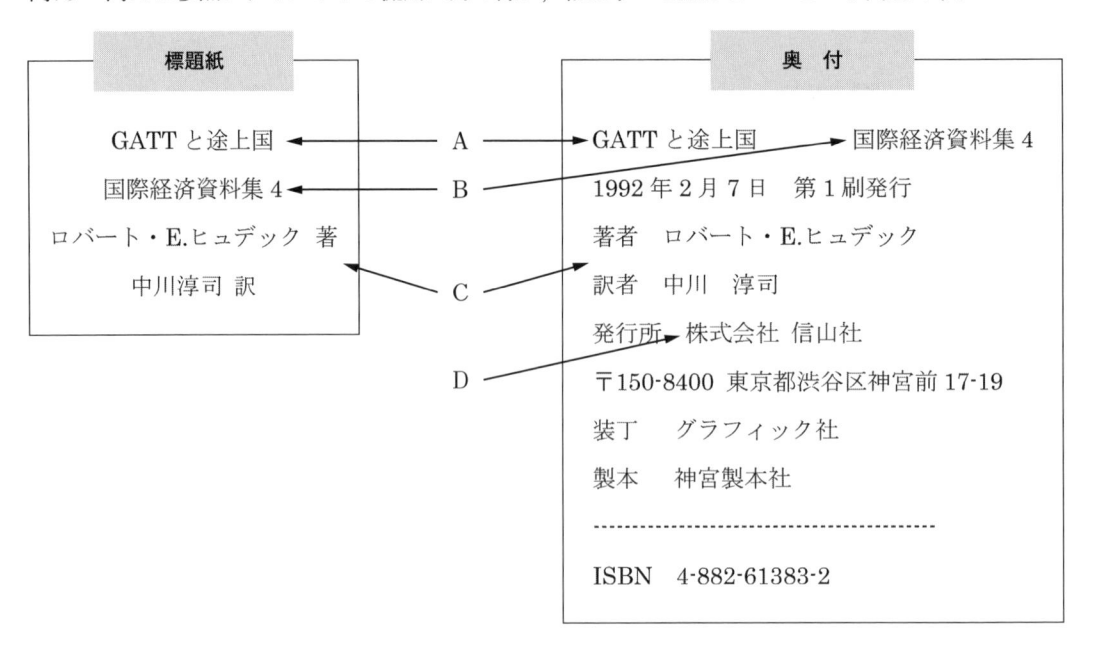

```
    標題紙                              奥 付

GATT と途上国    ←─ A ─→  GATT と途上国        国際経済資料集 4
国際経済資料集 4  ←─ B ─→  1992 年 2 月 7 日    第 1 刷発行
ロバート・E.ヒュデック 著              著者    ロバート・E.ヒュデック
    中川淳司 訳     ─ C ─→  訳者    中川 淳司
                                       発行所  株式会社 信山社
                       D ─→  〒150-8400 東京都渋谷区神宮前 17-19
                                       装丁    グラフィック社
                                       製本    神宮製本社
                                       ----------------------------------
                                       ISBN  4-882-61383-2
```

まず，情報源を良く見てみましょう。

Aは標題紙および奥付に表示されたこの図書のタイトルです。

Bは(参考)としてあげられている『WTOと国際貿易』と共通していますので，シリーズ名すなわち親書誌のタイトルと判断できます。よって，この図書の書誌構造を図解すると下図のようになります。

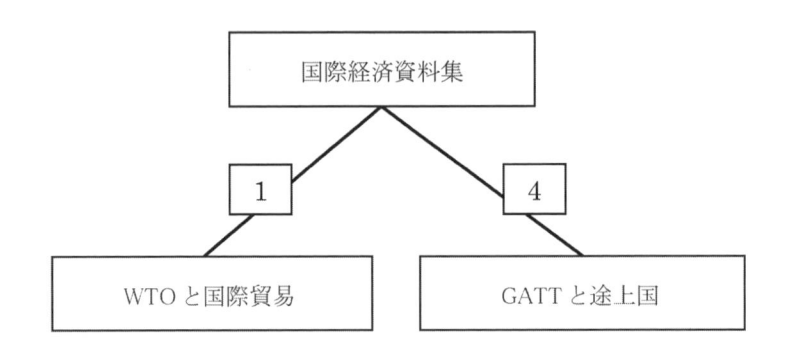

```
          国際経済資料集
         /            \
        1              4
       /                \
  WTOと国際貿易      GATTと途上国
```

Cは奥付に「著者」と「訳者」と明記されているとおり，この資料の著者と，それを翻訳した人の名前です。これらの情報は『NCR』1.1.5.0で「著作の知的もしくは芸術的内容の創造，ないしは具現に責任を有するか，寄与するところがある個人ないしは団体」と規定されている「責任表示」に該当するものです。

奥付にあるDは出版・頒布等に関する事項です。

問 73 ①

　VOLフィールドは，単行書誌単位が複数の出版物理単位からなる書誌レコードの場合に，固有のタイトルとはみなさない巻次等や部編名を記録するフィールドです。図3の図書は複数の出版物理単位からなるものではないので，VOLフィールドに記述するものはありません。
（『基準』4.2, 『C.M.』2.1.11, 『C.M.』2.3.1 E3.1）
　では，情報源に書かれている「4」は何でしょう。この図書の書誌構造は図のとおりで，「4」は親書誌に対する番号，つまりそのシリーズの4番目という意味の数字です。これは巻次等ではなく，VOLフィールドに記述すべきものではありません。この他，巻冊次等に該当しそうな情報もなく，そして流用元もVOLフィールドは空欄ですので，「そのままで良い」の①が正解です。

問 74 ①

　YEARフィールドには，記述ブロックのPUBフィールドに記録された出版年を，コードとして西暦4桁の形にして入力します。出版年については問78で詳しく説明しますが，出版年は奥付に「1992年」とありますので，YEARフィールドには「1992」と記入することになります。流用元も「1992」であるため，これも「そのままで良い」①が正解です。
（『C.M.』2.1.5 YEAR）

問 75 ②

　流用元のレコードではTRフィールドに「GATTと途上国　国際経済資料集4」と記述されていますが，図のとおり「国際経済資料集」はシリーズのタイトルなので正しくはPTBLフィールドに記述すべきものです。このように参照ファイルのレコードには，書誌構造の捉え方が異なるものが多くありますので，流用入力の際には特に注意が必要です。そしてTRフィールドには子書誌のタイトルのみを記述しますので，「GATTと途上国」への修正が必要です。
（『基準』4.2 記述対象のとらえ方, 『C.M.』2.2.1 TR, 『C.M.』2.3.1 PTBL）

問 76 ②

　TRフィールドには，タイトルの後にスペース，スラッシュ，スペース(△/△)を入力し，続けて責任表示を記述します。流用元は「ロバート・E.ヒュデック著」しか記入されていませんが，この図書には訳者もいますので修正する必要があります。
著者と訳者など役割表示の異なる場合は，それぞれの役割をスペース，セミコロン，スペース(△;△)で繋げて記述しますので，責任表示は「ロバート・E.ヒュデック著 ; 中川淳司訳」という修正が必要です。
（『C.M.』2.2.1 TR F.3 責任表示）

問 77 ②

　TRフィールドのヨミは，流用元では「ガット　ト　トジョウコク」となっていますが，ラテン文字，アラビア数字，記号等は表示されているとおりをヨミとして記入しますので「GATT　ト　トジョウコク」に修正します。参照ファイル中のレコードは，NACSIS

-CATとヨミの規則が異なることがありますので注意しましょう。
(『基準』11.3.2 ヨミの表記 3)

問 78 ①

　　PUBフィールドには、出版・頒布等に関する事項を記述します。出版地は奥付に「東京都渋谷区」とあり、東京23区の場合は「東京」とのみ記述します。同様に出版者は「株式会社信山社」とありますが、法人組織を示す語である「株式会社」は省略するので「信山社」となります。出版年は奥付にあるとおり「1992年2月7日」で、和図書ですので年または年月を記録します。これにより「PUB:東京 : 信山社 , 1992.2」となりますが、流用元のレコードの情報も同じであり、区切り記号に誤りもないので、修正の必要はありません。
(『C.M.』2.2.3 PUB,『NCR』2.4)

問 79 ①

　　PHYSフィールドには形態に関する事項である数量、大きさなどを記述します。通常は数量として現物のページ付けを確認し、大きさを測りますが、ここでは枠内の情報をもとに記述内容を検討します。ページ付けの「305, 19」は、本文が305ページまでと、後付けとして19ページまでのページがふられていることを意味します。数量としてはそれを単位の「p」と共に記述します。大きさは縦の長さが横の幅より大きい通常の縦長の形状ですので、縦の長さ19.8cmをセンチメートルの単位で切り上げて「20cm」とします。これにより「PHYS:305, 19p ; 20cm」となりますが流用元のレコードの情報も同じであり、区切り記号に誤りもないので、修正の必要はありません。
(『C.M.』2.2.4 PHYS)

● 問80～84は，書誌階層がありそうな情報源の表記を見て，どの部分をどのフィールドに記述するか，という問題です。最下位の書誌単位がどれであるか，最上位はどれか，に注意して情報源を読み解きましょう。

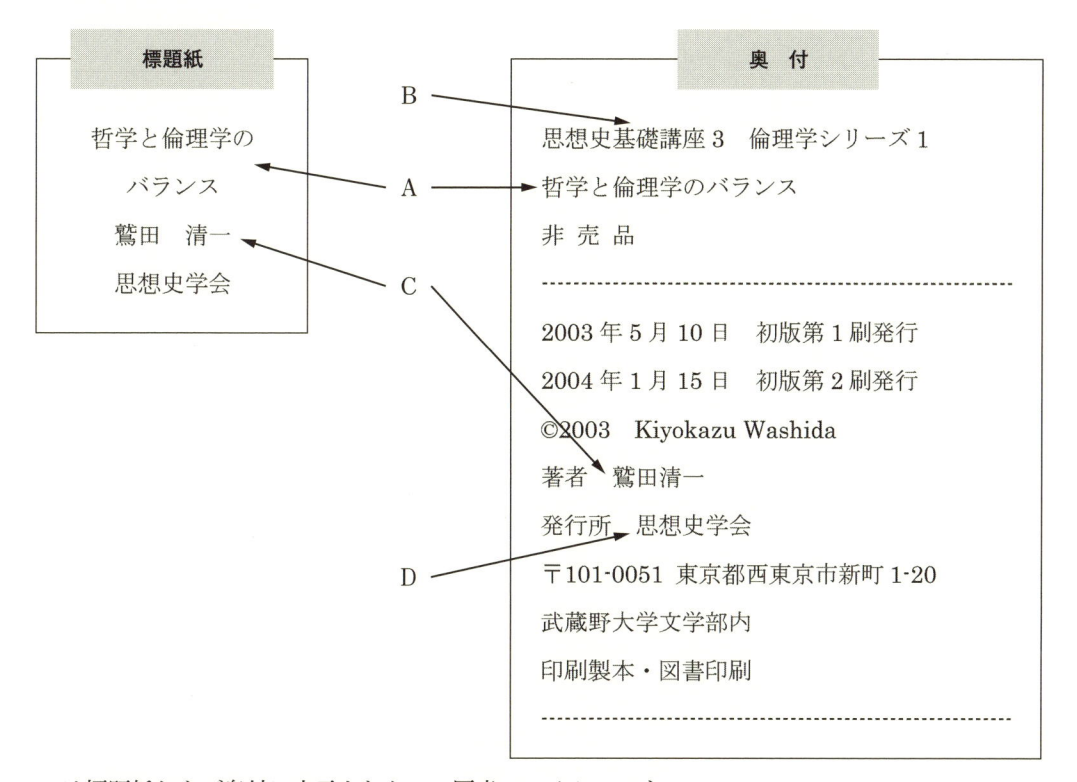

標題紙

哲学と倫理学の
バランス
鷲田　清一
思想史学会

奥付

思想史基礎講座3　倫理学シリーズ1
哲学と倫理学のバランス
非　売　品

2003年5月10日　初版第1刷発行
2004年1月15日　初版第2刷発行
©2003　Kiyokazu Washida
著者　鷲田清一
発行所　思想史学会
〒101-0051　東京都西東京市新町1-20
武蔵野大学文学部内
印刷製本・図書印刷

Aは標題紙および奥付に表示されたこの図書のタイトルです。
Bは(参考)としてあげられている『思想史基礎講座』および『倫理学シリーズ』と共通していますので，シリーズ名すなわち親書誌のタイトルと判断できます。よって，この図書の書誌構造を図解すると下図のようになります。

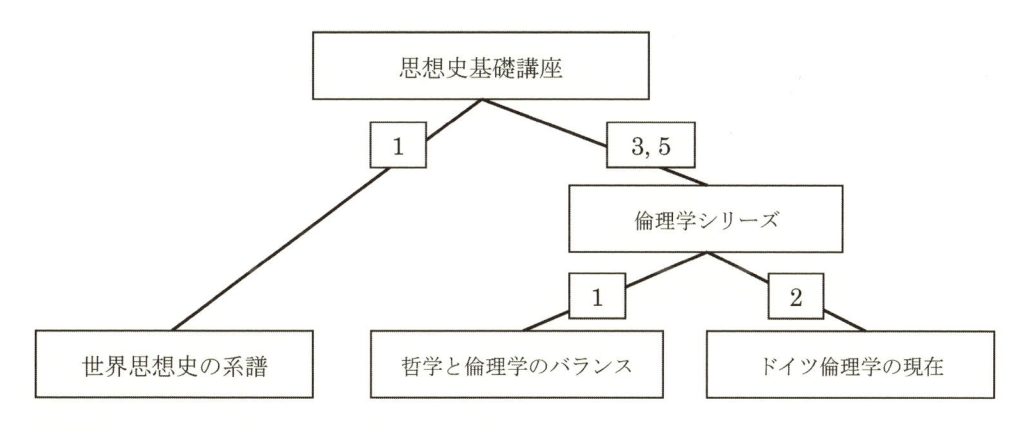

```
              思想史基礎講座
             /            \
            1              3,5
           /                \
          /             倫理学シリーズ
         /               /        \
        /               1          2
  世界思想史の系譜  哲学と倫理学のバランス  ドイツ倫理学の現在
```

Cは責任表示，Dは出版・頒布等に関する事項です。

問 80 ②

「哲学と倫理学のバランス」は最も下位のタイトルであり，すなわち固有のタイトルと

して子書誌レコードのTRフィールドの本タイトルに記述されます。

問81 ④

「思想史基礎講座」は最上位の書誌単位のタイトルなのでPTBLフィールドの親書誌です。

問82 ⑤

「倫理学シリーズ」は「思想史基礎講座」の下位になりますのでPTBLフィールドの中位の書誌単位です。

問83 ④

出版地は「東京都西東京市」です。東京都については，23区は「東京」と記録しますが，市部は市名を記録しますので「西東京」と記入します。(『NCR』2.4.1.2)

出版地が東京都であるものの大部分が23区ですので，「東京」の文字が目に入ったらつい「東京」と記入してしまいがちです。必ず特別区なのか市なのかまで意識して確認するようにしましょう。

出版者は奥付の発行所より，「思想史学会」であることがわかります。

出版年は，「2003年5月10日　初版第1刷発行　2004年1月15日　初版第2刷発行」とありますので，第1刷の発行年である「2003」もしくは月まで記入して「2003.5」となります。

これらをすべて満たすのは④の「西東京：思想史学会，2003.5」ですのでこれが正解です。

問84 ②

「非売品」は金額ではありませんが，記録するのはPRICEフィールドです。記入する際の語句は特に決まってはいませんが，情報源に「非売品」とある場合はそのまま「非売品」と記入するのが良いでしょう。

● 問85～88は，2巻を登録しようとしたところ1巻の書誌レコードしかヒットしなかった場合の対応についての問題です。

図3-3の図書の書誌構造は，下図のようになります。

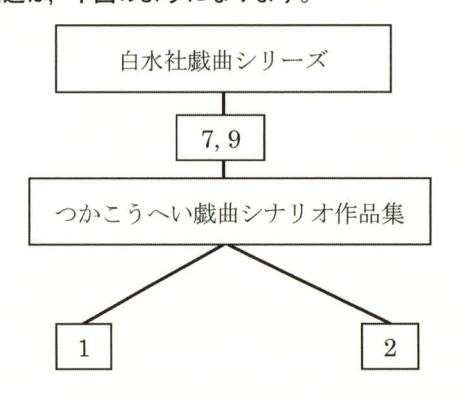

問 85 ① **問 86** ①

上で見たように，ひとつのタイトルの元に，複数の出版物理単位があると考えます。したがって，TRフィールドは，1と2に共通するタイトルが記録されますので，修正する必要はありません。

問 87 ②

出版地と出版者は，入手可能な最初の巻に基づいて記入しますので，修正する必要はありません。しかし，出版年は最初と最後の巻の情報を記録します。問題の「つかこうへい戯曲シナリオ作品集」は2巻が最後かどうかわかりませんので，最終巻としては記録できません。したがって，「1987.7-」(月の記入は選択)としますので，正解は②です。

問 88 ②

シリーズ名も変更はありませんが，シリーズ番号が異なります。シリーズ番号は，それぞれの巻の情報を記録します。記入する際は，番号が連続していれば「-（ハイフン）」でつなぎ，連続していない場合は「,（カンマ）」で区切ってそれぞれの番号を記入します。
今回は「7」と「9」で連続していないため「,（カンマ）」で区切って「7, 9」としますので，正解は②です。

問 89 ①

YEARフィールドにはPUBフィールドに記録した出版年に対応する西暦年を記入します。問87で見たように，PUBフィールドは「1987.7-」としますのでYEAR1はこれに対応する「1987」と記入することになります。したがって，YEAR1は修正の必要がありませんので正解は①です。

問 90 ③

PHYSフィールドは，その書誌が対象とする資料全体にもとづいて記録します。
数量は，記録する対象が1冊の場合はページ数を記録しますが，複数冊である場合は冊数を記録します。今回のように全部で何巻か不明の場合は「冊」のみ記入します。したがって，正解は③です。

Ⅳ．書誌作成・洋図書

問 91 ⑤

更新資料である加除式資料とは，ルーズリーフのような本文の差替え可能な資料のことをいい，更新により内容に追加・変更はあっても，一つの刊行物としてのまとまりが維持されている資料のことをいいます。更新資料は，資料に巻冊次等，出版物理単位の表示があっても，VOLフィールドには記録しません。ただし，ISBNの説明語句はVOL

問 92 ③

　出版者から刊行されたものを，各館の事情により図書館等で複写（コピー）した資料を原本代替資料といいます。原本代替資料は原本とは別の書誌レコードを作成します。PUBフィールドにも，原本の出版事項ではなく，PUB: (: In-house reproduction)と記録し，刊行物とは区別します。原本の出版・頒布等に関する事項についてはNOTEフィールドに記録します。
（『C.M.』4.0.4 複製・原本代替資料 D3）

問 93 ①

　TTLLフィールドにはTRフィールドの本タイトルに対応する言語コードを記入します。この資料の本タイトルは「Short stories in Italian」ですので，TTLLに入るコードは「eng」(英語)となります。
（『C.M.』4.1.7 TTLL, 付録1.3 言語コード表）

問 94 ②

　TXTLフィールドには本文の言語に対応する言語コードを記入します。本文が2〜6種類の言語で書かれている場合は，優勢な言語の順に記入します。
　優勢な言語は，辞書，書誌，データ表，文法書，対訳等においては，「凡例，解説等の言語，または，本文中にある主たる利用対象者の母語」です。図4-1の図書はイタリア語と英語の対訳本ですが，タイトルページに英語タイトルが記載されていることから，主たる利用対象者の母語は英語，と考えられます。したがって優勢な言語は英語となり，英語，イタリア語の順にTXTL:engitaと記入することになります。
（『C.M.』4.1.8 TXTL, 付録1.3 言語コード表）

問 95 ②　問 96 ①　問 97 ②　問 98 ②　問 99 ②

　洋図書のVOLフィールドの巻冊次の情報源は，「原則としてTRフィールドの規定の情報源と同じ」ですので，タイトルページのみです。例えば，背にのみ巻冊次の表示がある場合には，情報源（タイトルページ）以外からの情報ですので，角括弧（[　]）を付けて補記します。
　洋図書の場合は，VOLフィールドを含め，あらゆるフィールドにおいてタイトルページが主情報源として最優先されます。規定の情報源は和書とは異なりますので，和書・洋書，また，それぞれのフィールドごとに区別して覚えておくことが必要です。
（『C.M.』4.1.11 VOL D1）

問100 ⑤

　VOLフィールドには，出版物理単位の巻冊次と説明語句をデータ要素として記録しますが，volume 1のような巻冊次を示す語と，paperbackのような説明語句を併せて記述する場合，巻冊次を先に記録し，その後ろに半角スペース，コロン，半角スペース

(△:△)に続けて装丁などの説明語句を記録します。

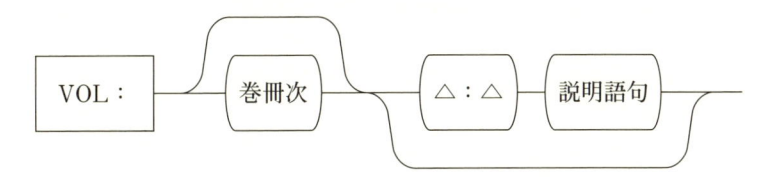

```
┌──────┐ ┌──────┐ ┌──────┐ ┌──────┐
│ VOL: │─│ 巻冊次 │─│ △:△ │─│ 説明語句 │
└──────┘ └──────┘ └──────┘ └──────┘
```

『AACR2』の付録Bの略語表では，volume は「v.」，paperbackは「pbk.」とあります。フィールドの最後に略語のピリオドがきた場合，NACSIS-CATの簡略表示画面で，データの区切りを示すピリオド，スペース(.△)が(..△)となることを避けるためにフィールド末尾のピリオドは省きます。つまりフィールド末尾となるpbkの後ろのピリオドは省略されます。
(『C.M.』4.1.11 VOL B, E2.3,『AACR2』付録B9)

問101 ①　問102 ②　問103 ②　問104 ②　問105 ①

情報源に誤植があった場合の記録方法は，2種類規定されています。
一つは誤植のうしろに[i.e.]（すなわちという意味のラテン語id estの略語)として正しい綴りを補記する方法で，例えば，freindship [i.e. friendship]のようにする方法。もう一つは，やはり誤植のままに記録し，[sic]（原文のママという意味)を記録する方法で，例えばfreindship [sic]とする方法です。
選択肢にあるような「＝」（イコール)や，「s.n.」は使用しません。ちなみに，「s.n.」は，名前の記載がないという意味のラテン語「sine nomine」の略語で，PUBフィールドで出版者名が不明の場合に使用します。
なお，[sic]の方法で記録した場合でも，正しい綴りでも検索できるように，VT:VTとして正しい綴りのタイトルを記録するのが良いでしょう。
(『AACR2』1.0F)

問106 ④

TRフィールドは転記の原則によって，単語を省略したりせずに記述しますが，大文字使用法とアクセント符号付きアルファベットについては，その言語の正書法に基づいて適切な形に修正して記述します。
(『AACR2』1.1B1, 付録A4A, 1.0G)

問107 ②

『AACR2』では本タイトルの情報源に「...」があった場合には，「—」（ダッシュ)に変換して記録するよう規定がありますが，コーディングマニュアルでは，「すべてのフィールドにおいて，ダッシュは使用しない。代わりに，ハイフン2つ(--)を使用する」と規定してあります。つまり「...」(情報源)→「—」(AACR2)→「--」(コーディングマニュアル)となり，NACSIS-CATにおいて書誌レコードに記録する場合は，「...」を「--」に置き換えて記録することになります。
したがって，②「If elected--」が適切であるといえます。
(『AACR2』1.1 B1,『C.M.』1.1.3 記号の表記法 B(2),『C.M.』4.2.1 TR F1.1)

問108 ②　問109 ①　問110 ②　問111 ②　問112 ②

洋図書の場合，TRフィールドの責任表示の規定の情報源は，タイトルページに限定されていますので，タイトルページ以外は②となります。TRフィールドの責任表示を情報源（タイトルページ）以外から採用する場合は，角括弧（[ ]）を付けて補記とします。例えばタイトルページには編者の記載がなく，標題紙裏にあるような場合，その編者を記録するのであれば「IAAL test collection / [edited by IAAL cataloging group]」のように記録します。
（『AACR2』2.0B2，『C.M.』4.2.1 TR E1）

問113 ④

同一の役割の責任表示が4人いますので，最初の1名だけを記入し，他は省略します。
（『AACR2』1.1F5）
なお，省略した責任表示は，和図書ではNOTE注記に記述するよう『C.M.』（2.2.1 TR F3.4）に規定がありますが，洋図書にはその規定はありません。

問114 ①

TRフィールドは転記の原則が適用されますので，情報源にあるママに記録します。つまり"INTRODUCED BY"とあった場合には，「introduced by」（大文字使用法については，問106の解説にあるようにその言語の正書法に基づきます）と記録し，もし情報源に「introd. by」と省略した形で表示があれば，TRフィールドの責任表示にもそのまま「introd. by」と記録することになります。
『AACR2』の付録B9 略語表には，「introduction → introd.」の略語があるので誤解しやすいのですが，『AACR2』の付録B4に，
「タイトルおよび責任表示エリア，ならびに版エリアの責任表示要素には，次のカテゴリーの略語を使用する。」として
a) 特定のエリアの規定された情報源にあるもの（＝規定の情報源に略された形で表示されているもの）
b) i.e., et al., および非ローマ文字でそれに相当する略語
とあり，TRフィールドでは情報源に表示されているフルスペルを省略して記述することはしません。
（『AACR2』付録B4）

問115 ②

責任表示における肩書きは原則として省略しますが，省略しない肩書きについては『AACR2』1.1F7に細かい規定がありますので整理しておきましょう。
以下の場合には省略せずに，個人名とともに責任表示に記述します。
a) 文法的に必要なとき
b) 省略すると名または姓だけになるとき
c) 識別のために敬称などが必要なとき
d) 称号が貴族の称号であるか，または英国の尊称（Sir, Dame, Lord, またはLady）であるとき

選択肢①は「Miss」を省略すると名前だけになりますので，情報源に「by Miss Jane」と

あれば,「Miss」も含めて記録します。選択肢②は「Dr.」を省略しても姓名ともに残りますので,「Dr.」は省略でき,この選択肢は正しいことになります。選択肢③の「Sir」は英国の尊称ですので,省略せずに「Sir」を含めた形で記録しなければなりません。選択肢④⑤の「the late」(故人)は先のa) -d)に含まれませんので省略できいずれも誤りです。
(『AACR2』1.1F7,『C.M.』4.2.1 TR F5.2)

問116 ③

『AACR2』1.1F13に「記述対象の責任性と関連する名称を,本タイトルやタイトル関連情報の一部分として転記した場合は,その名称に関連したいかなる表示もそれ以上行わない」とあります。問題のように,情報源にタイトルとして"The John Franklin Bardin omnibus"とのみ表示されている場合は,この「John Franklin Bardin」はタイトルとして記録するだけで責任表示としては記録することはしません。よって③が正解です。
(『AACR2』1.1F13)

問117 ① 問118 ① 問119 ① 問120 ① 問121 ①

EDフィールドのデータ要素の規定の情報源は,「タイトルページ,タイトルページの裏,表紙など及び奥付」となっています。表紙には,裏表紙も含まれますので,選択肢に挙げられたものはすべて情報源となります。
(『AACR2』2.0B2,『C.M.』4.2.2 ED E)

問122 ②

"second edition"という情報をEDフィールドに記録する場合,「second」は序数詞の記録方法により「2nd」とし,「edition」は略語を使用して,「edition → ed.」と記録します。
なお,ピリオドがフィールドの最後にきた場合は省略します(問100の解説を参照)ので,「2nd ed」と記述することになります。
(『AACR2』付録C8, 付録B9)

問123 ①

地名の特定のために必要と考えられる場合は,情報源に表示があれば,出版地の後ろにカンマ,半角スペース(,△)に続けて国名,州名,地方名等を付記します(情報源に表示がなければ,Carbondale [Ill.]のように出版地の後ろに半角スペースと角括弧([ ])を付して補記します)。その際,『AACR2』の付録Bに略語があれば使用することになっています。一般略語だけでなく州名や国名についての略語も『AACR2』の付録Bに規定がありますので適宜確認するようにしましょう。
(『AACR2』1.4C3, 付録B14)

問124 ①

出版地が不明の場合は,PUBフィールドの出版地の記述として,[S.l.](場所の記載がないという意味のラテン語sine locoの略語)と記録します。出版地はPUBフィールドの冒頭に記録しますので,大文字で始めて[S.l.]となります。なお,出版者の記載がない場合は,「s.n.」(名前の記載がないという意味のラテン語sine nomineの略語)と記録し

ますので，出版地，出版者のどちらもが不明な場合は，PUB:[S.l.] : [s.n.] となります。
(『AACR2』1.4C6, 1.4D6)

問125 ①

PUBフィールドの出版年は，出版された年を記録します。もし著作権年が出版年と異なっている場合には，「2007, c2006」のように併せて記入することができますが，同じ場合には出版年のみを記録します。

問題では，情報源に出版年が「2007」，著作権年が「c2007」と表示があり，同じ年ですから，PUBフィールドの出版年の記述としては「2007」だけが最も適切です。

ちなみに，出版年や頒布年が不明の場合には，表示があれば，代わりに著作権年を「c2007」のように記録します。刷年については，通常，各所蔵館の所蔵レコードに記録しますが，出版年，頒布年，著作権年すべてが不明の場合には，「2009 printing」のようにPUBフィールドに記録します。
(『C.M.』4.2.3 PUB F4,『AACR2』1.4F1, F5-F6)

問126 ⑤

情報源に出版年や頒布年の表示がなく，かつ著作権表示年または印刷年の表示もない場合には，推定される出版年(例えばここにあるように序文の日付)があればそれを角括弧([ ])を付けて補記します。

『NCR』では「[1999序]」のように記録しますが，『AACR2』には「preface」「postscript」等に相当する語を付加するという規定がありませんので，これらの語句は不要です。
(『AACR2』1.4F7)

問127 ③

PHYSフィールドの記述文法は，以下のようになっており，適宜，略語の使用や，大文字使用法を考慮する必要があります。

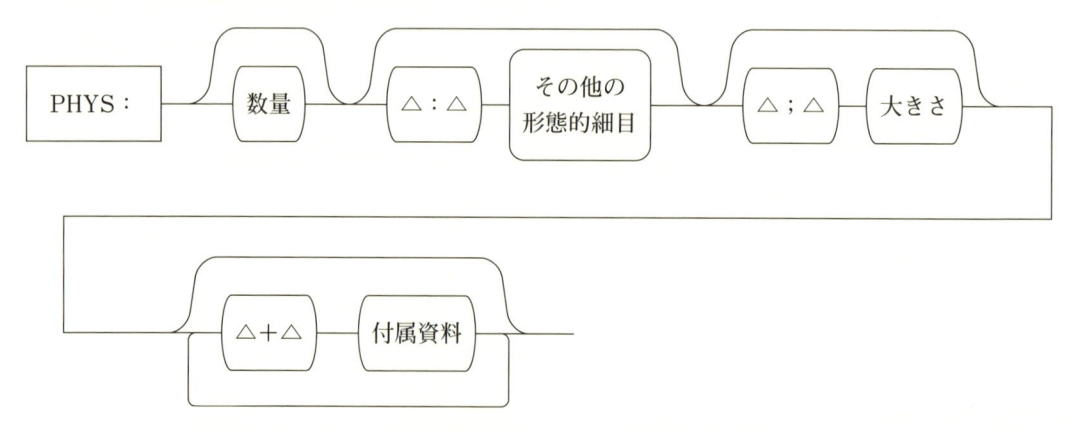

PHYS: 数量 △:△ その他の形態的細目 △;△ 大きさ △+△ 付属資料

選択肢①については，洋書の場合，ページ数を記録するときpの後ろにピリオドが必要ですので誤りです。選択肢②は，フィールド最後のピリオドは省略します(問100の解説を参照)ので，cmの後ろのピリオドは不要となり誤りです。選択肢③は，付属資料CD-ROMについての記述文法も正しく，ピリオドの有無も正しいので正解です。選択肢④は，illustration (図版)の略語として「illus」とありますが，『AACR2』の略語表では

「illustration」は「ill.」と記録することになっていますので誤りです。選択肢⑤は，前付ページがローマ数字の大文字「XI」になっていますが，資料にそのように表示されていても小文字で「xi」と記録しますので誤りです。
(『AACR2』付録A8, B9,『C.M.』4.2.4 PHYS B, F)

問128 ②

　分冊で刊行された図書が通しページになっている場合は，冊数に続けてページ数を丸括弧に入れて記録します。その際，前付ページは最初の巻のもののみ記録します。つまりvolume 2 の前付ページxvについては無視して，②の2 v. (xxii, 1087 p.)のように記述します。
(『AACR2』2.5 B19)

問129 ③

　PHYSフィールドに図書の大きさを記述するときは，当該図書の「高さ」を端数を切り上げてセンチメートル単位で記録します。横幅が高さの半分に満たない場合(縦長本)や，高さより大きい場合(横長本)には，「縦×横」で記録します。問題の図書は，高さが24.2センチメートルで，幅が18.0センチメートルとありますので，高さを記録することになり，端数は切り上げて「25 cm」となります。
　なお，高さと横幅が同じ場合は，和図書では25×25cmのように記述しますが(『NCR』2.5.3.2C参照)，洋書の場合，横幅を記録するのは，「高さより大きい」場合ですので，高さと横幅が同じ場合には高さの「25 cm」のみを記録します。
(『AACR2』2.5D1-D2)

問130 ④

　CWフィールドには，構成部分である著作単位について，巻冊次，タイトル，及び責任表示をデータ要素として記録します。その記述文法は，以下のようになっています。

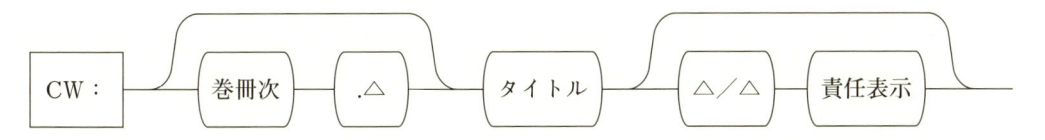

```
CW： ─ 巻冊次 ─ .△ ─ タイトル ─ △/△ ─ 責任表示
```

　CWフィールドの巻冊次は，当該巻冊次に対応する最初の著作単位を記録するフィールドの先頭に記録しますが，その際，VOLフィールドに記録した巻冊次の名称を記録することになっています。Volume 1の場合，VOLフィールドには，「v. 1」と記録してあると考えられます(問100の解説も参照)。その巻冊次の後ろにピリオド，半角スペース(.△)に続けて著作単位のタイトルを記録し，スペース，スラッシュ，スペース(△/△)に続けて責任表示を記録します。巻冊次の後ろの区切り記号は，和図書の場合はコロン，スペース(:△)ですが，洋図書はピリオド，スペース(.△)ですので注意が必要です。
(『C.M.』4.2.6 CW B, D1)

V. 総合・洋図書

問131 ②

責任表示は「edited by Jacques Werner & Arif Hyder Ali」ですので、"Jacques Werner"と"Arif Hyder Ali"をALに記録する必要があります。このとき、ALフィールドは著者等の標目形を記入しますので、「姓,△名」という順に転置します。したがって、"Werner, Jacque"と"Ali , Arif Hyde"となります。

また、選択肢に"AL:Wälde, Thomas"があるものがあります。タイトルが"A liber amicorum : Thomas Wälde"ですが、この"liber amicorum"は記念論文集という意味ですので、Thomas Wäldeを記念した記念論文集だと考えられます。被記念者であっても、著作があればALフィールドに記録できますが、その著作が収められていない場合には、ALフィールドに記録することはできません。(SHフィールドには記録できます。)そこで目次を見ると図5-1の図書にはThomas Wäldeの著作は収められていないことがわかりますので、これのない②が正解です。
(『C.M.』4.3.2 AL H1.2)

問132 ①

"tome"はフランス語の「巻」の意味です。選択肢はいずれも"Science de l'information"をTRフィールドに記録していますので、図5-2の図書は"Science de l'information"の"tome 1"であると考えられます。したがって"tome 1"はVOLフィールドに記録することになります。その際は『AACR2』の巻末にある略語表に従って略語を使用します。"tome"の略語は"t."ですので、"VOL:t. 1"が正解です。
(『AACR2』付録B9)

問133 ③

"Zweite Auflage"はドイツ語で「第2版」という意味ですので、EDフィールドに記録します。その際はアルファベット表記の数字はアラビア数字に直し、さらに『AACR2』の巻末にある略語表に従って略語を使用します。"Zweite"は「2番目の」という意味で、そのアラビア数字形は"2."とピリオドを付けます。また、"Auflage"の略語は"Aufl."ですので、合わせて"2. Aufl"となります。
(『AACR2』付録B9)

● 問134～141と問143～150は、一旦新規に作成した書誌レコードを見直して、誤りがあれば修正するという場面を想定した問題です。
　図5-4の図書のタイトルページには下記の情報が表示されています。

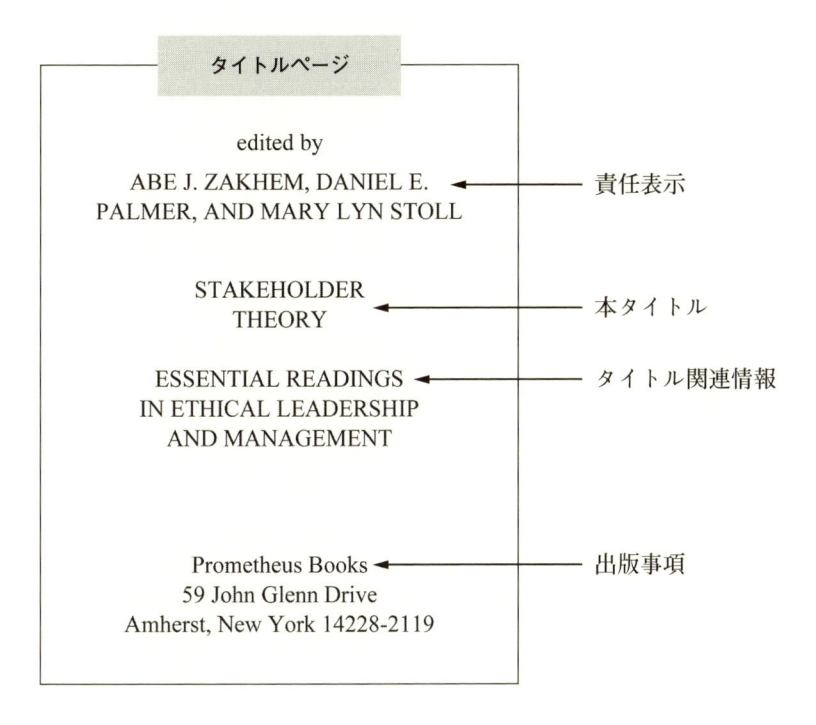

```
┌─────────── タイトルページ ───────────┐
│                                      │
│            edited by                 │
│      ABE J. ZAKHEM, DANIEL E.     ◀── 責任表示
│      PALMER, AND MARY LYN STOLL      │
│                                      │
│                                      │
│           STAKEHOLDER                │
│             THEORY             ◀──── 本タイトル
│                                      │
│        ESSENTIAL READINGS    ◀────── タイトル関連情報
│        IN ETHICAL LEADERSHIP         │
│          AND MANAGEMENT              │
│                                      │
│                                      │
│         Prometheus Books   ◀──────── 出版事項
│         59 John Glenn Drive          │
│       Amherst, New York 14228-2119   │
│                                      │
└──────────────────────────────────────┘
```

問134 ②

本タイトルである"Stakeholder theory"が抜けていますのでこれを記述し，現在本タイトルとして記述されている"Essential readings in ethical leadership and management"をタイトル関連情報に修正する必要があります。

問135 ②

責任表示の役割は情報源に表示されているとおりに記録し，略語に置き換えることはしませんので，"edited by"に修正する必要があります。また，同じ役割の責任表示が3人までの場合はそのまま記録しますので，3人全員を記録します。

問136 ②

責任表示の情報源はタイトルページであり，表紙は情報源ではありません。したがって表紙にのみ表示されている"foreword by Norman E. Bowie"は記録する必要はありませんが，もし責任表示として記録するのであれば角括弧（[ ]）で括る必要があります。

問137 ②

出版地は"Amherst"であり，"New York"は州名です。出版地を記述する際は州名は『AACR2』の巻末にある略語表にしたがって略しますので，"Amherst, N.Y."となります。

問138 ②

出版年が情報源上に表記されていればそれを出版年として記述し，出版年が無くて著

作権表示年が表示されている場合には著作権年を記録します。図5-4の図書ではタイトルページ裏に，"Published 2008 by Prometheus Books"とありますので，出版年は2008です。現在の書誌には著作権表示年が記録されていますので「c」を削除する必要があります。なお，著作権表示年が出版年とは異なる場合には両方を記録することができます。（『AACR2』1.4F1, F5-F6）

問139 ①

枠内に，ページ付け：ix, 275, viとありますので，数量としてはこのページ数を記入します。ローマ数字もそのまま転記しますので，書誌5-4のまま修正の必要はありません。

問140 ②

VT:CV:としてタイトルが記入されていますが，これは問134で修正したTRフィールドのタイトル関連情報と同じものですので記録しません。なお，もし記録する場合は大文字・小文字はその言語の正書法にもとづいて修正する必要があります。

問141 ②

ALフィールドには，その書誌レコードの記述ブロックに記述されている著者などや，PTBLフィールドの中位の書誌単位に関わる著者などについてリンクを形成することができます。

問135で見たように，責任表示として3人全員を記録しますので，ALフィールドもそれに合わせて追加する必要があります。

問142 ④

出版地はニューヨーク州のAmherstですから，出版国はアメリカ合衆国です。この出版国コードは"us"ですので④が正解です。

図5-5のタイトルページには下記の情報が表示されています。

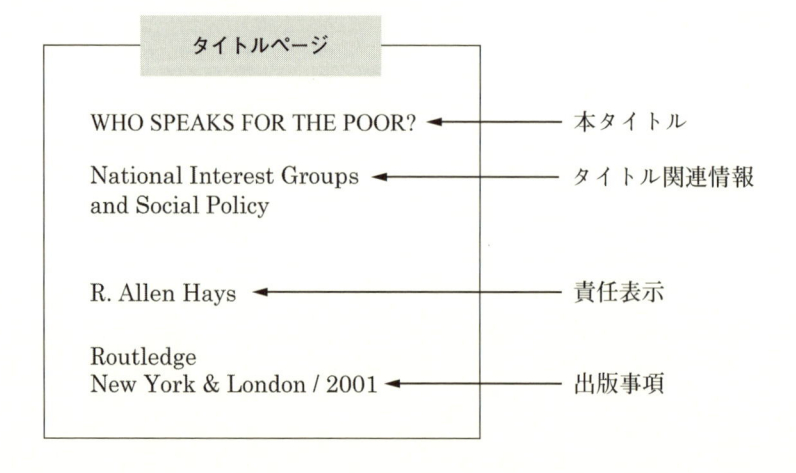

```
┌─────────────────────────┐
│        タイトルページ        │
│                           │
│ WHO SPEAKS FOR THE POOR? ←── 本タイトル
│                           │
│ National Interest Groups ←── タイトル関連情報
│ and Social Policy         │
│                           │
│ R. Allen Hays ←────────── 責任表示
│                           │
│ Routledge                 │
│ New York & London / 2001 ←── 出版事項
└─────────────────────────┘
```

問143 ②

問147の解説のとおり。印刷年ではなく出版年が判明しているので，修正が必要になります。

問144 ②

Library of Congress Cataloging-in-Publication Dataの右下にある，"00-044254"がLCCN（Library of Congress Control Number）です。LCCNは入力レベルは必須2ですので，少なくとも現物資料に表示がある場合には必ず記録しなければなりません。

問145 ②

タイトルページの裏にhbkとpbkの2種類のISBNが表示されています。この場合は，ISBNフィールドに記録したISBNがどちらのものなのかがわかるように，その説明語句をVOLフィールドに記録します。図5-5の図書は枠内の情報によりペーパーバックですから，": pbk"と記入します。

問146 ②

本タイトルの下に表示されている"national interest groups and social policy"は，タイトルページに表示された本タイトル，並列タイトル以外の「Other title information」（タイトル関連情報）として扱います。タイトル関連情報は，TRフィールドの本タイトルの後に，区切り記号「△:△」に続けて記述します。

問147 ②

タイトルページ裏に"Transferred to Digital Printing 2009"とありますので，書誌5-5はこれを出版年として記録しています。しかし，"Published in 2001"とあり，出版年がわかりますので，印刷年ではなく出版年を記録しなければなりません。そしてYEARフィールドには，PUBフィールドに記録した出版年に対応する西暦を記入します。

問148 ①

数量はvii, 600ページですので，書誌5-5のまま修正の必要はありません。

問149 ①

大きさは，通常の図書の場合は高さをセンチメートル単位で切り上げて記入します。図書5-5の高さは21.4センチメートルですから，22cmとなり修正の必要はありません。

問150 ①

著者は"R. Allen Hays"1名だけです。ALフィールドに記入する際は姓，名の順に転置しますので，"Hays, R. Alle"のまま修正の必要はありません。

カタロガーの独り言…④

千代田区は特別区か

今回は出版地に関して，日頃疑問に思っている事を書いてみます。

まず和図書の場合ですが，「東京都特別区は「東京」とのみ記録する。」(「日本目録規則」2.4.1.2A) 事になっています。したがって，出版者の所在地が情報源に「東京都千代田区……」と記載があれば，PUBフィールドには「東京」と記入する事になります。それでは，情報源に「千代田区……」としか記載が無い場合はどうなるのでしょうか。この場合は二通りの考え方があるようです。

まず，情報源上に東京都である事が記載されていないのだから，「[東京]」と補記にすべきであるという考え方。この場合は，千代田区という表記があっても，それが東京都の千代田区かどうかは推測でしかないのだから補記にすべきだ，という考えです。

もう一つは，東京都とは明記されていなくても，郵便番号や電話番号などから東京都である事が明らかであれば，千代田区は「東京都特別区」なのだから補記の括弧は不要で「東京」と記入すれば良いという考え方。東京都であるかどうかは表示されている必要は無く，特別区である千代田区という表示があれば補記の括弧は不要であるという考えです。

次に洋図書の場合です。「出版地などは，表示されているとおりの形と文法上の格で記録する。」(「英米目録規則」1.4C 1) 一方，州名を記入する場合は巻末の略語表を使用します。それでは，情報源上に巻末の略語表とは異なる略語が表示されている場合はどちらを採用すべきなのでしょうか。例えば Massachusetts は略語表では「Mass.」と省略する事になっているのに対して，資料の情報源上には「MA」と表示されている場合などです。記入する際に省略する場合は略語表を使用し，記載がある場合は情報源の表示どおりに転記すべきではないかと思いますが，州名の略語は常に巻末の表を使用すべきであるとも考えられます。

いずれも，どちらの考えも成立するようで，NACSIS-CAT の書誌にも両方の記入の仕方が見られます。普段目録を採られている皆様はどうお考えでしょうか。

(IAAL事務局：K生)

第6章

「総合目録－図書初級」模擬問題100題

- 本章の問題は2014年版問題集から再掲。
- 第1回の過去問は，IAALのWebページから閲覧可能（本書の標題紙裏参照）。

I．総合目録の概要

問 1 総合目録データベースは，参加館が分担してデータ入力を行うオンライン共同分担入力方式により形成されている。

問 2 総合目録データベースはNACSIS-ILL（図書館間相互貸借システム）でも利用されているが，NACSIS-ILLでは総合目録データベースの更新内容が即時に反映されていない。

問 3 NACSIS-CATのサービス時間外は，CiNii Booksも利用することができない。

問 4 各参加館は，総合目録データベースのデータをダウンロードすることができるが，そのデータの利用範囲は目録業務のみに限定されている。

問 5 書誌ファイルには図書書誌ファイルと雑誌書誌ファイルがあり，両ファイルともその中に和資料ファイルと洋資料ファイルを持っている。

問 6 所蔵ファイルには，図書所蔵ファイルと雑誌所蔵ファイルがあり，ファイル名はBOOKとSERIALである。

問 7 典拠ファイルには著者名典拠ファイルと統一書名典拠ファイルがあり，統一書名典拠ファイルは図書書誌レコードのみに対応したものである。

問 8 参照ファイル内のレコードは，他の目録作成機関等によって作成されたMARCを総合目録データベースのレコード形式にあわせて変換したものである。

問 9 参照ファイルは，総合目録データベースの書誌レコード，典拠レコードとリンクしている。

問 10 図書か雑誌かの判断がつきにくい資料は，同一の資料であっても，図書書誌ファイルと雑誌書誌ファイルの両方に登録されていることがある。

問 11 図書書誌ファイル内に著者名典拠ファイルと統一書名典拠ファイルがあり，総合目録データベースのファイルは入れ子構造になっている。

問 12 書誌レコードと典拠レコードは参加館が共有しているレコードであり，所蔵レコードと参加組織レコードは参加館固有のレコードである。

問 13　共有レコードの修正方法は，修正すべき内容によって「発見館が慎重に修正」「作成館と協議」など対応が異なっており，その指針は『目録システムコーディングマニュアル』で規定されている。

問 14　図書書誌レコードの削除が必要な場合は，書誌自体は修正せず，その書誌レコードIDを国立情報学研究所へ連絡することになっている。

問 15　図書書誌レコードに関するリンク関係は，書誌レコードと所蔵レコード，親書誌レコードと子書誌レコード，書誌レコードと著者名典拠レコード，書誌レコードと統一書名典拠レコードの4種類である。

問 16　所蔵レコードは，1書誌レコードに対して参加組織ごとに1レコードを作成するのが原則であり，複数の配置コードがある場合は，所蔵レコードの配置コードの繰り返しで表現する。

問 17　シリーズや全集等の書誌構造はPTBLフィールドに記述されるが，親書誌レコードと子書誌レコードのリンク形成は「可能な限り行う」とされている。

問 18　著者名典拠レコードから書誌レコードをリンク参照する場合，書誌レコードのALフィールドでリンクが形成されていなくても，その著者標目形が正しく記述されていればリンク参照が可能である。

問 19　統一書名典拠ファイルは，無著者名古典，聖典，音楽作品等のタイトルを統制するためのものであり，書誌レコードにおいてはUTLフィールドが使用される。

問 20　参照ファイル内のレコードも，総合目録データベースのレコードと同様の手順で修正あるいは削除することができる。

問 21　目録システム間リンク（HBZ等）の利用には，「総合目録データベースあるいは参照ファイルに一致・類似レコードが存在しない場合にのみ検索する」，「NACSIS-CATへの登録作業を行う場合にのみ検索利用する」といった一定の制限が設けられている。

問 22　総合目録データベースの構造やレコードの作成単位，文字入力や分かち書きの原則などを確認したいときは，『目録情報の基準』を参照するのが適切である。

問 23　『日本目録規則』や『英米目録規則』で定められている規則は，すべて『目録システムコーディングマニュアル』に記載されている。

問 24　資料の和洋区分は，原則として，規定の情報源に表示されたタイトルの言語によるが，不適当な場合は本文の言語で判断する。また，この区分により準拠する目録規則が異なっている。

問 25　各フィールドのデータ要素は，原則としてISBD（国際標準書誌記述）に従って記入することになっており，その具体的内容は主に『目録システムコーディングマニュアル』に記されている。

問 26 「転記の原則」により,英文タイトルは規定の情報源に表記されているとおりの大文字,小文字で入力されている。

問 27 各目録規則および『目録システムコーディングマニュアル』では,記述のよりどころとなる情報源を規定しており,和資料も洋資料もすべての項目について標題紙(タイトルページ)を最優先の箇所としている。

問 28 タイトルが漢字表記形の場合,検索用インデクスは,レコードに記録されたタイトルの表記形とヨミを照らし合わせて,ヨミの分かち書きを参考にして作成される。

問 29 登録されたレコードのデータおよび入力された検索キーは,ともに漢字統合インデクスによる正規化が行われるため,漢字表記の違いによる検索漏れを防ぎ,字体の違いを意識することなく検索することができる。

問 30 ストップワードやデリミタを検索キーに使用する場合の処理方法はクライアントによって異なっているため,実作業時にはそのクライアントの処理方法を確認しておくことが重要である。

Ⅱ. 各レコードの特徴

問 31 図書書誌レコードは，単行書誌単位および最上位の集合書誌単位毎に作成する。中位の書誌単位の記録は，単行書誌単位のレコードにおいて行う。

問 32 次の図書のように3階層の書誌構造をもつ場合は，「お言葉ですが…」という子書誌レコードと最上位の「文春文庫」という親書誌レコードがリンクし，最下位の「広辞苑の神話」は子書誌のCWフィールドに記述されている。

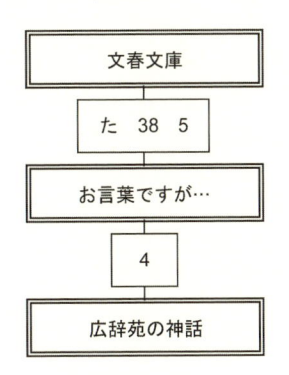

```
        ┌──────────┐
        │  文春文庫  │
        └──────────┘
        ┌──────────┐
        │  た 38 5  │
        └──────────┘
        ┌──────────┐
        │ お言葉ですが… │
        └──────────┘
           ┌───┐
           │ 4 │
           └───┘
        ┌──────────┐
        │ 広辞苑の神話 │
        └──────────┘
```

問 33 複数の出版物理単位からなる図書の場合，各巻のタイトルが目次にしか表示されていない場合は，そのタイトルは固有のタイトルとしては採用できず，本タイトルとしては記入されていない。

問 34 下記の図書の子書誌レコードの本タイトルは「作家・作品 A-F」である。

フランス文学研究文献要覧　杉捷夫 [ほか] 編
第2巻　作家・作品 A-F
(20世紀文献要覧大系 ; 11 . 外国文学研究文献要覧　4)

問 35 「出版物理単位」とは，「上巻」「下巻」のように分冊になっておらず，物理的に1冊である資料のことである。

問 36 基本的に所蔵レコードは子書誌レコードにリンクし，バランスしない書誌構造の場合以外は，親書誌に所蔵レコードがリンクすることはあり得ない。

問 37 書誌単位になるかどうかの判断は，固有のタイトルとみなせるかどうかによる。例えば，各編の責任表示がまったく同一で，「石器時代」「青銅器時代」「鉄器時代」の3冊で刊行されたものは，1書誌で表現する。

問 38 「詩歌」「戯曲」「小説」「評論」「日記」など，形式区分を表す名称は部編名ではない。

問 39　著者名典拠レコードを検索し，リンクをたどることによって，総合目録データベース内の同一著者の書誌レコードを，すべて検索することができる。

問 40　著者名典拠の機能の一つは，検索が予想される他の表記形をレコード内に記述することで，同一著者に対する多面的な検索を可能にすることである。

問 41　著者名典拠レコードの作成単位は原則，1著者1レコードであるが，同一著者が2以上のペンネームを使い分けている場合，それぞれの名称を標目としたレコードを作成する。

問 42　著者名が団体の内部組織の場合，その著者名典拠レコードの標目は最上位の団体名とする。

問 43　統一書名典拠レコードは，無著者名古典等の作品において様々な名称から検索できるようにするためのものである。

問 44　1つの作品に対する統一書名典拠は，日本語タイトルと欧文タイトルのそれぞれについて作成されている。

問 45　上下2冊からなる書誌レコードに所蔵を登録する際，同じ配置コードの図書に対して，1つの所蔵レコード内にVOLフィールドを繰り返して記録する。

Ⅲ. 検索の仕組み

問 46 TITLEKEYは，TRフィールドのタイトル関連情報からは作成されない。

問 47 AUTHKEYには，著者名だけでなく「編」や「著」などの役割表示を示す語が含まれる場合がある。

問 48 PUBフィールドの出版者「金原書店」から，検索用インデックスとして切り出されるのは，「金原書店」「金原」「書店」である。

問 49 ISBNKEYは，XISBNフィールドからは作成されない。

問 50 TRフィールドの本タイトルに「バレー」という語を持つ資料を検索する場合，タイトルの検索キーとして「バレエ」は正しい検索キーである。

問 51 TRフィールドの本タイトルに「ビデオα」という語を持つ資料を検索する場合，タイトルの検索キーとして「ビデオ　アルファ」は正しい検索キーである。

問 52 TRフィールドのタイトル関連情報に「群馬県立」という語を持つ資料を検索する場合，タイトルの検索キーとして「グンマ　ケンリツ」は正しい検索キーである。

問 53 検索時には，1つのコードフィールドには検索キーを1つしか入力することができない。

問 54 複数の検索キーを組み合わせたAND検索を行うと，ヒット件数を絞り込むことができる。

問 55 検索キーとして検索画面に入力されたローマ字は，大文字と小文字を区別して検索される。

問 56 ISBNで検索して総合目録データベースの書誌が1件だけヒットした場合でも，ヒットした書誌が所蔵登録の対象となる書誌であるとは限らない。

問 57 H.C.ミシコフ著，森田良民訳『人工知能のビジネス・トレンド』(啓学出版, 1987)を検索する場合，タイトルの検索キーとして「ビジネストレンド」は正しい検索キーである。

問 58 『Changing Views of Cajal's Neuron』(Amsterdam : Elsevier, 2002)を検索する場合，タイトルの検索キーとして「Cajals Neuron」は，正しい検索キーである。

問 59 13桁のISBN「9784820406211」を10桁で検索するには，冒頭の「978」を除き，「4820406211」と入力して検索すればよい。

● 次の図書書誌レコードを総合目録データベース(BOOK)で検索する場合の検索キーとして，正しい場合は○，間違っている場合は×としなさい。

TR:シャーロック・ホームズの科学捜査を読む : ヴィクトリア時代の法科学百科 / E・J・ワグナー著 ; 日暮雅通訳 ‖ シャーロック・ホームズ ノ カガク ソウサ オ ヨム : ヴィクトリア ジダイ ノ ホウ カガク ヒャッカ
PUB:東京 : 河出書房新社 , 2009.1
PHYS:286p ; 20cm
AL: Wagner, E. J. <>
AL:日暮, 雅通(1954-) ‖ ヒグラシ, マサミチ <>

問 60 タイトルの検索キーとして「シャロック　ホムズ」

問 61 タイトルの検索キーとして「科学捜査」

問 62 著者名の検索キーとして「Wagner」

問 63 著者名の検索キーとして「ワグナー著」

● 次の図書書誌レコードを総合目録データベース(BOOK)で検索する場合の検索キーとして，正しい場合は○，間違っている場合は×としなさい。

TR: Take-overs : their relevance to the stock market and the theory of the firm / Ajit Singh
PUB: Cambridge [Eng.] : University Press , 1971
PHYS:x, 174 p. ; 24 cm
AL: Singh, Ajit <>
PTBL: University of Cambridge. Department of Applied Economics. Monographs < BA01069301> 19//a
NOTE: Continuation of Growth, profitability and valuation
NOTE: Bibliography: p. [167]-170
NOTE: Includes index

問 64 タイトルの検索キーとして「take　overs」

問 65 タイトルの検索キーとして「growth　profitability」

問 66 フルタイトルの検索キーとして「takeovers」

● 次の図書書誌レコードを総合目録データベース（BOOK）で検索する場合の検索キーとして，正しい場合は○，間違っている場合は×としなさい。

```
GMD: SMD: YEAR:2010 CNTRY:ja TTLL:jpn TXTL:jpn ORGL:
ISSN: NBN: LCCN: NDLCN:
REPRO: GPON: OTHN:
VOL: ISBN:9784087814361 PRICE:1300円+税 XISBN:

TR:世界を、こんなふうに見てごらん / 日高敏隆著‖セカイ オ、コンナ フウ ニ ミテ ゴラン
PUB:東京 : 集英社 , 2010.1
PHYS:163p ; 20cm
AL:日高, 敏隆(1930-2009)‖ヒダカ, トシタカ <DA00137253>
```

問 67 タイトルの検索キーとして「セカイヲ」

問 68 タイトルの検索キーとして「世界を」

問 69 フルタイトルの検索キーとして「世界をこんなふうに見てごらん」

問 70 著者名の検索キーとして「日高　敏隆」

Ⅳ. 書誌同定

● 書誌同定に関する次の文章のうち，正しい場合は○，間違っている場合は×としなさい。（但し，同定した後にその書誌を修正する必要があるかどうかは問わない。）

問 71 手元の資料と検索結果の書誌データとを照合したところ，他の情報は一致していたが，前付けのページ数が異なっていた。この場合は，この書誌と同定してよい。

問 72 手元の資料と検索結果の書誌データとを照合したところ，他の情報は一致していたが，シリーズ番号だけが異なっていた。この場合は，この書誌と同定してよい。

問 73 手元の資料と検索結果の書誌データとを照合したところ，他の情報は一致していたが，手元の資料には「改訂版」と表示があるのに対して，書誌データには「初版」とあった。この場合は，この書誌と同定してよい。

問 74 手元の資料と検索結果の書誌データとを照合したところ，他の情報は一致していたが，手元の資料には「第1刷」と表示があるのに対して，書誌データのNOTEには「記述は第5刷による」とあった。この場合は，この書誌と同定してよい。

問 75 手元の資料と検索結果の書誌データとを照合したところ，他の情報は一致していたが，手元の資料にはシリーズ名がどこにも表示されていないのに対し，書誌データのPTBLフィールドにはシリーズ名が記入されていた。この場合は，この書誌と同定してよい。

問 76 手元の資料と検索結果の書誌データとを照合したところ，他の情報は一致していたが，手元の資料では税込み900円と表示されているのに対し，書誌データのPRICEフィールドには850円と記入されていた。この場合は，この書誌と同定してよい。

問 77 手元の資料と検索結果の書誌データとを照合したところ，他の情報は一致していたが，タイトル関連情報だけが異なっていた。これらの本タイトル，タイトル関連情報ともシリーズ名には該当せず，タイトル関連情報の相違とみなせる場合，この書誌と同定してよい。

問 78 手元の資料と検索結果の書誌データとを照合したところ，他の情報は一致していたが，手元の資料はペーパーバックであるのに対し，VOLフィールドの説明語句が「hardcover」と記入されていた。この場合は，この書誌と同定してよい。

問 79 手元の資料と検索結果の書誌データとを照合したところ，他の情報は一致していたが，手元の資料にはCDが付属しているのに対して，書誌データにはカセットテープが付属していると記述されていた。この場合は，この書誌と同定してよい。

問 80 手元の和図書と検索結果の書誌データとを照合したところ，他の情報は一致していたが，書誌データには標題紙のタイトルではなく，奥付にあるタイトルが本タイトルとして記述されていた。この場合は，この書誌と同定してよい。

カタロガーの独り言…⑤

AKEY = "AKEAF", FTITLE = "AKEYANDFTITLE"

　IAAL認定試験の結果集計を担当した人から，AKEYとFTITLEの正答率がいつも低いという事を聞きました。これらは知らなくても目録作業はできますが，効率的で正確な仕事をするためには有効なツールであり，知らないのはとてももったいない事だと思います。そこで今回は，これら二つの検索方法についてご説明しようと思います。

　まずAKEYですが，これはTRフィールドの一部を検索インデックスとして切り出すものです。和書と洋書で切り出し方法が異なりますが，検索の際に便利なのは洋書の方ですので，洋書についてのみご説明します。

　洋書（正確にはTTLLがjpn以外のもの）の場合，TRフィールドの先頭の4語から，それぞれ先頭の3文字，1文字，1文字，1文字を切り出してつなげます。

　例えば"Introduction to German law"というタイトルであれば，下線部分を切り出してつないだ"InttGl"となります（元の単語との対応が見やすいように大文字小文字を元の単語と同じにしてありますが，通常のTITLEKEYと同様，検索の際には大文字と小文字は区別されません）。

　ためしに"Introduction to German law"をTITLEとして検索すると51件もヒットしますが，AKEYを使えば14件しかヒットしません。少ないキータッチで，よりノイズの少ない検索をするという，効率的な検索が可能となるわけです。

　注意していただきたいのは，切り出す語はストップワードなどは関係なく冠詞や前置詞もすべて対象になる事，切り出した文字はAKEYの検索フィールドにスペースを空けずに続けて入力する事，タイトルが4語に満たない場合は「△/△」以下の責任表示からも続けて切り出される，という点です。

　次にFTITLEです。これはタイトルの完全一致を求めます。

　例えば，"Architect"というタイトルの本を検索しようとして"TITLE=Architect"で検索すると，1,056件もヒットしてしまいます。これは，"Architect"というタイトルのものだけでなく，タイトル中に"Architect"という単語を含むものがすべてヒットするからこのように大量になってしまうのです。"FTITLE=Architect"ならば，タイトルが"Architect"であるもののみを検索しますので，検索結果は4件だけになります。

　また，このようにタイトルが少ない語数で成り立っている時だけでなく，一般的な語句で構成されていて検索結果が大量になる場合にも，語順がインデックスに反映されますので効果的です。この場合は単語の間のスペースや記号は詰めて検索キーとします。先ほどAKEYのところで検索した例では，"FTITLE=IntroductiontoGermanlaw"としても4件だけヒットします。

　プロのカタロガーとして効率的で正確な検索を行うために，ぜひ活用されてはいかがでしょうか。

（IAAL事務局：K生）

158 | 第6章 「総合目録—図書初級」模擬問題100題

V. 総合

● 図1の図書の説明文で，正しい場合は○，間違っている場合は×としなさい。

(ア)

現代人の物理
1

光と磁気
[改訂版]

佐藤勝昭
——著——

朝倉書店

ページ数：ix，242p
大きさ：22cm

(イ)

現代人の物理1
光と磁気　改訂版　　　　　　　定価はカバーに表示

1988年4月20日　　初　版第1刷
1999年3月10日　　　　第8刷
2001年11月20日　改訂版第1刷
2007年1月20日　　　　第4刷

著者　佐　藤　勝　昭
発行者　朝　倉　邦　造
発行所　株式会社　朝　倉　書　店
東京都新宿区新小川町6-29
郵便番号　162-8707
電話　03 (3260) 0141
FAX　03 (3260) 0180
http://www.asakura.co.jp

〈検印省略〉

©2001〈無断複写・転載を禁ず〉　　平河工業社・渡辺製本
ISBN978-4-254-13628-9 C3342　　Printed in Japan

図　1

| 問 81 | (ア)の部分を標題紙という。 |

| 問 82 | (イ)の部分を奥付といい，ここはTRフィールド，EDフィールド，PUBフィールド等の情報源である。 |

| 問 83 | この改訂版の出版年は2007年である。 |

| 問 84 | タイトルの検索キーとして「光と磁気　改訂版」は図1の図書の正しい検索キーである。 |

| 問 85 | 図1の図書の所蔵レコードを登録するのは，次の書誌レコードである。 |

GMD: SMD: YEAR:1988 **CNTRY:**ja **TTLL:**jpn **TXTL:**jpn **ORGL:**
ISSN: NBN: LCCN: NDLCN:
REPRO: GPON: OTHN:
VOL: ISBN:4254136218 **PRICE: XISBN:**

TR:光と磁気 / 佐藤勝昭著‖ヒカリ ト ジキ
PUB:東京 : 朝倉書店 , 1988.4
PHYS:vi, 196p ; 22cm
NOTE:各章末: 参考文献
PTBL:現代人の物理‖ゲンダイジン ノ ブツリ <BN02171917> 1//b
AL:佐藤, 勝昭(1942-)‖サトウ, カツアキ <>

| 問 86 | 図1の図書の所蔵レコードを登録するのは，次の書誌レコードである。 |

GMD: SMD: YEAR: CNTRY:ja **TTLL:**jpn **TXTL:**und **ORGL:**
ISSN: NBN: LCCN: NDLCN:
REPRO: GPON: OTHN:
VOL: ISBN: PRICE: XISBN:

TR:現代人の物理‖ゲンダイジン ノ ブツリ
PUB:東京 : 朝倉書店

● 図2の図書の説明文で，正しい場合は○，間違っている場合は×としなさい。

タイトルページ

RONALD
REAGAN

*How an Ordinary Man Became
an Extraordinary Leader*

Dinesh D'Souza

THE FREE PRESS
New York London Toronto Sydney Singapore

タイトルページ裏

ƒP

THE FREE PRESS
A Division of Simon & Schuster Inc.
1230 Avenue of the Americas
New York, NY 10020

Copyright © 1997 by Dinesh D'Souza
All rights reserved,
including the right of reproduction
in whole or in part in any form.

THE FREE PRESS and colophon are trademarks
of Simon & Schuster Inc.

Design by Kim Llewellyn

Manufactured in the United States of America

10 9 8 7 6 5 4 3 2 1

Library of Congress Cataloging-in-Publication Data
D'Souza, Dinesh, 1961–
    Ronald Reagan : how an ordinary man became
an extraordinary leader / Dinesh D'Souza.
        p.   cm.
    1. Reagan, Ronald. 2. United States—Politics
and government—1981–1989. I. Title.
E876.D83   1997
973.927'092—dc21   97-31396
                                               CIP
ISBN 0-684-84428-1

ページ数：x, 292p
大きさ：25cm

図　2

問 87 図2の図書の著者は，「Ronald Reagan」である。

問 88 図2の図書のタイトルページ裏にある「©1997」は，著作権登録年である。

カタロガーの独り言…⑥

責任表示は誰？

　「図書のタイトル中に表示されている著者名等は，責任表示としても記録する。落合直文小品集：現代語訳 / 落合直文著；落合亮訳」（『日本目録規則』2.1.5.1A）という箇所を，私はずっと，情報源中に著者名等がそれとして表示されていない場合でも責任表示として記録する，という意味だと思っていました。

　なぜなら，情報源中に著者名が表記されているのであれば，それを責任表示として記録するのは当然の事であり，わざわざ規則として明記する必要がない，わざわざ明記するからには何か例外的な意味がある筈だと思ったからです。

　それに，「責任表示としても」というからには，他にも記録するところがあるわけで，それはタイトルしかありません。つまり，「タイトル中に著者名が表示されていたら，その著者名はタイトル中だけではなく，責任表示としても記録する」という意味に理解していました。

　しかしながら，この事を当機構のTさんに話したところ，これは以前はタイトルに含まれている著者名を責任表示として記録しなかったのを変更したものだと言われました。確かにNCRの新版予備版には，「書名または副書名によってその著者がわかるときは，著者表示は記載しなくてもよい．」(2.2.4.1)とあります。

　それなら実際の資料にはどう表示されているのでしょう。もしこの資料の情報源に著者名の表示が無いのであれば，表示が無い場合の規定であると考えられます。そう思って現物を確認したところ，標題紙を始めとする情報源に「落合直文著」とはっきり書いてありました。

　改めて考えてみますと，情報源中に役割を示す語句が表示されていない場合には，役割表示を「○○［著］」のように補記にするのですから，著者の表示が無い場合に補記を示す括弧をまったく使用せずに「落合直文著」と書くのは無理があるようにも思えます。

　というわけで，やはりこれは情報源中に表示されている場合に，タイトル中に表示があっても責任表示は省略しない，という規定であると考えた方が良いようですね。

（IAAL事務局：K生）

● 図3の図書の説明文で，正しい場合は○，間違っている場合は×としなさい。

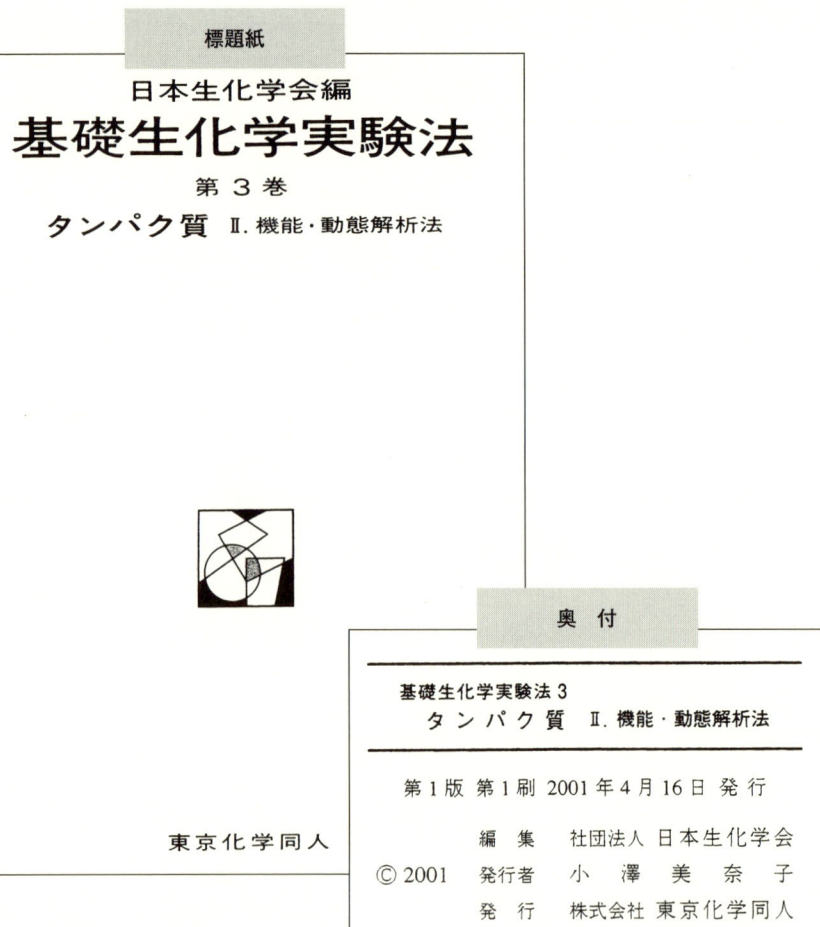

標題紙

日本生化学会編
基礎生化学実験法
第3巻
タンパク質 Ⅱ. 機能・動態解析法

東京化学同人

ページ数：vii, 229p, 図版1枚
大きさ：26cm

奥付

基礎生化学実験法3
タンパク質 Ⅱ. 機能・動態解析法

第1版 第1刷 2001年4月16日 発行

編　集　　社団法人 日本生化学会
Ⓒ 2001　発行者　小澤 美奈子
　　　　　発　行　株式会社 東京化学同人
東京都文京区千石3丁目36-7(〒112-0011)
電話 03-3946-5311・FAX 03-3946-5316

印刷 中央印刷株式会社・製本 株式会社 松岳社

ISBN4-8079-1182-1　　Printed in Japan

図　3

問 89 タイトルの検索キーとして「基礎生化学* タンパク質*」は図3の図書の正しい検索キーである。

問 90 図3の図書の所蔵レコードを登録するのは，次の書誌レコードである。

GMD: SMD: YEAR:2000 CNTRY:ja TTLL:jpn TXTL:und ORGL:
ISSN: NBN: LCCN: NDLCN:
REPRO: GPON: OTHN:
VOL: ISBN: PRICE: XISBN:

TR:基礎生化学実験法 / 日本生化学会編||キソ セイカガク ジッケンホウ
PUB:東京 : 東京化学同人 , 2000-
PHYS:冊 ; 26cm
AL:日本生化学会||ニホン セイカガッカイ<>

問 91 図3の図書の所蔵レコードを登録するのは，次の書誌レコードである。

GMD: SMD: YEAR:2001 CNTRY:ja TTLL:jpn TXTL:jpn ORGL:
ISSN: NBN: LCCN: NDLCN:
REPRO: GPON: OTHN:
VOL: ISBN:4807911821 PRICE: XISBN:

TR:機能・動態解析法 / 日本生化学会編||キノウ・ドウタイ カイセキホウ
PUB:東京 : 東京化学同人 , 2001.4
PHYS:vii, 229p, 図版1枚 ; 26cm
VT:VT:機能動態解析法||キノウ ドウタイ カイセキホウ
PTBL:基礎生化学実験法 / 日本生化学会編||キソ セイカガク ジッケンホウ <BA48759551> 第3巻 . タンパク質||タンパクシツ ; 2//bb
AL:日本生化学会||ニホン セイカガッカイ <>

● 図4の図書の説明文で，正しい場合は○，間違っている場合は×としなさい。

奥 付

環北太平洋の環境と文化
2006年6月25日　第1刷発行

編　者　北 海 道 立
　　　　北方民族博物館

発行者　佐　伯　　浩

発行所　北海道大学出版会
札幌市北区北9条西8丁目　北海道大学構内(〒060-0809)
Tel. 011(747)2308・Fax. 011(736)8605・http://www.hup.gr.jp/

アイワード／石田製本　　　©2006　北海道立北方民族博物館
ISBN 4-8329-6671-5

ページ数：xi, 312p
大きさ：22cm

図　4

問 92　図4の図書の所蔵レコードを登録するのは，次の書誌レコードである。

GMD: SMD: YEAR:2006 **CNTRY:**ja **TTLL:**jpn **TXTL:**jpn **ORGL:**
ISSN: NBN: LCCN: NDLCN:
REPRO: GPON: OTHN:

TR:環北太平洋の環境と文化 / 北海道立北方民族博物館編 || カンキタタイヘイヨウ ノ カンキョウ ト ブンカ
PUB:[札幌] : 北海道立北方民族博物館 , 2006.3
PUB:([札幌] : 北海道大学出版会)
PHYS:xi, 312p ; 22cm
AL:北海道立北方民族博物館 || ホッカイドウリツ ホッポウ ミンゾク ハクブツカン <>

問 93　著者名の検索キーとして「北方民族博物館」は，図4の図書の正しい検索キーである。

● 図5の図書の説明文で，正しい場合は○，間違っている場合は×としなさい。

タイトルページ

Religious America,
Secular Europe?
A Theme and Variations

PETER BERGER
Boston University, USA

GRACE DAVIE
University of Exeter, UK

EFFIE FOKAS
The London School of Economics and Political Science, UK

ページ数：168 p.
大きさ：22 cm.

タイトルページ裏

© Peter Berger, Grace Davie and Effie Fokas 2008

All rights reserved. No part of this publication may be reproduced, stored in a retrieval system or transmitted in any form or by any means, electronic, mechanical, photocopying, recording or otherwise without the prior permission of the publisher.

Library of Congress Cataloging-in-Publication Data
Berger, Peter L., 1929-
Religious America, Secular Europe? A Theme and Variations
Peter Berger, Grace Davie, and Effie Fokas.
 p. cm
  ISBN 978-0-7546-5833-7 (hardcover:alk. paper)・
  ISBN 978-0-7546-6011-8 (pbk.:alk. paper)
 1. Secularism - Europe. 2. Secularism - United States. 3.
Europe - Religion. 4. United States - Religion. I. Davie,
Grace II. Fokas, Effie. III. Title

BL2747.8.B47 2008
306.6094-dc22
978-0-7546-5833-7 (Hbk)
978-0-7546-6011-8 (Pbk)

(A)

Reprinted 2009

Printed and bound in Great Britain by
MPG Books Lrd, Bodmin, Cornwall

図　5

| 問 94 | 図5の(A)の部分はCIPデータといい，ここに表示されている情報は，書誌に記入されているデータと同一のものである。 |

| 問 95 | 著者名の検索キーとして「Effie Fokas」は図5の図書の正しい検索キーである。 |

| 問 96 | 図5の資料のように，資料中に著作権登録年と刷年しか書かれていない場合，PUBフィールドの出版年としては著作権登録年が記入されている。 |

● 図6の図書の説明文で，正しい場合は○，間違っている場合は×としなさい。

タイトルページ

Palgrave Literary Dictionaries
The Palgrave Literary
Dictionary of Chaucer

Malcolm Andrew

タイトルページ裏

© Malcolm Andrew 2006

First published in hardback 2006
First published in paperback 2009 by
PALGRAVE MACMILLAN

ISBN-13: 978-0-333-99808-3　hardback
ISBN-13: 978-0-230-23148-1　paperback

A catalogue record for this book is available from British Library.
Library of Confress Cataloging-in-Publication Data
Andrew, Malcolm.
The Palgrave literary dictionary of Chaucer / Malcolm Andrew.
　p. cm－(Palgrave literary dictionaries)
　Includes bibliographical references and index.
　ISBN 978-0-333-99808-3 (cloth)　978-0-230-23148-1 (pbk)
　1. Chaucer, Geoffrey, d. 1400 - Encyclopedias. 2. Poets, English -
- Middle English, 1100-1500 - Biography - Encyclopedias.
　I.Title.　II. Series.
PR1903. A53 2003　　　　　　　　　　2005045603
821' .1-dc22

(B)

装丁：ペーパーバック
ページ数：xvi, 313 p.
大きさ：24 cm.

図　6

問 97　図6の図書はペーパーバックだが，ハードカバーのISBNである「9780333998083」で検索しても同じ検索結果が得られる。

問 98　図6のタイトルページ裏(B)にある「2005045603」はLC番号であり，LCCNフィールドに記入されるものである。

問 99　AKEYでの検索キーとして「thepld」は，図6の図書の正しい検索キーである。

問100 図6の図書の所蔵レコードを登録するのは，次の書誌レコードである。

GMD: SMD: YEAR:2006 **CNTRY:**uk **TTLL:**eng **TXTL:**eng **ORGL:**
ISSN: NBN: LCCN: NDLCN:
REPRO: GPON: OTHN:
VOL:: hardback **ISBN:**0333998081 **PRICE: XISBN:**

TR: The Palgrave literary dictionary of Chaucer / Malcolm Andrew
PUB: Basingstoke ; New York, N.Y. : Palgrave Macmillan , 2006
PHYS:xvi, 313 p. ; 24 cm
PTBL: Palgrave literary dictionaries <BA76219563> //b
AL: Andrew, Malcolm <>

カタロガーの独り言…⑦

『書誌学入門』のすすめ

　ふだん新刊図書の目録を採っている方の中には，そろそろ和漢古書の目録が採れるようになりたいが，身近に相談できる人もいないし，どう勉強して良いかわからない，という方もいらっしゃるのではないでしょうか。そんな方にまず読んで頂きたいのが堀川貴司著『書誌学入門』（2010.3，勉誠出版）です。

　これまでにも，廣庭基介ほか著『日本書誌学を学ぶ人のために』（1998.5，世界思想社）や中野三敏著『江戸の板本』（1995.12，2010.12再刊，岩波書店）など，和漢古書についてわかりやすく解説された本はあったのですが，この『書誌学入門』は実務で目録を採ろうとする私たちに必要な知識がぎっしり詰まっています。

　この本でまず目に付くのが巻頭の図版です。たった4ページですが表紙の文様のカラー写真があります。この図版ページの縁には色見本が付いており，縁にあるので現物と重ね合わせて確認することができます。

　本文は振り仮名が多いです。本の部位や部分の名前など，難しそうな漢字にことごとくルビが付いていますので，和漢古書の知識が無い方がまず読むのに最適です。

　「第一部　古典籍を見る（実践編）」にも，写真が多く掲載されています。装丁，綴じ方，場所により異なる題，匡郭，版心，等々。やはり写真で見ると断然わかりやすいです。後半では「第二部　古典籍を知る（知識編）」として，和漢古書の背景にある基礎知識を学ぶ事ができます。紙の解説や出版の歴史などです。第三部は「古典籍を読む（応用編）」です。

　巻末の参考文献も10ページにわたる大変充実したものです。ただ，漢籍について魏隠儒ほか著『漢籍版本のてびき』（1987.6，東方書店）が挙がっていないのは何か理由があるのでしょうか。著者が意図的に除外したのであれば文字通りの蛇足になってしまいますが，興味のある方はこちらも参考にされると良いと思います。

　なお，新しいとはいえ本書が刊行されてから1年が経ってしまいました。その後に刊行されたものとしては慶應義塾大学附属研究所斯道文庫編『図説書誌学』（2010.12，勉誠出版）や鈴木俊幸著『江戸の本づくし：黄表紙で読む江戸の出版事情』（2011.1，平凡社新書）があります。前者は斯道文庫の所蔵資料のカラー図版と解説です。後者は山東京伝の『御存商売物』を微に入り細を穿ちして解説したものですが，登場人物が黄表紙や赤本・黒本ですので，この黄表紙の解説を読むことによって江戸時代の書物や出版事情を知る事ができるという，素晴らしい趣向です。また，すでに基礎知識がある方には，高橋智著『書誌学のすすめ：中国の愛書文化に学ぶ』（2010.9，東方書店）が書物に対する想いをかき立ててくれることでしょう。

　もとよりNACSIS-CATでの書誌作成のマニュアルではありませんので，『日本目録規則』や「コーディングマニュアル（和漢古書に関する抜粋集）」も修得しなければなりませんが，まずは基礎的な知識を得るために，この『書誌学入門』を読んでみてはいかがでしょうか。

（IAAL 事務局：K生）

第7章

「総合目録－図書初級」模擬問題の正解と解説

I. 総合目録の概要

問1　○

NACSIS-CATは，総合目録データベースを構築するためのシステムです。そして，この総合目録データベースの書誌・所蔵情報により，全国の大学図書館等にどのような学術文献(図書・雑誌)が所蔵されているかを把握する事ができます。

総合目録データベースは，参加館が共同してレコードの登録や修正などを行っていて，これを「オンライン共同分担入力方式」と言います。またこの方式により，各参加館での目録作業の重複を防ぐ事ができ，目録業務の負担軽減を実現できています。
(『基準』1.2 総合目録データベースの形成方法)

問2　×

利用者の求める資料を他館から取り寄せるサービスをILL(Inter-Library Loan：図書館間相互貸借あるいは図書館間相互協力)サービスと言い，この文献複写の取り寄せや現物貸借に関わる依頼・受付業務を行うためのシステムがNACSIS-ILL(図書館間相互貸借システム)です。

NACSIS-ILLにおける書誌・所蔵データの検索，確認には総合目録データベースのデータが利用されています。そしてNACSIS-CATとNACSIS-ILLにおいて総合目録データベースの内容に差はなく，どちらのシステムでも最新のデータを利用する事ができます。
(『利用マニュアル』1.1 総合目録データベースとは)

問3　×

NACSIS-CATのサービス時間は，通常は月〜土0：00-24：00，日曜9：00-24：00です(2014年度末現在)。しかしCiNii BooksやWebcat Plusは，特段の理由がない限り，NACSIS-CATのサービス時間とは関係なく常に利用する事ができます。

なお，総合目録データベースの更新内容がCiNii Booksに反映されるのは週に1回ですので，両者のデータには多少の差が生じている事があります。

問4　×

総合目録データベースのデータは，問2や問3の解説にあるとおり，NACSIS-ILLやCiNii Booksなどにも利用されています。また，参加館は必要なデータを自館にダウンロードする事が可能です。

このダウンロードしたデータの利用方法について，「目録業務のみに限定」というルールはありません。例えば自館のOPAC構築，選書・受入業務や閲覧・貸出業務など，様々な図書館業務に活用する事ができます。
(『テキスト』1講　1.目録システムと総合目録データベース)

問5　×

書誌ファイルには図書書誌ファイルと雑誌書誌ファイルがある，という点は正しいですが，それぞれが更に和資料ファイルと洋資料ファイルに分かれている，というのは間違いです。

以前は，「和図書書誌ファイル」「洋図書書誌ファイル」という和洋を区別したファイルが存在していましたが，1997年にこれらの和・洋ファイルが統合されたため，現在は図書書誌，雑誌書誌という区分だけになっています。
(『基準』2.1 ファイル構成)

| 問 6 ✗ |　所蔵ファイルには図書所蔵ファイルと雑誌所蔵ファイルがある，という点は正しいですが，ファイル名はそれぞれ「BHOLD」と「SHOLD」です。「BOOK」は図書書誌ファイル，「SERIAL」は雑誌書誌ファイルの名称です。

　普段の業務でファイル名を意識する事はあまりないかもしれませんが，だからこそNACSIS-CATのデータベース構造やファイル構成，ファイル名などは基本事項として正確に把握しておきましょう。
(『基準』1 総合目録データベースの概要)

| 問 7 ○ |　典拠ファイルには，著者名典拠ファイルと統一書名典拠ファイルの2種類があります。著者名典拠ファイルのレコードは図書書誌レコードと雑誌書誌レコードのいずれともリンク形成を行いますが，統一書名典拠ファイルのレコードは図書書誌レコードとのみリンクを形成します。これは，雑誌書誌ファイルにおいては，著作名によるコントロールの意味はないと考えられているためです。
(『基準』2.7 リンク関係)

| 問 8 ○ |　参照ファイルは，総合目録データベースの構築を助けるためのファイル群です。そして参照ファイル中のレコードは，各目録作成機関で作成されたMARCを，総合目録データベースのレコード形式にあわせて機械的に変換したものです。

　このような参照ファイルは，あくまで「参照用」であるため，総合目録データベースの外部に置かれています。また参照ファイル中のレコードは様々な目録規則に沿って作成されたMARCを元にしているため，総合目録データベースに取り込む際にはNACSIS-CATの運用基準に沿った修正が適宜なされています。
(『基準』1.3.2 参照ファイル)

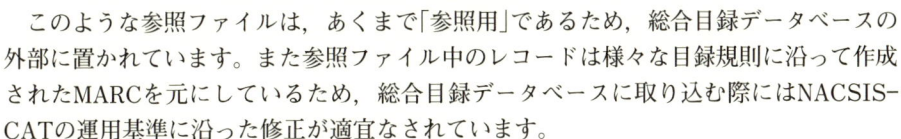

| 問 9 ✗ |　問8の解説にあるとおり，参照ファイル中のレコードは，総合目録データベース形成のための参照用と位置付けられています。このため参照ファイル中のレコードは，
　(1)レコード間のリンクは存在していない
　(2)所蔵レコードが付くことはない
　(3)レコード自体を修正および削除することはできない
という特徴があります。
(『テキスト』1講　5.参照ファイル)

| 問 10 ○ |　図書とは「さまざまな資料形態の単行資料全て」，雑誌とは「資料形態の種別にかかわらず，終期を予定せずに逐次刊行される資料全て」と定義されていて，このように図書と雑誌の区別は資料の刊行方式のみにかかわっています。とはいえ，全ての資料がこの定義に明確に当てはまるわけではなく，NACSIS-CATでは，図書か雑誌かの判別がつきにくい資料は図書書誌ファイル，雑誌書誌ファイルの両方にレコードを作成するのが望ましい，としています。

　なおこのような資料について，自館の資料を図書・雑誌のいずれとして扱うかは，参加館の判断によります。
(『基準』2.2.1 図書と逐次刊行物)

問 11 ✗

総合目録データベースのファイル構成は図1のとおりです。ファイルの中に別のファイルが存在している、という構造にはなっていません。
(『基準』2.1 ファイル構造)

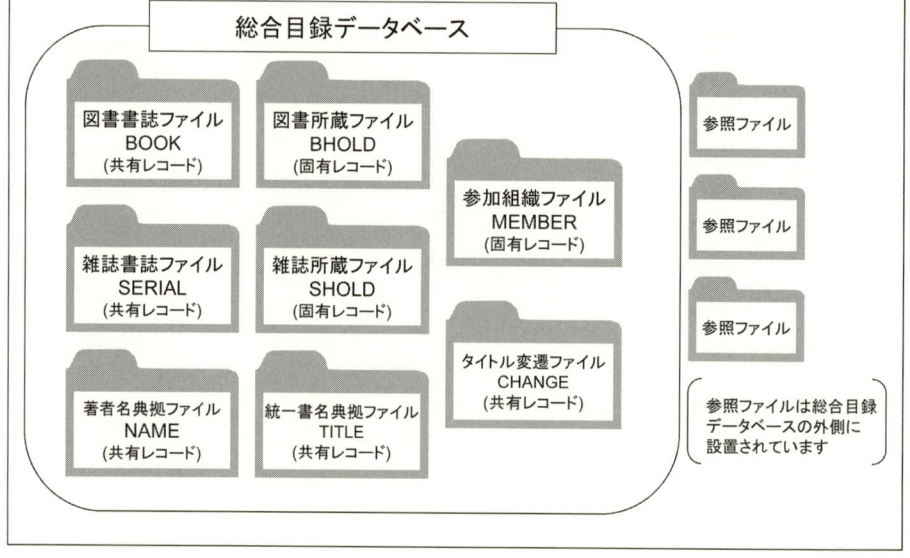

図1に示すファイル構成:
- 総合目録データベース
  - 図書書誌ファイル BOOK（共有レコード）
  - 図書所蔵ファイル BHOLD（固有レコード）
  - 参加組織ファイル MEMBER（固有レコード）
  - 雑誌書誌ファイル SERIAL（共有レコード）
  - 雑誌所蔵ファイル SHOLD（固有レコード）
  - タイトル変遷ファイル CHANGE（共有レコード）
  - 著者名典拠ファイル NAME（共有レコード）
  - 統一書名典拠ファイル TITLE（共有レコード）
- 参照ファイル（3つ）※参照ファイルは総合目録データベースの外側に設置されています

図 1

問 12 ○

総合目録データベースのレコードには、参加館が共有しているレコードと、参加館固有のレコードの2種類があります。前者の共有レコードには、書誌レコードと典拠レコードが該当します。後者の固有レコードには、所蔵レコードと参加組織レコードが該当します。（図1参照）
(『テキスト』2講　1.2. 総合目録データベースのレコード特性)

問 13 ○

問12の解説にあるとおり、レコードには参加館共有のものと参加館固有のものがあり、これによりレコードの修正・削除を行う際の手順が異なっています。

原則として、共有レコードの内容は最初に入力されたデータをできる限り尊重する事になっています。そして共有レコードを修正する必要が生じた場合は、コーディングマニュアルで定められた指針に沿って、慎重に修正を行います。コーディングマニュアル第21章では、修正の具体的な内容と、その対応（「発見館が慎重に修正」など）がまとめられています。
(『基準』3.4.3 共有レコードの修正)

問 14 ✗

削除すべき書誌レコードがある場合は、書誌レコードIDを国立情報学研究所へ連絡するのではなく、削除対象のレコードを「削除予定レコード」に修正します。

具体的には、(1)リンクしている所蔵レコードがないこと　(2)リンクしている子書誌レコードがないことの2点を確認したうえで、「TTLL:und」「TXTL:und」「TR:削除予定レコード」「PUB:削除」とレコードを修正し、これら以外のフィールドは全て消去し保存しておきます。その後、国立情報学研究所側でこれらのレコードが削除されます。参加館側で、共有レコードを削除する事はできません。
(『基準』3.4.3 共有レコードの修正)

問 15 ○

図書書誌レコードに関係するリンクは，図2にあるとおり4種類です。それぞれ，必須と任意の違いがありますので，この点に注意しましょう。
(『基準』2.7 リンク関係)

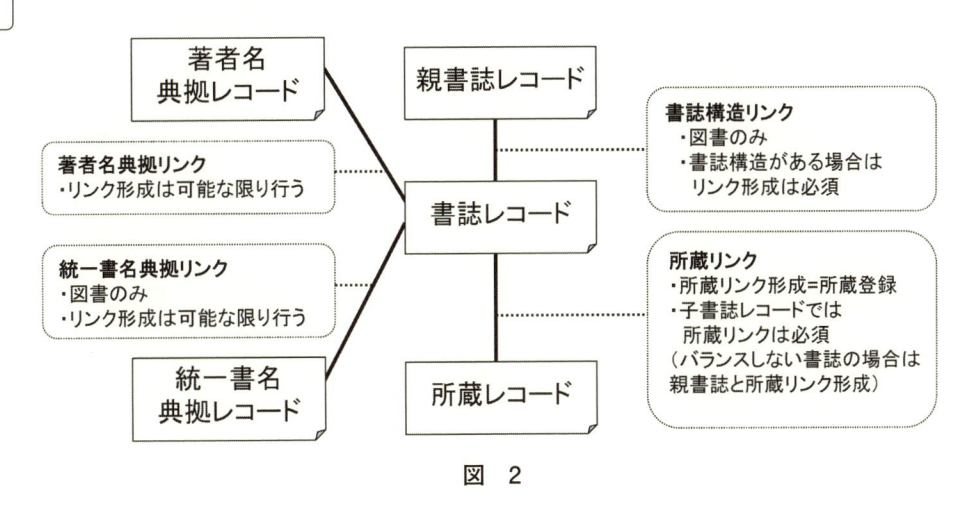

```
                          ┌─────────────┐
                          │  親書誌レコード │
    ┌─────────┐           └─────────────┘      ┌──────────────────┐
    │  著者名   │                                │  書誌構造リンク    │
    │典拠レコード│                                │ ・図書のみ         │
    └─────────┘                                │ ・書誌構造がある場合は│
                                               │   リンク形成は必須  │
  ┌──────────────┐                              └──────────────────┘
  │ 著者名典拠リンク │
  │・リンク形成は  │        ┌─────────────┐
  │ 可能な限り行う │────────│  書誌レコード │
  └──────────────┘        └─────────────┘      ┌──────────────────┐
                                               │   所蔵リンク      │
  ┌──────────────┐                              │ ・所蔵リンク形成＝所蔵登録│
  │統一書名典拠リンク│                              │ ・子書誌レコードでは │
  │・図書のみ     │                              │   所蔵リンクは必須 │
  │・リンク形成は  │                              │ (バランスしない書誌の場合は│
  │ 可能な限り行う │                              │  親書誌と所蔵リンク形成)│
  └──────────────┘                              └──────────────────┘
    ┌─────────┐           ┌─────────────┐
    │  統一書名 │           │ 所蔵レコード  │
    │典拠レコード│           └─────────────┘
    └─────────┘
```

図　2

問 16 ×

所蔵レコードは，1つの書誌レコードに対して「参加組織＋配置コード」ごとに1レコードを作成します。つまり，参加組織としては同一だけれども，例えば「図書室」や「研究室」といった複数の配置コードを持っている場合，それぞれの配置コードごとに所蔵レコードを作成します。1つの所蔵レコード内で，異なる配置コードが繰り返されるという事はありません。
(『テキスト』2講　4.3. 所蔵レコードの作成単位)

問 17 ×

書誌の対象となる資料に書誌構造(階層関係)がある場合，その内容はPTBLフィールドに記述されています。このPTBLフィールドにおける親書誌レコードと子書誌レコードのリンク形成は任意ではなく，「必ず行う必要があるもの」です。(問15の図2参照。)
著者名典拠リンクや統一書名典拠リンクのように，「可能な限り行う」という任意のものではなく，書誌構造を持っている資料の場合は必ずPTBLフィールドで書誌構造リンクを形成する事になっています。
(『基準』3.2 リンク形成)

問 18 ×

リンクをたどる事により，リンク関係にあるレコードを検索する事を「リンク参照」と言います。
著者名典拠レコードから書誌レコードをリンク参照する事ができますが，これはALフィールドでリンクが形成されているものだけに限られます。書誌レコード側で，ALフィールドに著者標目形を記述しているだけでリンクそのものが形成されていない場合，リンク参照の対象とはなりません。これは，統一書名典拠レコードと書誌レコード間のリンク参照でも同様です。
(『テキスト』3講　2. 検索の種類)

問 19 ○

統一書名典拠ファイルは，古典作品などのタイトル標目を統一するためのファイルで，その情報は書誌レコードのUTLフィールドに記述されています。
無著者名古典とは，具体的には『竹取物語』『千一夜物語』などの著者が不明な作品で，『日本目録規則』の付録4には無著者名古典・聖典統一標目表があります。

なお，これまでNACSIS-CATにおける統一書名典拠の対象となるものは「当面，無著者名古典，聖典及び音楽作品とする」とされていましたが，2012年1月から日本語の古典作品が追加されました。
(『基準』9 統一書名典拠レコード)

問20 ×

問9の解説にあるとおり，参照ファイル内のレコードは削除する事はできません。またレコードの修正もできないため，「削除予定レコード」にする事も不可能です。
(『テキスト』1講 5.参照ファイル)

問21 ○

参照ファイルのうち，情報検索プロトコルZ39.50を用いて，直接，ドイツのHBZなど海外の書誌ユーティリティへの検索利用を行える仕組みを目録システム間リンクと言います。

NACSIS-CATにあらかじめ取り込まれた参照ファイルとは違い，そのつど検索利用をするかたちになるので，目録システム間リンクの利用は「NACSIS-CAT内に一致・類似レコードが存在しない場合」，「NACSIS-CATへの登録作業を行う場合」に限定されています。
(『テキスト』2講 2.図書書誌レコード)

問22 ○

国立情報学研究所による目録に関するマニュアル類は，複数刊行されています。設問にある『目録情報の基準』は，データベースの構造やレコード作成単位，文字入力や分かち書きの原則等がまとめられています。『目録システム利用マニュアル』は目録システムの一般的な操作方法がまとめられています。また『NACSIS-CAT/ILLニュースレター』は，NACSIS-CAT/ILLに関する最新の情報やニュースなどが掲載されています。このようにマニュアル類の特徴を理解して，目録業務で迷ったり不明な事があった場合は，必ず適切なマニュアル類を見ることにしましょう。
(『テキスト』1講 8.マニュアル等)

問23 ×

『日本目録規則』『英米目録規則』は標準的な目録規則と言えますが，『目録システムコーディングマニュアル』は，『目録情報の基準』に従ってレコードを登録する際の，データ記入の標準化を図るためにまとめられているものです。つまり，NACSIS-CATに登録されるレコードを記述するためのマニュアルですので，標準的な目録規則で定められている内容と全て一致しているわけではありません。両者の違いをきちんと理解しておきましょう。
(『テキスト』1講 8.マニュアル等)

問24 ○

問5の解説にあるとおり，NACSIS-CATの書誌ファイルには和洋の区別はありません。しかし和洋の別によって準拠する目録規則が異なっているため，目録対象資料が和資料か洋資料かを判断する事は重要です。この判断は，まずタイトルの言語によりますが，それが不適当な場合は本文の言語によります。具体的には，タイトルの言語(あるいは本文の言語)が日本語，中国語，韓国・朝鮮語の場合は『日本目録規則』，それ以外の言語の場合は『英米目録規則』に準拠する事になっています。
(『テキスト』2講 2.4.図書書誌レコードのデータ内容)

問25 ○

　総合目録データベースにおけるレコードのデータ要素は，原則としてISBD(国際標準書誌記述)に従って記述されています。各データ要素の機械的識別のため，一部の記号法を改変している項目もありますが，それも類似の形式で記述するよう定められています。

　具体的な記述方法については，問23の解説にもあるとおり，『目録システムコーディングマニュアル』に定められています。
(『基準』4 図書書誌レコード)

問26 ×

　「転記の原則」とは，情報源に表示されている事項を記述するとき，原則として資料に表示されているままの字体等を使用する事で，総合目録データベースのレコードもこの原則に従って記述されています。ただし例外事項がいくつかあり，特殊文字や記号，外字は一部省略などして記述されています。また欧文タイトルの大文字・小文字についても，「転記の原則」よりも当該言語の正書法にもとづく事が優先されています。そのため，情報源には英語のタイトルが全て大文字で書かれていても，タイトルの先頭と，固有の名詞の語頭など英語の正書法で大文字で表記されるもの以外は小文字で記述されています。
(『基準』11.1.2 転記の原則)

問27 ×

　情報源について，全項目で標題紙(タイトルページ)優先という事はありません。例えばタイトルと責任表示については，洋図書は「タイトルページ」ですが，和図書は「標題紙(標題紙裏を含む)，奥付，背，表紙」とされています。また「注記」や「ISBN」は和洋ともに「どこからでもよい」とされています。

　目録規則及びコーディングマニュアルでは，各項目ごとに情報源となる箇所が規定されています。書誌を同定する際，その記述のもととなっている情報源はどこかという点を正確に把握する事は重要ですので，記述と情報源の関係について正しく理解しておきましょう。
(『基準』2.2 書誌ファイル)

問28 ○

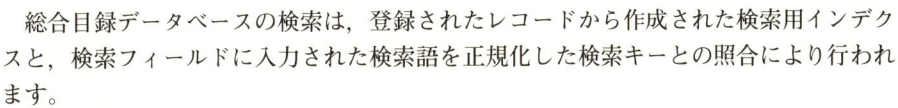

　総合目録データベースの検索は，登録されたレコードから作成された検索用インデクスと，検索フィールドに入力された検索語を正規化した検索キーとの照合により行われます。

　この検索用インデクスは，タイトルが日本語や中国語など漢字表記形の場合は，タイトルの表記形とヨミを照らし合わせ，ヨミの分かち書きを参考に作成されています。
(『基準』11.3 ヨミの表記及び分かち書き規則)

問29 ○

　問28の解説のとおり，総合目録データベースの検索は，検索用インデクスと検索キーとの照合により行われます。この両者を生成する際，アルファベットの大文字・小文字，全角・半角の違い，かなのひらがな・カタカナの違い，漢字の新字・旧字等の違いなどに関わらず検索できるよう正規化が行われています。また特に漢字については「漢字統合インデックス」という仕組みがあり，例えば「齋」や「斉」を「斎」と統合するなど，似た形や同じ意味の漢字を統合文字に正規化しているため，字形の違い等による検索漏れを防ぐ事ができています。
(『テキスト』1講　7. 検索のしくみ)

問 30 ○

ストップワードとは検索用インデックスから除外される語の事で，具体的には欧米諸言語の前置詞，冠詞，接続詞などの事です。デリミタとはデータを区切る記号として使用される文字の事で，例えばカンマやスペースなどがこれに該当します。このデリミタも総合目録データベースでは検索の対象とはなりません。

これらに該当する語が検索キーとしてどう処理されるかは，クライアントによって異なっています。この処理内容を正しく理解していないと検索漏れなどを起こしてしまいますので，自館で使用しているシステムがストップワードやデリミタをどのように処理しているのか，確認しておきましょう。

（『利用マニュアル』付録.D 特殊文字・記号・ストップワード）

II. 各レコードの特徴

問 31 ○

書誌レコードは，単行書誌単位及び最上位の集合書誌単位ごとに作成します。2階層の場合は，子書誌が単行書誌単位，親書誌が集合書誌単位となります。3階層以上の場合も，最下位の子書誌が単行書誌単位，最上位の親書誌が集合書誌単位となり，その間に位置する書誌は中位の書誌として子書誌の書誌内に記述されています。つまり，階層の数だけ書誌構造リンクが上下に連なるのではなく，最上位と最下位の書誌の間で書誌構造リンクが形成され，その間にある中位の書誌は最下位の子書誌レコードのPTBLフィールドに全て記述されています。

（『基準』4.2.3 図書書誌レコードの作成単位）

問 32 ✕

問31の解説にある定義をこの図に当てはめてみると，最上位の集合書誌・親書誌は「文春文庫」，単行書誌単位・子書誌は「広辞苑の神話」，中位の書誌は「お言葉ですが…」となります。つまり「文春文庫」と「広辞苑の神話」の書誌レコードが階層構造リンクを形成し，「お言葉ですが…」は「広辞苑の神話」の書誌レコード内のPTBLフィールドに記述されている事になります。

なおCWフィールドは内容注記を記述するフィールドで，例えば全集の中に含まれている著作のタイトルを記録するためのものです。

（『基準』4.2.3 図書書誌レコードの作成単位）

問 33 ○

複数の巻から成る資料で，共通のタイトルと，各巻ごとの固有のタイトルをそれぞれ持つ場合，書誌レコードは固有のタイトルごとに作成されています。つまり，それぞれの固有のタイトルが本タイトルとして記述されている書誌レコードが作成されています。

ただし，固有のタイトルとして採用できるかどうかは，情報源にそのタイトルが明記されているかどうかによります。設問にあるように，タイトルが目次にしか表示されていない場合，目次は規定の情報源ではありませんので，それを固有のタイトルとして採用する事はできません。従って，それが本タイトルとして記述されている事もありません。

（『基準』4.2.3 図書書誌レコードの作成単位）

| 問 34 ✗ | 問33の解説にあるとおり，子書誌レコードの本タイトルとなるのは固有のタイトルに該当するものです。この固有のタイトルについて，『目録情報の基準』では「固有のタイトルではないもの」の範囲を示しています。またこれを「巻冊次」と「部編名」に分け，前者は順序付けのための数字やアルファベット，後者はそれ以外の地域名や年代区分としています。 |

「作家・作品 A-F」について見てみると，「作家・作品」は部編名，「A-F」は巻冊次に該当し，これらは固有のタイトルではないため，本タイトルにはなりません。「作家・作品 A-F」は「フランス文学研究文献要覧」を本タイトルとする書誌レコードのVOLフィールドに記述されている情報となります。
(『基準』4.2.3 図書書誌レコードの作成単位)

| 問 35 ✗ | 書誌単位のうち，形態的に独立していて，それ自身の固有のタイトル，著者等によって書誌的に他と区別できるものを単行書誌単位と言います。この単行書誌単位は，(1)物理的に1冊の単行資料 (2)「上」「下」など分冊刊行されている資料で，各巻が固有のタイトルを持たないものの全体の2種類があります。そして，この(2)のパターンにおいて，各巻(1冊)の単位を出版物理単位とよびます。 |

書誌単位の定義は読んだだけでは分かりにくいところもありますが，総合目録データベースにおいては非常に重要な概念ですので，正確に理解しておきましょう。
(『基準』4.2.1 書誌単位)

| 問 36 ○ | 所蔵レコードは，原則として単行書誌単位のレコードに対して作成します。書誌構造を持つ資料の場合，単行書誌単位つまり子書誌レコードに対して所蔵登録を行います。 |

ただし例外があり，バランスしない書誌構造の場合は親書誌レコードに所蔵登録します。バランスしない書誌構造とは，シリーズ，セットものの中である巻だけが固有のタイトルを持たないもの(「総索引」「別巻」など)を言います。この固有のタイトルではない，巻冊次あるいは部編名の情報は親書誌レコードのVOLフィールドに記述されていますので，所蔵登録も親書誌レコードに対して行う事になります。
(『基準』4.3.1 書誌構造の表現 解説(バランスしない書誌構造))

| 問 37 ○ | 問33及び問34にあるとおり，総合目録データベースにおいては固有のタイトルの認定が非常に重要なポイントです。設問にある各時代名は部編名に該当しますので，これらは固有のタイトルではなくVOLフィールドに記述される情報となります。 |

ただし，通常は固有のタイトルではない部編名でも，各編の責任表示が異なっている場合はそれぞれを固有のタイトルとみなして書誌が作成されています。この例で言うと，3冊の編者が異なる場合，「石器時代」「青銅器時代」「鉄器時代」それぞれを本タイトルとする3つの書誌が作成されている事になります。
(『基準』4.2.3 図書書誌レコードの作成単位)

| 問 38 ✗ | 部編名のうち，設問に挙がっている「詩歌」「戯曲」「小説」「評論」「日記」などは形式区分に該当します。 |

『目録情報の基準』の「固有のタイトルではないもの」には，このような区分(種別)と，具体例が列挙されています。全てを暗記する必要はありませんが，どのようなものが固有のタイトルではないか，大まかに把握しておきましょう。
(『基準』4.2.3 図書書誌レコードの作成単位 解説(固有のタイトルでないもの))

問 39 ✗

　問15，18の解説にもあるとおり，著者名典拠レコードのリンク形成は必須ではなく可能な限り行うものとされています。そのため，著者名典拠レコードからリンク参照を行っても，必ずしも同一著者の書誌レコードをすべて検索できるわけではありません。ALフィールドで，著者名典拠レコードとのリンクが形成されているレコードに限られている事に注意が必要です。
（『基準』3.2 リンク形成）

問 40 ○

　同一人物・組織などでも，著作によって氏名の表記やヨミが異なっている場合があります。著者名典拠は，著者標目の形を統一し，一元的な管理を行えるようにする機能で，著者標目に採用されなかった表記・ヨミは著者名典拠レコードのSFフィールド（から見よ参照形）に記述されています。
（『基準』8.2 著者名典拠レコード）

問 41 ○

　著者名典拠レコードの作成単位は，同一著者に対しては原則として1レコードです。しかし，設問にあるようにペンネームを使い分けている場合はそれぞれの姓名の著者名典拠レコードが作成されています。
　なお，このように同一人物でありながら著者名典拠レコードが複数ある場合，SAFフィールド（からも見よ参照形）にそれぞれの標目形を記述する事で相互参照が可能となっています。
（『基準』8.2.2 著者名典拠レコードの作成単位）

問 42 ✗

　著者名典拠レコードは，人名だけではなく，組織や団体の名称，会議の名称なども著者標目形に採用する事ができます。
　そして団体の内部組織は，最上位の団体名にまとめるのではなく，情報源にある組織の名称を標目に採用します。例えば責任表示が「総務省自治税務局企画課」である場合，標目は「総務省」でも「総務省自治税務局」でもなく，「総務省自治税務局企画課」まで含めた形となります。
（『基準』8.2.2 著者名典拠レコードの作成単位）

問 43 ○

　古典作品など統一書名典拠の対象となる著作物は，様々な表記のタイトルを持っている事が多くあります。統一書名典拠の機能は，図書書誌レコードの統一タイトル標目の形を統一し，一元的に管理することです。そして著者名典拠と同様，標目に採用されなかった表記形はSFフィールド（から見よ参照形）に記述されています。
（『基準』9 統一書名典拠レコード）

問 44 ✗

　統一書名典拠レコードの作成単位は，同一著作に対しては原則として1レコードです。言語の違いによるタイトルの相違で，それぞれレコードが作成されているという事はありません。問43の解説にもあるように，標目形に採用されなかったタイトルはSFフィールドに記述されています。
　なお，著作作品が日本語，中国語，韓国・朝鮮語の場合は『日本目録規則』，それ以外の言語は『英米目録規則』を適用する事になっており，それにより標目形が決まる事になります。
（『基準』9 統一書名典拠レコード）

問 45 ○

　問16の解説にあるとおり，所蔵レコードは「参加組織＋配置コード」ごとに作成します。したがって，同一配置コードにおいて上下2冊の図書の所蔵登録をする場合，1つの所蔵レコードの中でVOLフィールドを繰り返して登録します。「上」で1所蔵レコード，「下」で別の所蔵レコードを作成，というのは誤った作成となります。
　なお，クライアントによってはVOLごとに別レコードであるかのように表示されるシステムもあるかもしれませんが，総合目録データベース内では1レコードとして扱われています。
(『基準』2.3.2 所蔵レコード)

Ⅲ. 検索の仕組み

問 46 ×

　TRフィールドから切り出されるTITLEKEYは，タイトル部分(一般には，「△/△」があればそれより前の部分)を取り出した後，スペースや記号などのデリミタで分割したり，ヨミのワカチを参考にして分割して作成されます。タイトル関連情報や並列タイトルも，タイトルの一部分として本タイトルとまったく同様に扱われますので，TITLEKEYはタイトル関連情報からももちろん作成されます。
　なお，TITLEKEYはTRフィールド以外にも，VTフィールド，CWフィールド，PTBLフィールドの番号等の部分，UTLフィールドからも作成されます。この場合も，タイトル部分を取り出してデリミタで分割する，という手順はまったく同じです。
(『利用マニュアル』付録.C インデクス作成仕様)

問 47 ○

　AUTHKEYは，ALフィールド以外にも，TRフィールドやCWフィールド，PTBLの巻号等の部分の責任表示からも切り出されます。これらの責任表示部分(一般的には「△/△」より後ろで「‖」より前の部分)を取り出した後，スペースや記号などのデリミタで分割されて作成されます。
　例えば，「TR:ホームズの冒険 / コナン・ドイル著 ; 内藤湖南訳」というTRフィールドからは，まず責任表示として「コナン・ドイル著 ; 内藤湖南訳」の部分が取り出され，さらにデリミタで区切られますので「コナン」「ドイル著」「内藤湖南訳」という3つのAUTHKEYが切り出されることになります。このように切り出されたAUTHKEYには「ドイル著」「内藤湖南訳」のように役割表示もそのまま残っていますので，検索する際には前方一致の「*」も活用するようにしましょう。
(『利用マニュアル』付録.C インデクス作成仕様)

問 48 ×

　いずれもいかにもありそうなインデクスですが，実際には「金原」と「書店」というインデクスは切り出されません。問題文にある「金原書店」の場合は，切り出されるインデクス(PUBLKEY)は「金原書店」だけです。そもそも，タイトルなどのインデクスが単語単位で分けられているのは，ヨミのワカチを参考にして切り出されるからですが，PUBフィールドにはヨミが記入されていませんので，ワカチ単位で切り出すことは不可能です。
　ただし，デリミタでの分割は行われますので，例えば「シュプリンガー・ジャパン」という出版社の場合は，デリミタである「・」(中黒)で区切られて「シュプリンガー」と「ジャパン」という2つのインデクスが切り出されます。
(『利用マニュアル』付録.C インデクス作成仕様)

問 49 ×

XISBNは「取消/無効ISBN」という名称ですが，ここからもISBNKEYが切り出されます。例えば，刷が重ねられた際にISBNだけが変更になっても別書誌とはせずに，新しい方をISBNフィールドに記入して，古い方はXISBNフィールドに移す事になっています。また，中位の書誌単位のISBNもXISBNに記入します。このような書誌について，XISBNに記入されているISBNで検索しても，求める書誌がヒットするようになっています。
(『利用マニュアル』付録.C インデクス作成仕様)

問 50 ×

検索キーと各フィールドから切り出されたインデクスは，ともに正規化の処理が施されます。「バレー」の場合は，長音(「ー」)がトルツメされ，「バレ」だけがインデクスとして切り出されます。一方，問題文で検索キーとしている「バレエ」は3文字とも通常の文字ですので，いずれもトルツメされることなく「バレエ」のままです。「バレ」と「バレエ」は異なる文字列ですので，ヒットする事はありません。

このようにトルツメされる記号としては，長音記号の他に，ハイフン(「-」)やダッシュ(「―」)があります。
(『利用マニュアル』2.7 検索の仕組み)

問 51 ×

「α」のヨミがどうなっているか，という問題です。
一般に，アラビア数字，アルファベット，記号類はそのままの形がヨミに記入されています。「α」のようなギリシア文字も同様に「α」のままが記入されていますので，カナで読み下した「アルファ」という文字列は正しい検索キーではありません。

但し，参照ファイルであるJPMARCやTRCMARCのレコードでは，数字やアルファベットもカナで読み下しています。また，VT:VTのその他のタイトルフィールドに読み下したヨミが記入されている場合もあります。このような場合は，これらの書誌にはヒットする事になります。
(『基準』11.3.2 ヨミの表記)

問 52 ○

分かち書きの問題です。「群馬県」は一つながりですが，その後ろに「立」が付くとどうなるでしょうか。「群馬県」を分けるのも変だし，「県立」という言葉もあるし，と悩まれた方も多いのではないでしょうか。正解は，地方公共団体名＋立の場合はワカチしますので「グンマ△ケンリツ」です。但し例外として，「北海道立」の場合のみ「ホッカイドウリツ」となりワカチされませんので注意しましょう。
(『基準』11.3.3 分かち書き)

問 53 ○

コードフィールドというのは，コード値が記入されているフィールドを検索するキーを入力するフィールドの事で，ISBN，YEAR，CNTRY，LANG，IDなどがあります。これらのコードフィールドには検索キーを1つしか入力することができません。
(『利用マニュアル』2.1.1 検索の画面)

問 54 ○

AND検索というのは，複数の検索条件のいずれをも満たすものを検索する方法で，論理積ともいいます。例えば「TITLE＝歴史」と「PUB＝岩波書店」とをAND検索すると，タイトルに「歴史」という語を含み，同時に出版者に「岩波書店」という語を持つ書誌レコードだけがヒットします。従って，「TITLE＝歴史」としてタイトルに「歴史」という語を含むもの全てを検索するよりも，ヒット件数を少なくする事ができます。

なお，AND検索の反対はOR検索です。論理和ともいいます。これは複数の検索条件のいずれか一つを満たすものを検索する方法です。「TITLE＝歴史」と「PUBL＝岩波書

店」のOR検索では，タイトルに「歴史」という語を持つか，あるいは出版者として「岩波書店」を持つものの両方の書誌がヒットしますので，AND検索よりも，さらには単独のキーで検索するよりも，ヒット件数は多くなります。
(『テキスト』3講　5.検索キー)

問 55 ✗

NACSIS-CATはインデクス検索を行っています。書誌レコードの各フィールドから切り出された検索用インデクスと，検索画面に入力された検索キーとを照合するのですが，いずれについても正規化という処理が施されます。この正規化ではアルファベットは全て半角の大文字に変換されますので，書誌レコードの文字が大文字であっても小文字であっても，作成されるインデクスは全て大文字になっています。そして検索キーについても同じ正規化処理がされますので，全て大文字に変換された検索キーが全て大文字の検索用インデクスと照合される事になります。従って，大文字と小文字を区別して検索する事はできません。
(『利用マニュアル』2.7 検索の仕組み)

問 56 ○

ISBNは特定の資料について固有の番号が振られていますので，通常はISBNで検索してヒットした書誌は求める書誌である可能性が高いのですが，ごくまれに，異なる資料について同じISBNが付与されている事もあるのです。また，出版者としては同一の資料であっても，書誌レコードとしては別書誌となるべきものもあります。例えば，シリーズ名がある刷と無い刷とでは，たとえISBNが同一であっても別書誌が作成されています。

また，そのISBNがシリーズ全体のISBNであれば，それは親書誌に記入されているはずです。その場合はISBNで検索してヒットした書誌は親書誌なのですから，所蔵登録はその書誌ではなく，子書誌の方にしなければなりません。

以上のように，ISBNで検索して1件だけがヒットしたとしても，本当にその書誌と同定できるのか，その書誌に所蔵登録して良いか，を慎重に判断しなければなりません。
(『テキスト』3講　6.検索上の注意点)

問 57 ✗

問題文で示されているタイトルから，どのようなインデクスが切り出されているかを考えてみましょう。

まず表記形の部分ですが，「人工知能のビジネス・トレンド」は，デリミタである「・」で区切られますので，「人工知能ノビジネス」(ひらがなはカタカナに正規化されます)「トレンド」というインデクスが切り出されています。さらにヨミは「ジンコウ チノウ ノ ビジネス・トレンド」と考えられますので，このワカチに対応して「人工」「知能」「ノ」「ビジネス」「トレンド」というインデクスが切り出されます。その他，ヨミからも「ジンコウ」「チノウ」「ノ」「ビジネス」「トレンド」というインデクスが切り出されます。このように切り出されたインデクスには「ビジネストレンド」という文字列はありませんので，「TITLE=ビジネストレンド」は正しい検索キーではありません。
(『利用マニュアル』付録.C インデクス作成仕様)

問 58 ✗

タイトルに「'(アポストロフィ)」が含まれる場合の検索キーについての問題です。「TITLE=Cajals Neuron」が正しい検索キーであるためには，「Cajal's」という語に対して「Cajals」という検索用インデクスが切り出されていなければなりません。

しかしNACSIS-CATの正規化処理では，語頭の「d'」，「l'」，語尾の「's」などは削除されてしまいますので，「CAJAL」というインデクスが切り出されます。つまり，アポストロフィをトルツメした「Cajals」というインデクスは作成されませんので，「TITLE=

Cajals Neuron」は正しい検索キーではありません。
(『利用マニュアル』2.7.2 検索用インデクス)

問 59 ×

ISBNの末尾の1桁はチェックデジットであり，それ以外の桁の数字を組み合わせて一定の方法で計算して算出されます。13桁のものと10桁のものでは「978」の有無という数字の相違がありますし，そもそもチェックデジットの計算方法も異なります。従って，先頭の「978」以外の桁が全く同じでも，最後のチェックデジットは異なるのが普通です。ごく稀に，10桁のものと13桁のものとが同じチェックデジットである事がありますが，あくまでも単なる偶然ですので，ISBNで検索する際には，先頭の「978」を除くだけでよい，とするのは誤りです。

問 60 ○

問 61 ×

図の書誌レコードからTITLEKEYとしてどのようなインデクスが切り出されるか，順に見ていきましょう。表記形の部分は「シャーロック・ホームズの科学捜査を読む：ヴィクトリア時代の法科学百科」で，ヨミは「シャーロック ホームズ ノ カガク ソウサ オ ヨム：ヴィクトリア ジダイ ノ ホウ カガク ヒャッカ」です。

まず表記形の部分は，デリミタ（スペースや記号類）で分割されますので，「シャーロック」「ホームズの科学捜査を読む」「ヴィクトリア時代の法科学百科」という文字列が切り出されます。そしてこれらに対して正規化の処理が施されます。「ー」はトルツメ，拗音・促音の小さな文字は大きな文字へ，ひらがなはカタカナへと変換されますので，切り出されるインデクスは「シヤロツク」「ホムズノ科学捜査ヲ読ム」「ヴイクトリア時代ノ法科学百科」です。また，ヨミのワカチを参考にして細かく分割されるインデクスとして，「シヤロツク」「ホムズ」「ノ」「科学」「捜査」「ヲ」「読ム」「ヴイクトリア」「時代」「ノ」「法」「科学」「百科」があります。

ヨミからは，「シヤロツク」「ホムズ」「ノ」「カガク」「ソウサ」「オ」「ヨム」「ヴイクトリア」「ジダイ」「ノ」「ホウ」「カガク」「ヒヤツカ」が切り出されます。

問60の検索キー「シャロック　ホムズ」は，正規化されると「シヤロツク　ホムズ」となり，この2つとも上のインデクスにありますので正しい検索キーである事になります。

他方，問61の検索キー「科学捜査」というインデクスはありませんので，こちらは正しい検索キーではありません。「科学捜査」のように一般的によく使われる熟語は，ついこのままでヒットするような錯覚に陥りがちですが，実際にはヨミのワカチに合わせて「科学」と「捜査」の2つに分割されてインデクスが作成されていますので注意しましょう。
(『利用マニュアル』付録.C インデクス作成仕様)

問 62 ○

問 63 ○

次はAUTHKEYです。

図の書誌レコードにおいて，AUTHKEYが切り出されるのは，TRフィールドの「△/△」以降にある責任表示とALフィールドの著者名であり，いずれもデリミタで分割されて正規化されます。

問題文の場合，責任表示は「E・J・ワグナー著；日暮雅通訳」です。ここからは「E」「J」「ワグナー著」「日暮雅通訳」という文字列が取り出されます。（正規化されるので「ワグナー著」は「ワグナ著」になります。）

ALフィールドには「Wagner, E. J.」「日暮, 雅通(1954-)‖ヒグラシ, マサミチ」と記述されています。ここから，「Wagner」「E」「J」「日暮」「雅通」「1954-」「ヒグラシ」「マサミチ」が取り出され，正規化の結果，「Wagner」は「WAGNER」，「1954-」は「1954」となります。

問62の「Wagner」は，検索キーとしてサーバーに送られると正規化されて「WAGNER」となりますが，これは，上記インデクスにありますので正しい検索キーです。

問63の「ワグナー著」も正規化されると「ワグナ著」となり，こちらも正しい検索キー

となります。
(『利用マニュアル』付録.C インデクス作成仕様)

問64 ○

本タイトルにある「Take-overs」の「-（ハイフン）」がどのように処理されるか，という問題です。

「-」（ハイフン）も「・」（中黒）や「（　）」（丸括弧）などと同じくデリミタであり，スペースのように区切られます。「Take-overs」の場合は「Take」と「overs」が切り出され，それぞれがすべて大文字に変換されて「TAKE」「OVERS」というインデクスが作成されます。検索キーも同様に処理されますので，「TITLE＝take overs」は正しい検索キーです。

なお，ひらがなやカタカナ以外の文字に続くハイフンなどは，さらにトルツメされたものもインデクスとして切り出されます。「Take-overs」の場合，ハイフンがトルツメされて「takeovers」という語が切り出された後大文字に変換されて，「TAKEOVERS」というインデクスも作成されます。
(『利用マニュアル』2.7.2 検索用インデクス)

問65 ×

タイトルとして検索しようとしている「growth profitability」は，NOTEフィールドだけに記入されています。このNOTEフィールドは検索の対象にならないフィールドであり，ここからはインデクスは切り出されませんので，もちろんタイトルとして検索する事もできません。
(『利用マニュアル』付録.C インデクス作成仕様)

問66 ○

FTITLEKEYは，本タイトルを取り出して，スペースや記号類をトルツメしてから正規化したものです。設問の書誌レコードのタイトルは「Take-overs : their relevance to the stock market and the theory of the firm」であり，本タイトルは「Take-overs」です。そしてこの文字列に対してスペースや記号類をトルツメすると「Takeovers」となり，これが正規化された「TAKEOVERS」がFTITLEKEYとして切り出されている事になります。設問の「FTITLE＝takeovers」も正規化されると「TAKEOVERS」となりますので，正しい検索キーであると言えます。
(『利用マニュアル』付録.C インデクス作成仕様)

問67 ×

検索キーとして「セカイ」をカナで入力していますので，ヨミからの検索です。そこで，タイトルのヨミのフィールドからどんなインデクスが切り出されているかを考えてみましょう。書誌レコードのタイトルのヨミは「セカイ オ コンナ フウ ニ ミテ ゴラン」ですので，ここから切り出されるインデクスは「セカイ」「オ」「コンナ」「フウ」「ニ」「ミテ」「ゴラン」です。「セカイヲ」という語はありませんので正しい検索キーではありません。

また，書誌レコードにヨミとして記入する場合は，「ヲ」は「オ」と記入します。「ヲ」については正規化で自動的に変換される事はありませんので，「TITLE＝セカイヲ」は検索キーに「ヲ」が含まれている点でも誤りです。
(『利用マニュアル』付録.C インデクス作成仕様)

問68 ○

こちらはタイトルの，漢字での検索です。表記形の部分から切り出されるインデクスには，ヨミを参考にして分割されたものと，表記形部分そのものから切り出されるものの2種類があります。ヨミは「セカイ オ コンナ フウ ニ ミテ ゴラン」ですので，これを参考にして切り出されるのは「世界」「を」「こんな」「ふう」「に」「見て」「ごらん」です。一方，表記形部分そのものから切り出されるインデクスは，デリミタであるスペースや記号類で分割されます。「世界を、こんなふうに見てごらん」の場合，4文字目の「、」がデリ

ミタですので、ここで分けられてから正規化されて、「世界ヲ」「コンナフウニ見テゴラン」というインデックスが切り出されています。検索キーである「世界を」も同様に正規化されて「世界ヲ」となりますので、これは正しい検索キーです。
(『利用マニュアル』付録.C インデックス作成仕様)

問 69　○

FTITLEKEYは，本タイトルを取り出して，スペースや記号類をトルツメしてから正規化したものです。設問の書誌レコードのタイトル「世界を、こんなふうに見てごらん」の場合、問68のTITLEKEYではデリミタである「、」で分割されましたが、FTITLEKEYでは記号類はトルツメされますので、「世界をこんなふうに見てごらん」となり、正しい検索キーです。なお、インデックス、検索キーともにひらがながカタカナに正規化されるのは他のフィールドと同様です。
(『利用マニュアル』付録.C インデックス作成仕様)

問 70　○

設問の書誌の場合、TRフィールドの責任表示からは「日高敏隆著」というインデックスが切り出され、ALフィールドからは「日高」「敏隆」「1930」「2009」というインデックスが切り出されます。検索キーとして入力した「日高」と「敏隆」の両方ともインデックスとして切り出されますので、正しい検索キーです。
(『利用マニュアル』付録.C インデックス作成仕様. cf.問62, 問63)

IV. 書誌同定

問 71　○

前付けや後付けのページ数の相違だけでは別書誌の根拠とはなりません。
数量の相違で別書誌となるのは、本文のページ数の相違と、セットものの全体の冊数の相違です。
(『C.M.』0.4.1 新規レコード作成の指針 図書書誌レコード)

問 72　○

PTBLフィールドの内容の相違は別書誌作成の根拠となりますが、シリーズ番号だけの相違では別書誌とはしません。岩波文庫など、長い間増刷されているシリーズでは、刷りの途中で巻号の体系が変更になり、シリーズ番号だけが変わる事があります。このような場合は別書誌とはならないのです。ただし問71でも触れましたが、セット全体の冊数が異なる場合は別書誌となりますので、最初全20巻ものとして刊行された全集が、後に全25巻ものとして再発行された場合は、それぞれの子書誌はシリーズ番号が同じであるかどうかに関わらず別書誌となります。
(『C.M.』0.4.1 新規レコード作成の指針 図書書誌レコード)

問 73　×

版表示の相違は別書誌作成の根拠となります。但し、資料中に「版」と表示があっても、内容に相違が無く実質的に刷の表示である場合は別書誌とはなりません。そのため、例えば「第2版」という表示が、内容の変更を伴うものかどうかを見極める必要があります。しかし一般的に、資料中に「改訂版」と表示がある場合は内容が改訂されたと考えられますので、初版の書誌と同定すべきではありません。なお、ページ数が異なれば内容が改訂されたと判断する事は可能ですが、ページ数が同じだからといって内容に相違が無いとは言い切れませんので、ページ数が同じなら同一書誌であると決め付ける事は不適切です。

(『C.M.』0.4.1 新規レコード作成の指針 図書書誌レコード)

問74 ○

「版」の相違は別書誌作成の根拠となりますが、「刷」の相違は別書誌作成の根拠とはなりません。第5刷に基づいて記述された書誌と手元の第1刷の資料とが書誌情報が同じなのであれば、通常は同定する事になります。

ただし、「版」と「刷」の相違は資料中に表示されている語句の相違ではなく、内容に変更があったかどうかで判断します。資料中に「版」と表示があっても内容に相違が無く実質的に「刷」の事であれば同一書誌として扱い、逆に「刷」と表示があっても内容が変更されていたら「版」とみなして別書誌とする事が可能です。前書きなどに「第2刷にあたって」のように内容の変更があったことが明記されている場合は別書誌が適切である可能性が高いです。
(『C.M.』0.4.1 新規レコード作成の指針 図書書誌レコード)

問75 ×

シリーズ名の相違や有無は別書誌となります。従って、シリーズ名が表示されていない資料を、シリーズ名のある書誌レコードと同定する事はできません。
(『C.M.』0.4.1 新規レコード作成の指針 図書書誌レコード)

問76 ○

別書誌となるかどうかの大原則として、「入力レベルが「選択」であるフィールド(及びデータ要素)のデータ内容の相違だけでは、新規レコード作成の根拠とはならない。」(『C.M.』0.4.1 新規レコード作成の指針 図書書誌レコード 0.4.1A〔通則〕A3)というものがあります。従って、入力レベルが選択である価格の相違だけでは別書誌とはなりません。

なお、刷の途中で定価が変更になる事がありますが、この場合は最新の定価に修正する事ができます。

問77 ○

タイトル関連情報の相違のみでは別書誌とはなりません。

ただし実務においては、タイトル関連情報として記入されているものが、各巻の固有のタイトルに該当しないかどうかを見極める必要があります。例えば既存の書誌ではタイトル関連情報として記入されている部分が、手元の資料では大きく異なっていて、ページ数や出版年にも相違がある場合は、その部分を本タイトルとして別書誌を作成すべきものである場合が多々あります。本当にタイトル関連情報として記録すべき内容が異なる場合にのみ同一書誌となる点にご注意ください。
(『C.M.』0.4.1 新規レコード作成の指針 図書書誌レコード)

問78 ○

装丁のみの相違は別書誌とはせず、VOLフィールドに記入します。

実務では、特に洋図書の場合はハードカバーとペーパーバックとで、同定して良いかどうか悩む事が多いです。ページ数や出版年、シリーズ名の有無を特に注意して確認するようにしましょう。もしこれらの情報が異なるのであれば別書誌となります。
(『C.M.』0.4.1 新規レコード作成の指針 図書書誌レコード)

問79 ×

語学の入門書などで、以前はカセットテープが付属していた図書が、最近の刷ではCDが付属するようになっているものがあります。このような場合は、付属資料の形態の相違で別書誌作成の根拠となります。
(『C.M.』0.4.1 新規レコード作成の指針 図書書誌レコード)

問80 ◯
和図書の場合，本タイトルの情報源は，標題紙(標題紙裏を含む)，奥付，背，表紙，です。これらの情報源の間で表記が異なる場合は，共通するものがあればそれを，無い場合は標題紙に表示されているものを採用する事になっています。しかしながら，実際の書誌では採用する箇所が異なっているものがありますが，このような場合でも別書誌とはなりません。
(『C.M.』0.4.1 新規レコード作成の指針 図書書誌レコード)

V．総合

問81 ◯
図1の(ア)の部分は，表紙の次に見返しの遊び紙があり，その次のページを指しています。ここにシリーズ名や各巻のタイトル，版表示，著者名，出版社名が表示されていますので，これは標題紙です。『日本目録規則』では「標題紙」は「通常，出版物の冒頭にあり，当該出版物の最も完全な書誌的情報を提示するページ。完全なタイトルや責任表示，版次，出版地，出版者，出版年の全部または一部の表示がある。」(『日本目録規則』付録6 用語解説)と定義されています。

問82 ◯
図1は横書きで左開きの図書ですので，(イ)の部分は図書の巻末の見返しの遊び紙の前のページです。ここにシリーズ名や各巻のタイトル，版表示，出版年月日，著者名，出版社名が表示されていますので，これは奥付です。『日本目録規則』では「奥付」は「図書の末尾にある，そのタイトル，著者，発行者，印刷者，発行所，発行年月日，版次，刷次，定価等を記載した部分。」(『日本目録規則』付録6用語解説)と定義されています。

問83 ✕
図書の出版年は，その版が出た最初の年を記録します。図1の図書の場合は奥付に「2001年11月20日　改訂版第1刷」とありますので，この改訂版の出版年は2001年です。
それでは問題文にある2007年は何かといいますと，奥付に「2007年1月20日　第4刷」とあり，2001年に発行された改訂版の第4刷の発行年であることがわかります。

問84 ✕
「改訂版」はほとんどの場合に版表示であり，EDフィールドに記入されていると考えられます。従って，タイトルの検索キーとして「改訂版」を指定するのは適切とは言えません。

問85 ✕
この図書は標題紙に「改訂版」とあり，奥付の出版年として，2001年に改訂版の第1刷が出版されたことがわかります。一方問題文にある書誌レコードでは，PUBフィールドの出版年として1988が記入されています。これは図書の奥付によりますと初版の出版年ですから，この書誌レコードは初版のものです。「初版」と「改訂版」ではページ数も異なりますし，内容が改訂されたと考えられますので，手元の改訂版の資料を初版の書誌レコードに所蔵登録してはいけません。

問86 ✕
この書誌レコードには，本タイトルとして「現代人の物理」が記入されていますが，この図書には「光と磁気」という固有のタイトルがあるので，「光と磁気」が本タイトルである書誌に所蔵登録しなければなりません。「現代人の物理」はシリーズ名であり，親書誌としてPTBLフィールドにリンクされているはずです。このような場合は，子書誌につ

いて所蔵登録を行い，親書誌に対しては所蔵登録はしません。

問87 ✕
人名が大きく表示されているので，著者名と考えた方もいらっしゃるのではないでしょうか。すぐ下にタイトル関連情報と考えられる表記がある事，タイトルページ裏のCIPデータでタイトルが「Ronald Reagan」となっている事から，これは著者名ではなくタイトルであると考えられます。
このように，情報源に人名が表示されている場合に，それがタイトルなのか著者名なのか，あるいは出版者名なのか，は慎重に判断しなければなりません。

問88 ○
「ⓒ」はCOPYRIGHTの略で，著作権登録年を表しています。
資料中に出版年の表示が無い場合に，この著作権登録年があればそれを出版年の代わりに記録する事になっています。また，出版年があっても，著作権登録年が出版年と異なる場合には記録する事ができます。

問89 ✕
この図書の書誌階層のうち，最下位の書誌単位，つまり子書誌のタイトルとなるべきものは「機能・動態解析法」です。また，最上位の書誌単位，つまり親書誌のタイトルとなるのは「基礎生化学実験法」です。その中間にある「タンパク質」は，中位の書誌単位であり，子書誌のPTBLフィールドに記入されているはずのものです。
ところで総合目録データベースのBOOKファイルの図書書誌レコードにおいては，子書誌のTITLEKEYはPTBLフィールドの親書誌のタイトルからは切り出されません。従って，子書誌のタイトルである「タンパク質＊」と，親書誌のタイトルである「基礎生化学＊」とを同時に検索キーとして検索しても，求める書誌はヒットさせる事ができません。

問90 ✕
「基礎生化学実験法」は，図3の図書については親書誌のタイトルです。(問89参照)従って，これがTRの本タイトルとして記録されている書誌は親書誌であり，これに所蔵レコードを登録してはいけません。図3の図書を所蔵登録する書誌レコードは，本タイトルが「機能・動態解析法」となっているレコードです。

問91 ○
TRフィールドが図3の図書の最下位の書誌単位のタイトルである「機能・動態解析法」であり，PTBLフィールドには親書誌として「基礎生化学実験法」がリンクされ，中位の書誌単位である「タンパク質」も記入されています。また，出版事項も形態事項も記入されている情報と現物図書のものとが一致しますので，この書誌に所蔵レコードを登録する事になります。

問92 ✕
タイトルと責任表示はこの書誌でも良いのですが，奥付では発行所が「札幌市　北海道大学出版会」となっているのに対し，書誌レコードのPUBフィールドでは札幌が補記されていて，出版者は「北海道立北方民族博物館」となっており，「北海道大学出版会」は製作者として記入されています。さらに出版年は2006年で同じですが，出版月が奥付では6月であるのに対して書誌レコードでは3月になっています。この例のように出版者が異なる資料はそれぞれ別書誌となりますので，この書誌レコードに所蔵レコードを登録するのは誤りです。

問93 ✕
著者名として資料中に表示されているのは「北海道立北方民族博物館編」です。従って，AUTHKEYとして切り出されているのは，TRフィールドの責任表示からは「北海道立北方民族博物館編」です。またALフィールドからは「北海道立北方民族博物館」と，ワカ

チされたヨミである「ホッカイドウリツ」「ホッポウ」「ミンゾク」「ハクブツカン」，そしてこのヨミのワカチを参考にして分割された「北海道立」「北方」「民族」「博物館」です。この中には「北方民族博物館」という文字列はありませんので，これは正しい検索キーではありません。

問 94 ×

(A)の部分はCIPデータといいます。これは"Cataloging In Publication"の略で，本が実際に出版される前に，書誌作成機関によりデータが作成されて，タイトルページ裏などに印刷されているものです。一方書誌データの方は，実際にその資料が出版された後で現物資料を見ながら記述しますので，データの一部がCIPデータに記録されている情報とは異なる事があります。特に，参考文献や索引の有無，シリーズ名などは，実際の資料とCIPデータとが異なる事がよくあります。ヒットした書誌と現物を照合して確認する場合には，CIPデータではなく，必ず現物資料そのものを確認するようにしましょう。

問 95 ○

この図書のタイトルページの下の方に表示されている，"PETER BERGER"，"GRACE DAVID"，"EFFIE FOKAS"は，それぞれ大学名が添えられていますので，これらの大学に所属している人名で，役割としては著者であると考えられます。また検索キーは大文字と小文字を区別しませんので，著者名を検索する「AUTH＝Effie Fokas」は正しい検索キーであると言えます。

問 96 ○

PUBフィールドの出版年としては，出版された年を記入する事になっていますが，出版年が不明の場合は，著作権登録年があればそれを記入します。そして著作権登録年も不明の場合は，刷年がわかれば刷年を記入します。従って，図5のように出版年の表示が無く，著作権登録年と刷年が表示されている場合は，PUBフィールドの出版年としては，著作権登録年が記入されている事になります。

問 97 ×

ペーパーバックとハードカバーとが同じ書誌となる場合で，両方のISBNが記入されている書誌レコードはどちらのISBNで検索してもヒットします。しかしながら，求める書誌に両方のISBNが記入されているとは限りません。どちらかの資料をNACSIS-CATの参加館のいずれもがまだ所蔵していなければ，そのISBNは記入されていないはずです。さらに，手元にペーパーバックの資料だけがある場合，ハードカバーの資料がそれと同じ書誌レコードなのかどうかはわかりません。ハードカバーの資料には，ペーパーバックには無いシリーズ名がある（あるいはその逆も）かも知れないのです。したがって，ペーパーバックのISBNでの検索結果とハードカバーのISBNでの検索結果が同じであるとは言えません。

問 98 ○

LCCNというのは，以前は"Library of Congress Card Number"の略でした。現在は"Library of Congress Control Number"の略とされています。多くの場合，タイトルページ裏のCIPデータの右下に表示されています。2001年以降は西暦4桁と6桁以内の数字，2000年以前は西暦下2桁と，6桁以内の数字で表されています。西暦と6桁の数字の間にはハイフンがある事もあります。記入レベルは必須2ですので，少なくとも資料中に表示がある場合は書誌レコードのLCCNフィールドに記入されています。データを入力する時にはハイフンは入れても入れなくても良く，6桁の数字も見たままを入力すれば良いのですが，インデックスとして保存される時および検索キーとしてサーバーに送信された際に，ハイフンは削除され，西暦以外の数字は6桁にゼロ埋めされます。

| 問 99 | TTLLにjpn以外のコード値が記入されている書誌レコードの場合，AKEYは，TRフィールドに記入されている文字列の，最初の単語から先頭の3文字を，2番目，3番目，4番目の単語から先頭の1文字を，それぞれ取り出して繋げたものになります。つまり，取り出す文字数は先頭の単語から順に「3・1・1・1」です。図6の図書のTRフィールドには「The Palgrave literary dictionary of Chaucer / Malcolm Andrew」と記入されていると考えられますので，AKEYは最初の単語である「The」から先頭の3文字("The")，2番目の単語である"Palgrave"の先頭の1文字("P")，3番目の単語である"literary"から先頭の1文字("l")，4番目の単語である"dictionary"から先頭の1文字("d")を取り出して繋げて正規化したもの，つまり"THEPLD"となります。(AKEYの場合も大文字小文字は区別しません。)
(『利用マニュアル』付録.C インデクス作成仕様) |
|---|---|
| 問100 ✕ | 図6の枠内の情報により，手元の資料はペーパーバックであり，出版年は2009です。一方書誌レコードを見ますと，PUBフィールドの出版年が2006となっており，これはタイトルページ裏によるとハードカバーの出版年です。出版年が異なる場合はハードカバーとペーパーバックとは別書誌となりますので，手元のペーパーバックの資料をハードカバーの書誌に登録するのは誤りです。 |

カタロガーの独り言…⑧

目録にあったら良いと思うもの

　毎日目録を採りながらも，なぜこの情報を記入しないのか，あったら便利なのに，と思う項目がいくつかあります。今回は，通常は書誌に記入しないけれども，あったら便利だろうと思う点を挙げてみます。

1）**背の書名**
　本を探すときに，背に何と書いてあるかがわかっていれば探しやすいと思います。本タイトルと同じであればもちろん不要ですが，背にはシリーズ名しか無い，とか，背のタイトルは○○である，とか，背にはタイトルが無い，などの記述があると良いと思います。

2）**本の厚さ**
　これも本を探すときにも役立ちますし，どの程度の分量なのかを知る目安になります。現在はページ数を記入していますが，ページ数で厚みを推定できない人もいます。厚みが3cmもあるのなら，この本は読むのをよそう，と考える人もいるのではないでしょうか（そう思っていたら，amazonの書誌には記載されています）。書架を移動する時なども必要な書架を計算できますので便利だと思うのですが。
　逆に，現在は出版物理単位の書誌には，「○冊」とだけ記入して，個々の図書のページ数を記入していませんが，NACSISでは書誌の同定が重要なポイントです。一方でページ数の相違で別書誌を作成しておきながら，分冊になるとページ数をまったく記入しないというのはおかしな話だと思います。AACR2の別法のように，分冊の場合もそれぞれのページ数を記入すべきではないでしょうか。

3）**異版**
　現在でも，VT:ORに記入する事で，異なる版次の資料をヒットさせることは可能です。しかしながらISBNで求める書誌をヒットさせてしまうと，それよりも新しい版が出ていてもその事を知る事はできません。書誌の記述として，新しい版が出ている，とか，翻訳が出ている，という情報を記入するか，あるいは書誌をリンクさせて新しい版や翻訳の書誌を表示できるようにすると良いと思います。

4）**文字**
　日本語で旧字，旧かなが使用されているものは，それらを読めない，もしくは読みにくいと感じる人がいるので，明記すべきだと思います。また，中国語の簡体字と繁体字，ドイツ語の亀甲文字も書誌に記述があると良いのではないでしょうか。

〈カタロガーの独り言…⑨へ続く〉
（IAAL事務局：K生）

第8章

「総合目録－雑誌初級」模擬問題100題

- 本章の問題は2014年版問題集から再掲。
- 第1回の過去問は，IAALのWebページから閲覧可能（本書の標題紙裏参照）。

I. 総合目録の概要

問1 総合目録データベースの雑誌に関しては、『学術雑誌総合目録』の書誌データ、所蔵データを引き継いで形成されている。

問2 NACSIS-CATの書誌レコードを用いてNACSIS-ILL依頼レコードを作成できるようになっている。

問3 総合目録データベースの書誌レコード及び所蔵レコードの更新内容は、CiNii Booksにも即時に反映される。

問4 参加館は、総合目録データベースのデータをダウンロードし、自館のOPAC構築や受入業務、閲覧業務などの目録業務以外にも利用することができる。

問5 雑誌書誌ファイルは、書誌レコードIDがAAで始まるものを収めた洋雑誌ファイルと、ANで始まるものを収めた和雑誌ファイルの2つのファイルに分かれている。

問6 雑誌所蔵ファイルには、和雑誌所蔵ファイルと洋雑誌所蔵ファイルがある。

問7 標目の形を管理するための典拠ファイルには、著者名典拠ファイルと統一書名典拠ファイルがある。

問8 総合目録データベースの形成を支援するために参照ファイルが用意されており、参照ファイル内の書誌レコードにも所蔵登録を行うことができる。

問9 タイトル変遷ファイルは、NACSIS-CAT参加館における書誌調整作業によって構築される。

問10 ISBNがあればその資料は雑誌書誌ファイルに登録されていない。

問11 タイトル変遷ファイルは雑誌固有の、統一書名典拠ファイルは図書固有のものである。

問12 書誌レコード、典拠レコード、タイトル変遷レコードは参加館で共有のレコードであり、所蔵レコード、参加組織レコードは参加館固有のレコードである。

問13　雑誌書誌レコードの記述に誤りを発見した場合は，当該書誌レコードの作成館に連絡して修正を依頼することになっている。

問14　所蔵レコードとのリンクが0件になった書誌レコードは，参加館が総合目録データベースから削除することができる。

問15　雑誌書誌レコードに関するリンク関係は，書誌レコードと所蔵レコード，書誌レコードと著者名典拠レコード，書誌レコードとタイトル変遷レコードの3種類である。

問16　所蔵レコードを登録する際は，1書誌レコードに対して，参加館の配置コード単位に1所蔵レコードを作成する。

問17　雑誌書誌レコードの階層関係は，逐次刊行物書誌単位のレコードのTRフィールドに，本タイトルの共通タイトルと従属タイトルとして記録することを原則とする。

問18　雑誌書誌レコードのNOTEフィールドに，変遷関係に関する内容が記述されていても，BHNTフィールド，FIDフィールドにデータが記述されていない場合には，変遷関係リンクは形成されていない。

問19　変遷関係で結ばれた雑誌のかたまりを「変遷ファミリー」と呼び，同じファミリーID（FID）をもつ書誌レコードを，継続，派生，吸収の関係図で示したものが「タイトル変遷マップ」である。

問20　参照ファイルにおいても，書誌レコードと著者名典拠レコードは可能な限りリンク形成されている。

問21　現在の参照ファイルはすべて，情報検索プロトコルZ39.50を用いて，直接，該当する書誌ユーティリティへの検索利用を可能とする「目録システム間リンク」という方式を採用している。

問22　ヨミの表記や分かち書きについては，『目録情報の基準』を参照するのが適切である。

問23　データの記入方法に関する全般的なこと，データ記入の具体的な方法などを調べたいときは『目録システムコーディングマニュアル』を参照するのが適切である。

問24　『日本目録規則』『英米目録規則』のいずれを適用するかについては，その資料が出版された国・地域によって決められている。

問25　レコードのデータ要素を区切る「区切り記号」は，原則として英語の慣用に従って使用されている。

問26　NACSIS-CATのタイトル検索は，検索キーとタイトルの文字列との部分一致ではなく，検索キーと予め切り出された検索用インデックスとの照合により行われる。

| 問 27 | 書誌レコードの記入内容は，目録規則及びコーディングマニュアルで規定されている情報源からとることになっており，この情報源はフィールドによって異なっている。|

| 問 28 | 漢字で表記されているタイトルについて，ヨミの分かちが正しくない場合，インデクスが正しく作成されない。|

| 問 29 | 「経済学」「經濟學」「經済學」「経済學」など，検索時にどの形で入力しても，漢字統合インデクスにより正規化されるので，同様の検索結果が得られる。|

| 問 30 | ストップワードとは検索用インデクスから除外される語のことで，日本語の接続詞がこれに該当する。|

II. 各レコードの特徴

| 問 31 | 複数の原誌を含んでいる合刻複製は，複製時に付与されたタイトルの単位で1書誌レコードが作成されている。|

| 問 32 | タイトルの変化には重要な変化と軽微な変化があり，軽微な変化に該当しない重要な変化の場合にタイトル変遷と判断する。|

| 問 33 | 本タイトルは，共通タイトルと従属タイトルから構成される場合がある。この時，共通タイトルは変わらず従属タイトルだけが変わった場合もタイトル変遷となる。|

| 問 34 | 雑誌の書誌レコードは初号主義により，初号に基づいて記述するので，最新の出版者が注記にしか記述されていないことがある。|

| 問 35 | 初号も終号もなく，記述が所蔵最古号に基づいて作成されている場合，書誌レコードには巻次・年月次(VLYR)や出版年(PUBDT)のデータが記述されていない。|

| 問 36 | 著者名典拠レコードによって，統一された著者標目形以外に，異なるほかの著者名からの検索が可能になる。|

| 問 37 | 著者名典拠ファイルを検索し，リンクされている書誌レコードをたどることによって，その著者の著作をすべて検索することができる。|

| 問 38 | 雑誌のタイトルが変遷していることを発見した場合は，国立情報学研究所に報告して，新規に書誌レコードが作成されてから所蔵登録を行う。|

| 問 39 | 参加館によって，参加組織単位で所蔵登録をする方式と，同一の参加組織の下に複数の配置コードを設定し，その単位ごとに登録する方式とがあるが，レコードによってどちらの方式で登録するかを自由に選択することができる。|

問 40　書誌レコードの巻次・年月次(VLYR)に初号の情報が記述されていれば，初号以降の号が各所蔵レコードに記述されるべきだということが判断できる。

問 41　書誌レコードに巻次・年月次(VLYR)が記述されていない場合は，所蔵レコードの巻次と年次も記述できない。

問 42　巻次が巻・号・分冊のように3階層で構成される場合，3階層目は1冊でも所蔵していれば号レベルを所蔵しているものとして記述されている。

問 43　書誌レコードのVLYR（巻次・年月次）フィールドに「1巻1号（2001.1）- ＝ 通巻15号（2001.1）-」のように複数の巻次体系が記述されている場合，所蔵レコードの記入法はどちらの体系を採用してもよい。

問 44　所蔵レコードの巻次(HLV)は，書誌レコードのVLYRフィールドに記述された表現形式にあわせる。下記のレコードに対して「平成22年版」を登録する場合，資料に元号及び西暦年が併記されていたとしても，「HLV:2010」とはしない。

> **VLYR:** 平成3年版 (平3)-

問 45　巻次の体系が変わった際には，タイトル変遷として別書誌レコードが作成されない限り，所蔵レコードを登録することができない。

Ⅲ．検索の仕組みと書誌の同定

問 46　TRフィールドに記述された責任表示は，TITLEKEYの検索対象とはならない。

問 47　AUTHKEYの検索対象はALフィールドのみである。

問 48　ISSNKEYは，XISSNフィールドに記述されたデータからも作成される。

問 49　PUBフィールドに記述された出版者は，ヨミによっても検索できる。

問 50　雑誌書誌レコードの場合，常に最新の出版者から検索するのが最も効率的である。

問 51　TRフィールドに本タイトルとして「Nature. Physical science」と記述されている書誌レコードを検索する場合，フルタイトルの検索キーとして「Nature」は正しい検索キーである。

問 52 VTフィールドはFTITLEKEYの検索対象とならない。

問 53 TRフィールドに本タイトルとして「Le thé」と記述されている書誌レコードを検索する場合，フルタイトルの検索キーとして「LETHE」は正しい検索キーである。

問 54 TRフィールドに本タイトルとして「Justice of he peace and local government law」と記述されている書誌レコードを検索する場合，AKEYの検索キーとして「jusplg」は正しい検索キーである。

問 55 TRフィールドに本タイトルとして「東京公害白書」と記述されている書誌レコードを検索する場合，タイトルの検索キーとして「公害白書」は正しい検索キーである。

問 56 TRフィールドに本タイトルとして「新農業技術」と記述されている書誌レコードを検索する場合，タイトルの検索キーとして「新　農業技術」は正しい検索キーである。

問 57 TRフィールドの本タイトルに「脱・原発」という語を含む書誌レコードを検索する場合，タイトルの検索キーとして「脱原発」は正しい検索キーである。

問 58 TRフィールドに本タイトルとして「The women's annual」と記述されている書誌レコードを検索する場合，タイトルの検索キーとして「womens annual」は正しい検索キーである。

問 59 タイトル，出版者などできるだけ多くの検索キーでAND検索すると，より検索漏れの少ない結果が得られる。

問 60 検索キーとして検索画面に入力する場合，長音記号は省略して良い。すなわち「デタ」と入力しても「データ」を検索することができる。

問 61 TRフィールドの本タイトルに「ソヴィエト」という語を含む書誌レコードを検索する場合，タイトルの検索キーとして「ソビエト」は正しい検索キーである。

問 62 TRフィールドに本タイトルとして「0歳児」と記述されている書誌レコードを検索する場合，タイトルの検索キーとして「レイサイジ」は正しい検索キーである。

問 63 TRフィールドの本タイトルに「四次元」という語を含む書誌レコードを検索する場合，タイトルの検索キーとして「4ジゲン」は正しい検索キーである。

● 書誌同定に関する次の文章のうち，正しい場合は○，間違っている場合は×としなさい。（手元の資料は，特に断りのない場合は冊子体印刷物とする。）

問 64 手元の資料A（表紙）は，検索結果の書誌レコード（ア）と同定してよい。

```
農家経済調査報告

1号　平成3年度


農林統計協会刊
農林水産省調査局編
```

資料A（表紙）

```
TR:農家経済調査報告 / 農林水産省調査局編
   ‖ノウカ　ケイザイ　チョウサ　ホウコク
VLYR:平成3年度版（平3）-
PUB:東京：農林水産省調査局，1992.3-
```

書誌レコード（ア）

問 65 手元の資料B（表紙）は，検索結果の書誌レコード（イ）と同定してよい。

```
緑区広報

縮刷版
1

区報みどりく
（1号～200号）
緑区広報
（201号～301号）

2010
```

資料B（表紙）

```
TR:緑区広報‖ミドリク　コウホウ
VLYR:201号（2008.1）-
FID:40233300
BHNT:CF:区報みどりく<AN10289999>
```

書誌レコード（イ）

| 問 66 | 手元の資料C(タイトルページ)は，検索結果の書誌レコード(ウ)と同定してよい。 |

```
Advances
in
heat transfer

Supplement    1

1978
Academic Press
```

資料C(タイトルページ)

```
TR:Advances in heat transfer
VLYR:Vol. 1 (1964)-
PUB:New York：Academic Press , 1964-
```

書誌レコード(ウ)

| 問 67 | 手元の資料D(タイトルページ)は，検索結果の書誌レコード(エ)と同定してよい。 |

```
STUDIES ON
EIGHTEENTH
CENTURY

    Number 3
    Summer 1987

London Smith Press
```

資料D(タイトルページ)

```
TR:The studies on 18th century
VLYR:No. 1 (winter 1986)-
PUB:London：Smith Press , 1986-
```

書誌レコード(エ)

Ⅳ．所蔵レコードの記入方法

● 次の枠内の書誌レコードに対して，所蔵年次(HLYRフィールド)の記述方法について正しい場合は○，間違っている場合は×としなさい。

| 問 68 | **VLYR:** 1998年度版 (1998)-2003年度版 (2003)；平成16年度 (平16)-平成22年度 (平22) |

1998年度版から平成22年度まで，間に欠号なく所蔵登録する場合は，「HLYR:1998-2010」と記述する。

問 69

VLYR:1号 (1986/1987)-6号 (1992/1993)
PUB:横浜 : 水質調査会 , 1987-1993

「1号」から「6号」までのすべてを所蔵登録する場合は，「HLYR:1986-1993」と記述する。

問 70

VLYR:1967年度版 (1967)-
PUB:東京 : 大蔵省印刷局 , 1968.3-

「1976年度版」(1977年3月刊)のみを所蔵登録する場合は，「HLYR:1977-1977」と記述する。

● 次の枠内の書誌レコードに対して，所蔵巻次(HLVフィールド)の記述方法について正しい場合は○，間違っている場合は×としなさい。

問 71

VLYR:Jan. 2008 (Jan. 2008)-

※年12回刊

「June/July 2009」のみを所蔵登録する場合は，「HLV:2009(6-7)」と記述する。

問 72

VLYR:平成18年秋季号 (平18.秋季)-平成19年春季号 (平19.春季) ; 3 号 (平19.秋季)-

※年2回刊

「平成18年秋季号」，「平成19年春季号」，「3号」，「4号」を所蔵登録する場合は，「HLV:18-19;3-4」と記述する。

問 73

VLYR:1巻1号 (1999.1)-3巻10号 (2001.10) = 1号 (1999.1)-34号 (2001.10) ; 35号 (2001.11)-74号 (2004.3)

1巻1号(1999.1)から最終号の74号(2004.3)までを，間に欠号なくすべて所蔵登録する場合には，「HLV:1-74」と記述する。

問 74

VLYR:3. Jahrg., Heft 12 (Dez. 1976)-8. Jahrg., Heft 1 (Jan. 1981)

※年12回刊

「7. Jahrg., Heft 12」と「8. Jahrg., Heft 1」を所蔵登録する場合は，「HLV:7(12), 8」と記述する。

問 75

「創刊準備号」，「創刊号」，「2号」の順で刊行された雑誌について，「創刊準備号」から「2号」までを間に欠号なく所蔵登録する場合は，「HLV:0-2」と記述する。

| 問 76 | **VLYR:**2巻3号 (1987.3)-9巻5号 (1994.5) |

※年12回刊

「2巻3号（1987.3）」から「9巻5号（1994.5）」までを間に欠号なく所蔵登録する場合は，「HLV:2(3)-9(5)」と記述する。

| 問 77 | **VLYR:**1巻1号 (1998.1)-6巻7号 (2003.7) |

※年12回刊

「1巻1号（1998.1）」から「3巻5号（2000.5）」までを間に欠号なく所蔵登録する場合は，「HLV:1-3(5)」と記述する。

| 問 78 | **VLYR:**昭和60年上期 (昭60.上)- |

※年2回刊

「昭和60年上期」，「昭和60年下期」，「昭和61年下期」を所蔵登録する場合は，「HLV:60,61(2)」と記述する。

| 問 79 | 「HLV:6()-12()」という所蔵データは，6巻と12巻は欠号のある不完全巻，7巻，8巻，9巻，10巻，11巻は欠号のない完全巻であることを意味する。|

| 問 80 | 1号（1996.夏）から最新号の35号（2015.春）までを間に欠号なく所蔵し，今後も受け入れ予定である場合，所蔵レコードの記述は次の通りである。|

HLV:1-35
HLYR:1996-2015
CONT:+

カタロガーの独り言…⑨

目録にあったら良いと思うもの(続)

　前回に引き続き，書誌情報として記述があれば良いのに，と思うものを挙げていきます。

5）原著の出版年

　翻訳ものの場合，原書名はVT:ORに記入されるのですが，その原著がいつ刊行されたものなのかという記述は無い事が多いようです。原著が出てすぐに翻訳されるものもありますが，何年か経った本が翻訳される事も少なくありません。比較的新しい資料を探している時には，原著の出版年があると参考になるのに，と思います。

6）NTSCとPAL

　ここからは映像資料の記録についての話です。

　このNTSCとかPALというのは，もともとはテレビの放送方式ですが，テレビにつないで再生するビデオやDVDにも関係しています。日本やアメリカ，韓国などではNTSC方式を，ヨーロッパではPALと呼ばれる方式を採用しています。これらは再生する機器が異なっていて，日本で一般的に流通している再生機器ではPALのものは再生できません。したがって，少なくともPAL方式のものについては書誌情報として記録すべきではないかと思います（なお，一部の再生機器では両方の方式に対応しているものもありますし，DVD-VIDEOに関して言えば，DVDを再生できるパソコンであれば，NTSCもPALもどちらも再生する事ができます）。

7）リージョンコード

　これはDVDで導入されたコードで，ビデオにはありません。日本とヨーロッパは2，アメリカは1です。再生できる地域を制限する目的であるため，パソコンで再生する場合にも制限があります。パソコン（厳密にはDVDドライブ）では再生するコードを変更する事ができるようになっているものもありますが，変更する回数には制限があります。つまり，NTSC／PALとは異なり，リージョンコードが異なる場合はパソコンでも基本的に再生ができないのです。そのため，リージョンコードが2以外のものについては記述があった方が良いと思います。

8）言語コードについて

　映像資料と言えば，広東語や台湾語，上海語の言語コードが無いのが不思議です。特に，広東語を用いている香港は映画産業が盛んで日本にもたくさん輸入されています。その言語コードとして北京語と同じchiを記入する事に，なかなか慣れる事ができません。

　以上，目録を採りながら，また自分が利用者として資料を探す場合に，あったら良いのに，と思う項目を挙げてみました。

(IAAL事務局：K生)

V. 総合

● 図1の雑誌の説明文として、正しい場合は○、間違っている場合は×としなさい。

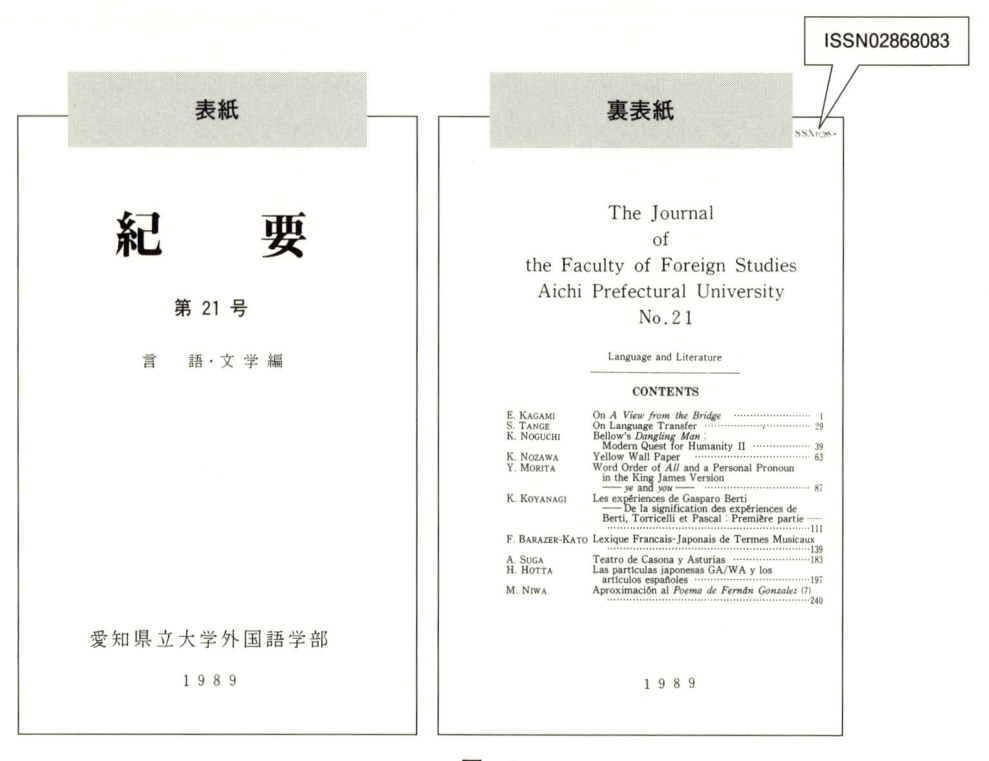

図 1

問 81 「紀要」は総称的タイトルである。

問 82 ISSN(国際標準逐次刊行物番号)は、日本では国立国会図書館がISSN日本センターとして管理している。

問 83 図1の雑誌を検索する場合、タイトルの検索キーとして「紀要　言語文学編」は正しい検索キーである。

問 84　図1の雑誌の所蔵レコードを登録するのは，次の書誌レコードである。

GMD: SMD: YEAR:1968 1968 CNTRY:ja TTLL:jpn TXTL:jpn ORGL:
REPRO: PSTAT:d FREQ: REGL: TYPE:p
ISSN:02868083 CODEN: NDLPN: LCCN: ULPN: GPON:

TR:愛知県立大学外国語学部紀要. 言語・文学編 / 愛知県立大学外国語学部‖アイチ　ケンリツ　ダイガク　ガイコクゴ　ガクブ　キヨウ. ゲンゴ・ブンガクヘン
VLYR:3号 (1968)-3号 (1968)
PUB:名古屋 : 愛知県立大学外国語学部 , 1968.12
VT:BC:The journal of the Faculty of Foreign Studies, Aichi Prefectural University
VT:ST:愛知県立大学外国語学部紀要. 言語・文学‖アイチ　ケンリツ　ダイガク　ガイコクゴ　ガクブ　キヨウ. ゲンゴ・ブンガク
VT:VT:愛知県立大学外国語学部紀要. 言語・文学編‖アイチケンリツ　ダイガク　ガイコクゴ　ガクブ　キヨウ. ゲンゴ・ブンガクヘン
FID:10033600
BHNT:CF:愛知県立大学外国語学部紀要 / 愛知県立大学外国語学部<AN00007652>
BHNT:CS:紀要. 言語・文学編 / 愛知県立大学外国語学部<AN00056192>
AL:愛知県立大学外国語学部‖アイチ　ケンリツ　ダイガク　ガイコクゴ　ガクブ <>

● 図2の雑誌の説明文として、正しい場合は○、間違っている場合は×としなさい。

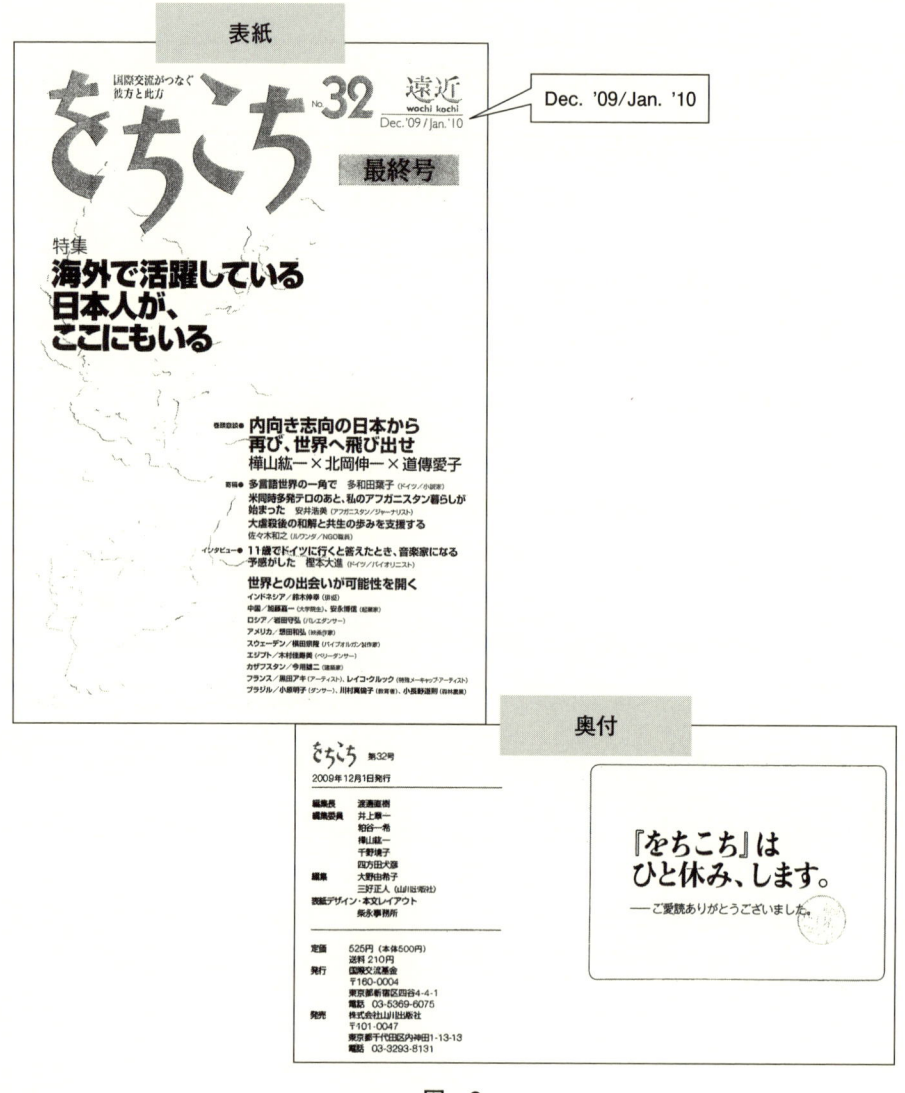

図 2

問 85 図2の雑誌を検索する場合、タイトルの検索キーとして「オチコチ」「ヲチコチ」は、どちらも正しい検索キーである。

問 86 図2の巻号のみを登録する場合、所蔵年次(HLYR)は「HLYR:2010-2010」と記述する。

問 87 「最終号」の情報があり、休刊情報の記事も掲載されているので、図2の号を登録する場合、所蔵レコードに「CONT:+」を記入するのは誤りである。

問 88 図2の雑誌の所蔵レコードを登録するのは次の書誌レコードである。

```
GMD: SMD: YEAR:2004 2009 CNTRY:ja TTLL:jpn TXTL:jpn ORGL:
REPRO: PSTAT:d FREQ:b REGL:r TYPE:p
ISSN: CODEN: NDLPN: LCCN: ULPN: GPON:

TR:遠近 : 国際交流がつなぐ彼方と此方 : wochi kochi : をちこち||オチコチ : コクサイ　コウリュウ　ガ　ツナグ　カナタ　ト　コナタ : wochi kochi : オチコチ
VLYR:1号 (Oct./Nov. 2004)-32号 (2009.12・2010.1)
PUB:東京 : 国際交流基金
PUB:[東京] : 山川出版社 (発売), 2004.10-2009.12
PHYS:32冊 ; 26cm
VT:VT:wochikochi
FID:41595400
BHNT:CF:国際交流 / 国際交流基金 [編]<AN00294372>
AL:国際交流基金||コクサイ　コウリュウ　キキン <DA00208351>
```

● 図3の雑誌の説明文として，正しい場合は○，間違っている場合は×としなさい。

図 3

問89　図3の雑誌の所蔵レコードを登録するのは，次の書誌レコードである。

```
GMD:　SMD:　YEAR:1963　CNTRY:ja　TTLL:jpn　TXTL:jpn　ORGL:
REPRO:　PSTAT:c　FREQ:w　REGL:r　TYPE:p
ISSN:13435736　CODEN:　NDLPN:00010689　LCCN:　ULPN:0087190007　GPON:

TR:週刊社会保障 / 社会保険法規研究会||シュウカン　シャカイ　ホショウ
VLYR:Vol. 17, no. 196 (昭38.4)-
PUB:東京 : 社会保険法規研究会 , 1963-
PHYS:冊 ; 26cm
VT:VT:社会保障||シャカイ　ホショウ
NOTE:責任表示・出版者変更: 社会保険法規研究会 (-46巻1704号 (1992.8))→法研 (46巻1705号 (1992.9)-)
FID:00095000
BHNT:CF:月刊社會保障 = Social security /社會保險法規研究會<AN00274998>
AL:社会保険法規研究会||シャカイ　ホケン　ホウキ　ケンキュウカイ <DA01265973>
AL:法研||ホウケン <DA09257345>
```

問90　その他のタイトル(VT)が書誌レコードに記述されていない場合には，「社会保障」をタイトルの検索キーとして検索しても，この書誌レコードはヒットしない。

問91　所蔵検索において，「HLV：65()」と記述されている所蔵レコードは，「HLV:65(2616)」と入力して検索した場合にはヒットしない。

問92　最近2年分しか保存(所蔵)しないという運用をしている場合，所蔵レコードには「HLV:*(*)」と記述する。

● 図4の雑誌の説明文として，正しい場合は○，間違っている場合は×としなさい。

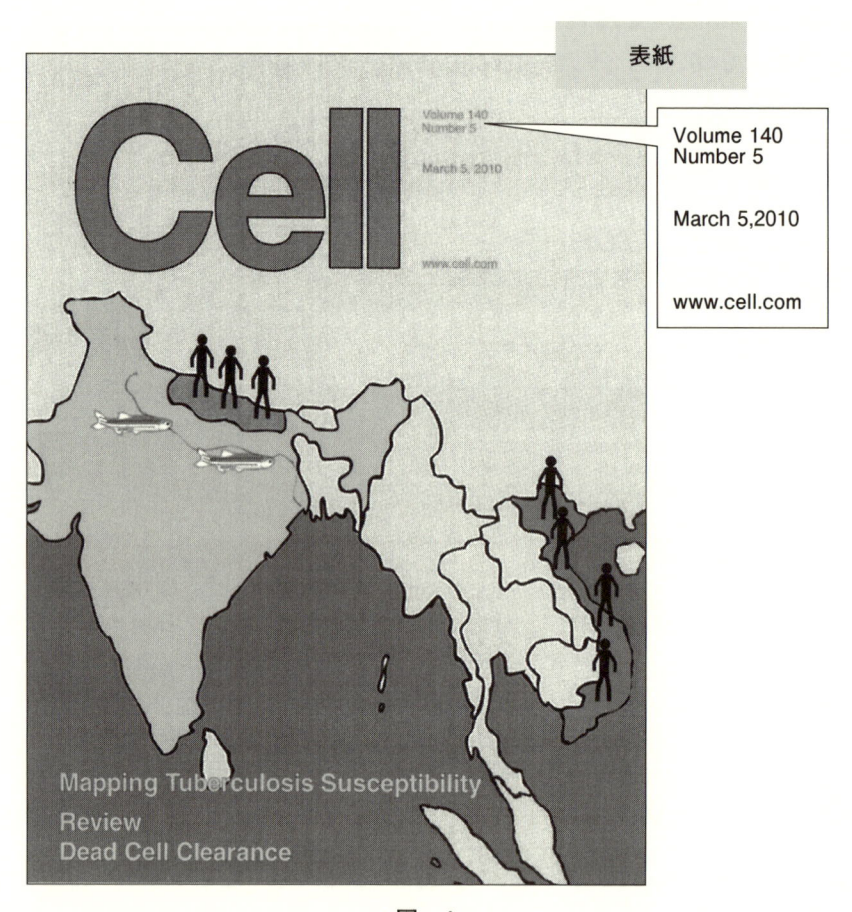

表紙

Volume 140
Number 5

March 5, 2010

www.cell.com

図　4

問 93　図4の雑誌を検索する際，タイトルの検索キーで検索すると膨大なレコードがヒットしてしまうので，フルタイトルの検索キーで検索するのが効率的である。

問 94　既に図4の雑誌の所蔵登録をしていたが，冊子での受入を中止した。その場合，受入継続表示(CONT)は「+」を「-」に書き換える。

問 95 図4の雑誌の所蔵レコードを登録するのは，次の書誌レコードである。

GMD:w **SMD:**r **YEAR: CNTRY:**us **TTLL:**eng **TXTL:**eng **ORGL:**
REPRO: PSTAT: FREQ: REGL: TYPE:
ISSN:10974172 **CODEN: NDLPN: LCCN: ULPN: GPON:**

TR: Cell
VLYR: Vol. 1, issue 1 (Jan. 1974)-
PUB: Cambridge, Mass. : MIT Press
VT:KT:Cell (Online)
VT:AB:Cell (Online)
NOTE: Access via: WWW
NOTE: Full text delayed 1 year
AL: Massachusetts Institute of Technology <>
IDENT:http://www.cell.com/content

● 図5の雑誌の説明文で，正しい場合は○，間違っている場合は×としなさい。

図 5

問 96　タイトルの検索キーを「Chemical communications」として検索すると，「Chemical」と「communications」の論理和による検索結果が得られる。

| 問 97 | 図5の雑誌の所蔵レコードを登録するのは，次の書誌レコードである。|

```
GMD:  SMD:  YEAR:1965 1968  CNTRY:uk  TTLL:eng  TXTL:eng  ORGL:
REPRO:  PSTAT:d  FREQ:  REGL:r  TYPE:p
ISSN:05776058

TR:Chemical communications / Chemical Society, London
VLYR:1965/1 (13 Jan. 1965)-1968/24 (18 Dec. 1968)
PUB:London : Chemical Society, London , c1965-c1968
FID:20214700
BHNT:CF:Proceedings of the Chemical Society<AA00782975>
BHNT:CS:Journal of the Chemical Society. D, Chemical communications <AA00247075>
AL:Chemical Society (Great Britain) <>
```

| 問 98 | 次の書誌レコードは，図5の雑誌とは媒体が異なる機械可読データファイルのレコードである。|

```
GMD:w  SMD:r  YEAR:1996  CNTRY:uk  TTLL:eng  TXTL:eng  ORGL:
REPRO:  PSTAT:c  FREQ:w  REGL:r  TYPE:p
ISSN:1364548X  CODEN:CHCOFS

TR:Chem comm. : chemical communications / the Royal Society of Chemistry
VLYR:1996, issue 1 (7 Jan. 1996)-
PUB:Cambridge, U.K. : Royal Society of Chemistry , c1996-
VT:VT:ChemComm
NOTE:Description based on: 46, issue 11 (2010)
NOTE:Title from title screen
NOTE:Access via: World Wide Web
AL:Royal Society of Chemistry (Great Britain) <>
IDENT:http://www.rsc.org/Publishing/Journals/CC/Index.asp
```

● 図(A)は図5の雑誌の変遷マップである。

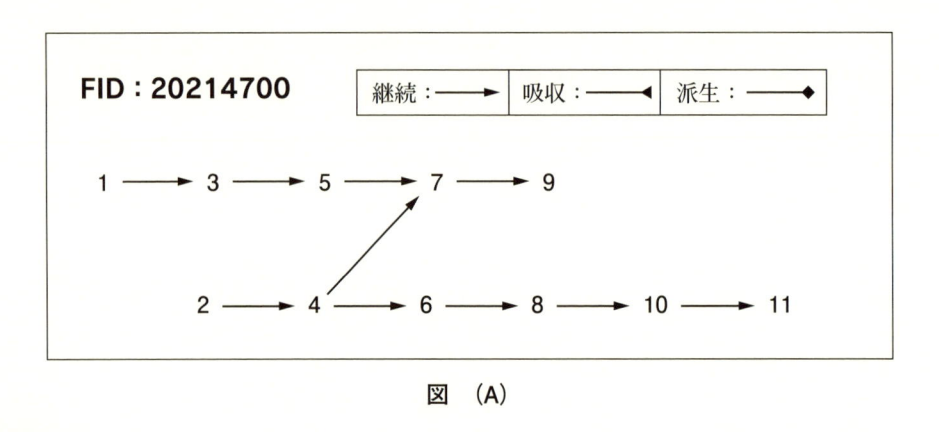

```
FID : 20214700        継続：→   吸収：▶   派生：◆

   1 → 3 → 5 → 7 → 9
                ↗
   2 → 4 → 6 → 8 → 10 → 11
```

図　(A)

問 99　図(A)の変遷ファミリーの中で，継続刊行中の可能性があるのは「9」と「11」のみである。

問100　図(A)にある「7」は，「4」と「5」から派生した雑誌である。

カタロガーの独り言…⑩

目録フランス語の基礎知識

　日ごろ洋図書に馴染みの薄いカタロガーの中には，英語ならまだしも，フランス語やドイツ語の資料を整理する機会はあまりないし，言葉もよく分からない，という方もいらっしゃるのではないでしょうか。中国語や韓国語，その他の特殊文字を使用する言語については「○○の取扱い」という形で指針が公開されていますが，フランス語やドイツ語などのローマンアルファベットを使用する言語についてはそのようなものはありません。
　そこで今回はフランス語で書かれた資料の書誌情報を記述する際の注意点をまとめてみましょう。

● **アクサン**
　フランス語に限らず，ローマンアルファベットを使用する言語では，アルファベットの一部に符号が付くものがほとんどです。フランス語では母音に「`」「´」「^」の3種類の符号（アクサン）が付きます（一部に「¨」も使用します）。子音に付く符号は「ç」の1種類だけです。書誌情報として記述する際は見たとおりに転記するのが原則ですが，フランス語の場合は大文字で表記する際，アクサンを省略している事があります。この場合は，大文字・小文字は正書法に則って書き換え，アクサンもあるべき箇所に追加する必要があります。（「AACR2」1.0G1）
　アクサンが必要かどうかは，大抵はその単語を辞書で引けば確かめられるのですが，「A」については注意が必要です。大文字で「A」と表記されている場合，2つの可能性があるのです。一つは「avoir（英 have）」の三人称単数現在の活用形で，もう一つは前置詞の「à」です。タイトル中に現れる「A」は，後者の前置詞の事が圧倒的に多いのですが，この場合はアクサンを付けて「à」（もしくは「À」）と記入しなければなりません。つまり，タイトルの文の構造を考えなければ正しく記述する事ができないのです。なお，辞書の配列は，符号の有無や種類に関係なくアルファベットそのものの順に並んでいます。

● **大文字**
　次に大文字の使用法について，英語とは異なる点を挙げてみましょう。まず，言語の名称は小文字です（例：l'anglais　英：the English）。また，国の名前が形容詞として使用される場合は小文字です（例：le peuple français　英：the French people）。ただし，名詞の場合は大文字です（例：les Français　英：France）。月と曜日の名前は小文字です（例：janvier, février…, lundi, mercredi…）。
　団体名についてはちょっと複雑な規則があります。最初の単語は大文字，最初の名詞は大文字，最初の名詞より前にある形容詞は大文字です（例：Société de chimie physique ……）。

〈カタロガーの独り言…⑪へ続く〉
（IAAL事務局：K生）

カタロガーの独り言…⑪

目録フランス語の基礎知識（続）

　前回に引き続き，フランス語資料の書誌レコードを記録する際の注意点を確認していきますが，その前に，前回の大文字使用法について一点追加しておきます。英語では「私」を表す "I" という単語は常に大文字で書きますが，フランス語の "je" は，文中では小文字で始めます。すべて大文字で表示されているタイトルなどを小文字に直す際には注意しましょう。

　序数詞の略語は，premier → 1er, première → 1re, deuxième → 2e, troisième → 3e, quatrième → 4e, ... です（「1」が2種類ありますが，前者は男性名詞を修飾する形で，後者は女性名詞に掛かる形です）。

　「巻」に相当する単語は "tome" です。略語は "t." ですので，"VOL:t. 1" のように記録します。ただし NOTE フィールドの先頭に記入する際は注意が必要です。AACR2 の巻末にある略語表の前書きに，NOTE の先頭には一文字の略語は使用しない（APPENDIX B.5C1），とありますので，NOTE の先頭に記入する場合は "T." ではなく "Tome" としなければなりません（そもそも NOTE に内容を記入する場合は，AACR2 によれば "Contents: t. 1. 1861-1897" などとすべきなのですが，コーディングマニュアルの例示で "NOTE:v. 1. 1861-1897" （4.2.6 CW）とあるため，"Contents" という単語を記入しないレコードが多いようです）。

　「号」に相当する単語は "numero" です。略語は "no" で英語やスペイン語などと似ているのですが，フランス語の場合だけは語末にピリオドが付きません。ちなみに，AACR2 の後継である RDA では，記述部分ではアクサンは資料中に表示されているままを記録します。資料中に表示されていなければ，無いままです。（オプションとして，アクサンを追加する方法もあります。）また略語は使用せず，これも資料中に表示されているままを記録しますので，"ED:Deuxieme edition" のように記述する事があります。一般の利用者が書誌情報と現物資料とを同定しやすいように，という配慮のようです。

　最後に，フランスの図書の特徴をいくつか挙げておきます。まず，目次が巻末にある事が多いです（すべてではありません）。また，出版地が明記されていない事が多く，出版社のホームページなどで確認して補記で記入してあるレコードもあります。

　出版年の表示が無くて，タイトルページの裏や向かいに著作権年のみが表示されているケースが多々あります。巻末に "dépôt légal" として年が表示されている事がありますが，これはフランス国立図書館への納本年ですので，出版年としては著作権年や印刷年を優先して記録します。

　同じローマンアルファベットを使用する言語であり，似ている単語も多い英語とフランス語ですが，似ているだけにちょっと違う事が混乱の元にもなっているようです。以上述べた点に注意して，楽しくフランス語資料の書誌レコードを作成していきましょう。

（IAAL 事務局：K生）

第9章

「総合目録－雑誌初級」模擬問題の正解と解説

I. 総合目録の概要

問1 ○

NACSIS-CATの総合目録データベースにおいて，正確な検索と所蔵登録をできることがこの認定試験の達成目標です。総合目録データベースは日々の蓄積で形成されているものですから，どのようにして作成されたものであるかを理解しておくことも，既存のレコードを理解する上で必要な基礎知識です。

総合目録データベースの雑誌書誌・所蔵レコードに関しては，1953年に編纂された『学術雑誌総合目録』のデータを引き継いでいます。その後，いわゆる「学総目全国調査」が定期的に行われ，データのメンテナンスがされていました。そして，1986年からNACSIS-CATのデータベースとして，オンラインでの入力が可能となりました。2006年で全国調査は終了し，現在はオンラインでの参加のみとなっています。
(『基準』1.2 総合目録の形成方法)

問2 ○

NACSIS-CATとNACSIS-ILLの両システムは，目録所在情報サービスの中核となるものです。NACSIS-ILLでは，依頼先の選択，依頼レコード作成などが，NACSIS-CATで構築した総合目録データベースを用いて行われます。両者は緊密に連携しており，目録業務を行う際は，NACSIS-CATのデータがどのように利用されているかを意識しながら作業することが重要です。なお，ILLは年間約100万件の依頼があり，その9割が雑誌であるといわれています。

問1の解説にある「学総目全国調査」では，書誌レコードのVLYRと所蔵レコードの整合性をチェックして，エラーデータを整備していました。現在は各参加館が総合目録データベースの書誌・所蔵データを正確に入力することで，円滑なILLの依頼業務を支えています。
(『テキスト』1講　1. 目録システムと総合目録データベース)

問3 ×

総合目録データベースのデータは，CiNii Booksによって広くインターネット上で公開されています。このCiNii Booksのデータベースの更新は週に1回月曜日未明行われています。一方，総合目録データベースの内容は参加館によってリアルタイムに更新されますので，両者の内容はずれが生じる事があります。

実務を行う際，データベースに入力したことをCiNii Booksで確認し，入力できていなかったかと勘違いしないよう，更新のタイミングについても知っておくとよいでしょう。「CiNii Booksについて」というサイト上の説明や，『NACSIS-CAT/ILLニュースレター』も常日頃目を通しておきましょう。

問4 ○

NACSIS-CATの目的のひとつは，「参加館の目録業務の軽減である」と『目録情報の基準』1.1にあります。参加館では，データをダウンロードすることで，蔵書目録データベースの構築，OPACサービスの提供，選書や発注・受入業務，閲覧・貸出等の各業務システムでも活用することができます。

総合目録データベースのデータは参加館共有のものですが，ダウンロードした(ローカルにある)データは各参加館で，独自の規則に沿って加工や修正をしていることもあるかと思います。同じ目録業務でも，総合目録データベースの規則か，自館の独自規則かを明確に分けて理解しておくことが重要です。また，使用するクライアントによってはNACSIS-CATとシームレスな操作で目録業務が可能になっており，ローカルとNACSIS-CATのどちらの操作をしているかを常に意識している必要があります。

(『テキスト』1講　1. 目録システムと総合目録データベース)

問 5　×

　データベース構成の理解は，検索でヒットした結果を正確に判断する上で重要な知識です。『目録情報の基準』1.3.にある総合目録データベースの構成図(図1-1)をしっかり理解しておきましょう。また，「ファイル」とは，「レコード」を収めた器である点，用語にも注意しましょう。
　図書初級問11の解説にある構成図(図1)を参照してください。書誌ファイルは雑誌書誌(SERIAL)と図書書誌(BOOK)の2つのみが書かれています。和洋別のファイルではありません。ファイルの中のレコードには，それぞれ一意に識別するIDが与えられます。雑誌書誌レコードのIDはA（図書はB）で始まるアルファベット2文字と，数字8桁(末尾桁はXの場合もあり)です。1997年以前に作成されたレコードでは和洋別のファイルでしたが，多言語化に伴い和洋が統合されています。問題文中の「和雑誌ファイル」「洋雑誌ファイル」だけでも，これは間違った文章だということが分かります。
(『基準』2.2 書誌ファイル)

問 6　×

　この問題も総合目録データベースの構成図が頭に入っていれば分かる問題です。雑誌の所蔵レコードはSHOLDというひとつのファイルに収められており，和洋の区別はありません。ちなみに，所蔵レコードのIDはCで始まるアルファベット2文字と数字10桁で，図書所蔵レコード(BHOLD)もCで始まりますので，日常目にするIDの体系が，必ずしも「ファイル」の違いを示しているのではないことが分かります。
　所蔵ファイルは雑誌と図書では収録する情報が異なります。ファイル毎に収録する情報の項目(フィールド)が決まっていますので，その枠組みであるデータベース構成を正しく理解しておきましょう。
(『基準』2.3 所蔵ファイル)

問 7　○

　データベース構成図にある通り，総合目録データベースの中にある典拠ファイルは，著者名典拠と統一書名典拠の2つです。
　問題文では典拠とは「標目の形を管理するための」ものという説明があり，典拠ファイルの機能についての概念もおさえておく必要がありますが，ここでは，問われているファイルの種類について，○と解答できれば構いません。
(『基準』2.4 典拠ファイル)

問 8　×

　参照ファイルは，データベース構成図のとおり，総合目録データベースの外周に置かれています。このように，参照ファイル(およびMARC)を，互いに連関した総合目録データベースの内部ではなく，参照という形で外部に位置づけた点は，総合目録データベースの環境の大きな特徴です。
　所蔵登録とは，総合目録データベースの書誌レコードと所蔵レコード間でリンクを形成することにほかなりません。参照ファイルはあくまで書誌レコードや典拠レコードを作成する際に参照するためのファイルです。どのクライアントでも，所蔵登録ができるのは，総合目録データベースの書誌レコードに限られており，実際の業務ではあり得ないので，実務経験があれば簡単に答えられる問題ですが，このように仕組みとしても把握しておきましょう。
(『基準』1 総合目録データベースの概要，『テキスト』1講　5. 参照ファイル)

問 9 ✕

　総合目録データベースのファイルは，タイトル変遷ファイル以外は参加館が直接登録・修正を行うことで構築されています。唯一の例外がこのファイルで，図書目録業務の経験しかない方には，意外かも知れません。
　具体的には，参加館がタイトル変遷に関する情報を国立情報学研究所に報告し，報告に基づき国立情報学研究所で検証作業を行って，前後誌のリンク形成と，変遷関係のファイルを作成します。どのクライアントにも，前後誌のリンクや変遷マップ作成のシステムはありませんので，経験的に✕と判断できる問題ではありますが，タイトル変遷ファイルが他のファイルと異なる事項ですので，覚えておくとよいでしょう。
(『基準』2.5 タイトル変遷ファイル)

問 10 ✕

　NACSIS-CATでの「図書」「逐次刊行物」の定義と，図書ファイルと雑誌ファイルの違いも，基本的な知識としておさえておきましょう。『目録情報の基準』では，「逐次刊行物とは資料形態の種別にかかわらず，終期を予定せずに逐次刊行される資料全てのことをいう」とされています。『日本目録規則1987年版　改訂3版』13章の通則にある「継続資料，すなわち，完結を予定せずに継続して刊行される資料」も主旨は同じです。図書，雑誌どちらのファイルに登録されているかは，この定義によりますが，境界領域の資料については，双方に登録することが可能です。図書書誌ファイルでは個々の巻号の情報が記録でき，雑誌書誌ファイルでは巻号による所蔵情報の絞り込みができるという違いがあります。
　ISBNは逐次刊行物の各冊にふられることもあり，またISSNは図書のset単位にふられることもありますので，この定義とは必ずしも一致しません。
(『基準』2.2.1 図書と逐次刊行物)

問 11 ○

　総合目録データベースのファイル構成において，これも特徴的な事項です。図書にはタイトル変遷という概念がありませんので，問題文の前半「タイトル変遷ファイルは雑誌固有」という点については判断しやすいでしょう。後半の「統一書名典拠ファイルは図書固有のものである」ことは，統一書名典拠ファイルに収録される対象を知っていれば，雑誌には存在しないということが分かります。USMARCS等では，Uniform Title (統一タイトル)という概念がありますが，NACSIS-CATでの「統一書名典拠」は，限定的に用いられます。『目録情報の基準　第4版』の時点では，「当面，無著者名古典，聖典及び音楽作品とする」と書かれていますが，2012年1月から日本語の古典作品が追加されました。
(『基準』2.1 ファイル構成)

問 12 ○

　NACSIS-CATは共同分担入力方式をとっていますので，日常業務において，共有レコードか，参加館固有のレコードかを知っておくことは必須です。問題文の通り，書誌レコード，典拠レコード，タイトル変遷レコードは参加館で共有のレコードであり，所蔵レコード，参加組織レコードは参加館固有のレコードです。
　もし，間違えて共有レコードを勝手に書き替えてしまうと，他の参加館(所蔵館)に迷惑をかけるだけでなく，CiNii Booksの利用上や，ILL業務でも支障をきたすことになります。一方，参加館固有のレコードのメンテナンスは，参加館の責任において確実に行われなければなりません。
(『テキスト』2講　1.2. 総合目録データベースのレコード特性)

問13 ×

雑誌の書誌レコードは，新規作成，修正を行った参加館は，国立情報学研究所にそのことを報告することになっています。図書の場合と異なり，いわば雑誌書誌レコードは国立情報学研究所がコントロールしているといえます。ただし，国立情報学研究所は資料そのものを所蔵していませんので，実際の書誌作成・修正は参加館が行い，報告時に添えられた情報源のコピーを元に検証されます。

図書書誌レコードでは，レコードの作成館と最新の修正館の情報がそれぞれCRTFA，RNWFAフィールドに記録されていますが，雑誌の書誌レコードにはそれがありません。また，参加館間でのレコード調整は，雑誌では行われません。
(『テキスト』2講　2.8.雑誌書誌レコード作成・修正の報告)

問14 ×

問題文の「書誌レコードは，…削除することができる」という部分だけで，この文章は正しくないと判断できます。書誌レコードは共有レコードであり，参加館は削除できない仕組みになっています。書誌の削除については，参加館が「削除予定レコード」の決まった形に書誌を「修正」し，国立情報学研究所がそのレコードに対して「削除」の作業を行います。

削除予定レコード化する際の手順を知っていたとしても，「所蔵レコードとのリンクが0件」という部分だけで正しいと早合点しないよう注意しましょう。なお，雑誌書誌レコードでは，変遷関係があると，リンクしている所蔵レコードが0件でも削除レコードにはしないケースがあります。
(『基準』3.4 総合目録データベースの品質管理)

問15 ○

総合目録データベースでは，レコード間の関連性をリンクで表現します。実務ではレコードの中に埋め込まれたリンク先のIDをたどれることで，経験的にリンク関係について理解できていると思いがちですが，基礎知識としてきちんと仕組みを覚えておきましょう。

雑誌書誌レコードでは，著者名典拠レコード，タイトル変遷レコード，所蔵レコードとリンク関係が存在しえます。所蔵登録という操作は，書誌レコードに対してリンクする所蔵レコードを作成すると言い換えることができます。原則として書誌レコードには1つ以上の所蔵レコードがリンクされています。
(『基準』2.7 リンク関係, 『テキスト』4講　2.リンク形成)

問16 ○

各レコードの作成単位は，重要なポイントです。書誌レコード，所蔵レコード，典拠レコードそれぞれに作成単位が定められており，規則に合致しない重複レコードを作成してはいけません。

所蔵レコードの作成単位は，参加組織の配置コードに対して1つと決められています。従って，複本があっても同じ配置コードにおいては，1レコードしか作成できません。クライアントによって，通常このようにしか作成できないシステムになっています。雑誌では，最新号やバックナンバーを別置するケースがありますが，各館の事情と，総合目録データベースでの所蔵レコードの作成単位は区別して考えなければいけません。
(『基準』7.2.2 雑誌所蔵レコードの作成単位)

問17 ○

雑誌の書誌レコードでは，図書書誌レコードのようにリンク関係で階層を表現することはしません。例えば「民俗学雑誌」というタイトルの元に，「農村生活研究」「漁村生活研究」という独自の巻号を持った雑誌があったとします。このようなケースでは，「民俗学雑誌」を共通タイトルとして，それぞれ別の従属タイトルをもった書誌レコードが作成されます。本タイトルは，共通タイトルと従属タイトルで構成され，「民俗学雑誌．

農村生活研究」「民俗学雑誌. 漁村生活研究」という2書誌レコードになります。もし，共通の巻号があったとしても，個々の巻号を優先します。
(『基準』6.1.4 リンクブロック)

問18 ○

問9の解説にもある通り，「タイトル変遷ファイル」は参加館が直接登録・修正を行うことができません。国立情報学研究所に「変遷注記用データシート」を送付し，リンクが形成されるまで，書誌レコードのNOTEフィールドに仮に変遷関係を注記しておくという方法がとられます。この注記は，リンク形成の際，削除されます。変遷を発見し書誌レコードを修正して，NOTEに「変遷後誌：○○」と記述しただけで，国立情報学研究所への報告を忘れてしまったため，本来一時的な注記のデータが，いつまでも残ってしまうこともあります。また，変遷前後誌の書誌レコードが総合目録データベースにないため，NOTEに変遷に関する内容が記述されていることもあります。

変遷に関するリンク関係は，BHNT（Bibliographic History Note）フィールドとFID（Family ID）フィールドに記述されているものです。
(『基準』6.4 タイトル変遷情報の確証)

問19 ○

NACSIS-CATでは「個別タイトル記入方式」の原則に基づき，雑誌の本タイトルが変更になった時点で，書誌レコードを新規に作成します。そして，変更したという情報をリンク関係で表現します。一連の変遷を管理する番号がファミリーID（FID）です。

最も一般的な変遷関係は，Aという雑誌がBという雑誌に変わった（すなわち，Aは終刊になって，Bが生まれた）継続関係ですが，ほかにもAは続いていてBが派生したとか，同時に刊行されていたA，B2誌が吸収されてAのみになったというようなケースもあります。同じFIDをもつ雑誌書誌レコードを，1つの関係図に示すものが「タイトル変遷マップ」で，各クライアントによって表示のしかたは異なります。
(『基準』6.1 雑誌書誌レコードの構成と記述規則)

問20 ×

参照ファイルが総合目録データベースと最も異なる点を3つ覚えておきましょう。
①レコード間のリンクは存在しない。
②所蔵レコードがない。
③参照ファイルのレコード自体を修正することはできない。

例えば，USMARCSは米国議会図書館作成の雑誌書誌レコードUSMARC（Serial）をNACSIS-CATのフォーマットにコンバートしたもので，著者名典拠の参照ファイルとして同じく米国議会図書館が作成したUSMARCAがありますが，ここにはリンク関係は存在しません。
(『基準』1.3.2 参照ファイル，『テキスト』1講 5. 参照ファイル)

問21 ×

「目録システム間リンク」を採用している参照ファイルとして，ドイツのHBZなどがあります。その他の参照ファイルはあらかじめNACSIS-CATの仕様に合わせて変換されて収録されています。Z39.50とは国際標準のオンラインシステム間の通信プロトコルです。HBZなどを検索する際には，NACSISのサーバにあるデータではなく，直接該当する書誌ユーティリティにアクセスしているのです。

アクセスできる条件として，IPアドレス等を事前に国立情報学研究所に登録しなければなりません。またHBZ等各接続利用のガイドラインには，「NACSIS-CATへの登録作業以外の用途での検索はお止めください。」などの注意が掲載されています。通常他の参照ファイルになかった場合に検索するといった使い方をします。
(『テキスト』2講 2.1. 書誌ファイルの構成 注意書き)

問 22 ○

『目録情報の基準』には、総合目録データベースの構成、内部構造、参照ファイル等、目録システム利用上知っておくべきデータベースの構造等が解説されています。いわば、原則や考え方を示した憲法にあたります。

構成は第1部「総合目録データベースの構成」、第2部「目録情報の作成」、第3部「データの記述法」の3部から成ります。

漢字の単語単位の検索用インデクスはヨミの分かち書きを参考に作成されるため、ヨミの表記や分かち書きの記述は重要なポイントです。また共同分担入力方式をとるNACSIS-CATにおいて、担当者によって表記や分かち書きにユレがあるのは問題ですので、この標準化を図るため第3部に原則と具体例が詳述されています。これらをすべて覚える必要はありませんが、ヨミや分かちについて迷う時には必ず参照しましょう。
(『基準』はしがき、『テキスト』1講　8. マニュアル等)

問 23 ○

『目録システムコーディングマニュアル』には、データ記述方式、項目一覧、データ記述文法等が示されています。『目録情報の基準』が憲法であれば、これは具体的条項を示した法律にあたるといえるかも知れません。

第6章が和雑誌書誌レコード、第7章が洋雑誌書誌レコード、第17章が雑誌所蔵レコードです。フィールド毎に「形式」「記述文法」「データ要素の情報源」「データ記入及び記入例」等が掲載されています。コーディングマニュアルは目録所在情報サービスのサイトに公開されていますので、NACSIS-CATの業務をする際はいつでも参照できるようにしておきましょう。そして、どのマニュアルに何が説明されているかの概要は理解しておきましょう。
(『基準』はしがき、『テキスト』1講　8. マニュアル等)

問 24 ×

総合目録データベースが準拠する目録規則は、和資料、洋資料で異なります。和資料が準拠するのは『日本目録規則』、洋資料は『英米目録規則』とされています。和資料と洋資料は、同じ書誌ファイルに収録されていて、同じフォーマットですが、記述内容の準拠する目録規則が異なるのです。

書誌レコードに関しては、タイトルの言語(不適当な場合は、本文の言語)により、日本語、中国語、韓国・朝鮮語は『日本目録規則』、それ以外は『英米目録規則』を適用します。出版地ではありませんので、日本で発行されていても英語で書かれていれば洋資料と考えます。なお、著者名典拠レコードに関しては、個人の場合は著作の原版で用いられている主な言語により、団体名・会議名の場合は公用語により、どちらの目録規則に準拠するか判断します。
(『基準』6.1.2 記述ブロック、『利用マニュアル』2.3.2 雑誌書誌レコードの詳細　ほか)

問 25 ×

NACSIS-CATのフォーマットでは、レコードは各項目のフィールドごとに記述されています。そして、フィールド内で各データ要素は、ISBD (国際標準書誌記述)に準拠した「区切り記号法」に従って記述されます。各データ要素の機械的識別のため、NACSIS独自の部分が一部ありますが、英語の慣用ではありません。

区切り記号の使用方法を示したものが記述文法です。例えば、TR (タイトル及び責任表示)フィールドで、責任表示(著者・編者等)の前には、「△/△」という「区切り記号」がおかれます。「区切り記号」は検索用インデクス作成の際に、データ要素を識別するために使われますし、書誌レコードを読み取る際にも必要な知識です。検索用インデクス作成仕様は『目録システム利用マニュアル』付録Cに掲載されています。
(『基準』6.1.2 記述ブロック)

問 26　○

インターネットの検索エンジンと異なり，NACSIS-CATの検索は，インデックス検索という仕組みによっています(ただし，CiNii Booksは全文検索)。業務上で正しい検索をするためには，その事を常に念頭においていなければなりません。

インデックス検索とは，問題文にある通り，検索キーと予め切り出された検索用インデックスとの照合により結果を表示します。業務では，漠然とどんな資料があるかな？という未知検索ではなく，具体的にこの資料があるかないかを調べる既知検索ですので，インデックス作成の仕様を理解し，的確な検索キーを選ぶことで正確な検索結果が得られます。

(『テキスト』1講　7 検索のしくみ，3講　6. 検索上の注意点)

問 27　○

書誌レコードを記入する際の情報源は，フィールドごとに規定があり，その内容はさまざまです。例えば，「洋雑誌のTRは標題紙が優先し，表紙等はその代替物」とされています。手元の資料と，検索してヒットした書誌レコードを同定する時，情報源箇所の確認が曖昧だと，正しく同定できない場合があります。

また，ISSNのように，「どこからでも良い」という具合に規定がゆるやかなフィールドもあります。ヒットした書誌レコードに記録されているISSNが，手元の資料には見当たらなくても，それだけで「同定できない」と断定する事も早計です。このように，書誌同定の際には，情報源の規定を理解した上で確認することが大切です。

問 28　○

検索用インデックス作成の仕組みについての問題です。書誌レコードのデータ要素に，タイトルの漢字形の分かち単位でのデータはありません。一方，ヨミは分かちして最小の単語単位で入力されています。タイトルの漢字表記形の単語での検索ができるのは，システムが表記形とヨミを対応させて機械的にインデクスを生成しているからです。

そのため，ヨミが正しく分かちされていない場合や，一般的でないヨミの場合に，システムで漢字とヨミの照合ができず，漢字表記形の単語ではうまく検索できないことが起こりえることも知っておきましょう。

(『利用マニュアル』2.7.2 検索用インデクス，『テキスト』3講　6. 検索上の注意点)

問 29　○

データベース内部の文字コードはUCS(国際符号化文字集合)を採用しています。「学」と「學」は文字コードが異なり，そのまま機械的に照合すると不一致という結果になります。そこで，漢字形による検索漏れを防ぐために，似た字形の漢字を統合する仕組みが用意されています。その事を，漢字統合インデクスによる正規化と呼びます。

例えばこの問題の「學」という文字は，検索用インデクスで「学」に置き換えており，入力した検索キーでも同じ漢字統合インデクスによる正規化を行った上で照合されるので，旧字体でも新字体でも同じ検索結果がえられます。

(『利用マニュアル』2.7.3 漢字統合インデクス)

問 30　×

ストップワードとはシステムの負荷を軽減するために検索用インデクスから除外される語のことで，NACSIS-CATでは欧米諸言語における前置詞，冠詞，接続詞に限定しています。日本語の場合は，接続詞であっても除外されずにインデクスとなります。

洋資料を検索する際，前置詞(as, byなど)，冠詞(a, theなど)，接続詞(and, forなど)を入力しても，同様に検索キーからも除外されます。この仕組みを知っていれば，有効な単語だけで効率的な検索をすることができます。フランス語，ドイツ語などに由来するストップワードもありますので，どのような語がストップワードに指定されているかを見ておくとよいでしょう。

(『利用マニュアル』付録D　特殊文字・記号)

Ⅱ. 各レコードの特徴

問 31 ✕

各レコードの特徴について、まずおさえておくべきことは、それぞれの作成単位の考え方です。雑誌書誌レコードの作成単位について、『目録情報の基準』6.2.3に別書誌レコードとみなす8つのパターンが書かれています。以下簡略に紹介します。a)タイトル変遷、b)総称的タイトルにおける責任表示の違い、c)版の違い、d)資料種別の違い、e)複製、f)合綴誌, 合刻複製版に含まれる個々、g)独自の巻号次をもつ付録・補遺資料、h)並行して異なる出版者から刊行されたもの。

図書書誌レコードとは異なり、複製時に付与されたタイトルの単位ではなく、中に含まれる逐次刊行物の単位で書誌レコードが作成されます。書誌作成単位を理解していないと、検索してヒットした書誌レコードから該当するものを正しく識別できませんので、基礎知識として覚えておく必要があります。
(『基準』6.2.3 雑誌書誌レコードの作成単位)

問 32 ○

タイトル変遷における「軽微な変化」は、2006年から導入されました。『日本目録規則』でも1987年版改訂3版(2006.6刊行)から第13章継続資料にこの考え方が示されるようになっています。どのような場合に軽微な変化とみなすかについて、コーディングマニュアルの6.0.1及び7.0.1をみておくこともよいでしょう。

雑誌の書誌レコード作成単位を理解する上で、問31の解説で述べたa)タイトル変遷は、以前は1文字でも異なれば別書誌とみなしていましたが、現在は一律でなく「軽微な変化」かどうかの判断によることを覚えておきましょう。軽微な変化と判断された場合、書誌レコードのNOTEフィールドにその事が注記され、VTフィールド(その他のタイトル)に軽微に変化したタイトルが記録されますので、検索上は軽微な変化後のタイトルでもヒットします。
(『テキスト』7講　5.タイトル変遷の基準)

問 33 ○

「本タイトル」「共通タイトル」の違いと、タイトル変遷の基準をしっかり把握できているかがポイントです。「本タイトル」は「共通タイトル」+「従属タイトル」で構成される場合があり、「本タイトル」が変化したことがタイトル変遷です。「従属タイトル」は聞き慣れない用語かも知れませんが、部編名や部編記号のことをいいます。

具体例を挙げると、仮に「目録大学紀要.理工学編」という雑誌の場合、共通タイトルは「目録大学紀要」、従属タイトルは「理工学編」、本タイトルは「目録大学紀要.理工学編」となります。そして、従属タイトルだけが変わった場合でもタイトル変遷として扱われることになっています。
(『テキスト』2講　2.6.タイトル変遷, 7講　5.タイトル変遷の基準)

問 34 ○

雑誌は継続刊行されるものなので、刊行の途中で書誌事項が変わってくることがあります。本タイトルが変われば、タイトル変遷で別の書誌レコードになりますが、本タイトル以外が変わった場合(例えば出版者の変更等)は同じ書誌レコードに記述されます。雑誌書誌記録の考え方としては、初号主義(=初号の情報を採用して記述し、変化後の情報は注記)と、最新号主義(=最新の情報に基づいて記述し、変化前の情報を注記)の2通りがありますが、NACSIS-CATでは初号主義を採用しています。ただし電子ジャーナルは例外です。

このことを知っていると、雑誌書誌レコードを検索する場合、最新の出版者で検索し

問35 ○

検索結果の書誌を同定する際に，雑誌では巻次・年月次(VLYR)が重要な決め手になりますが，中にはこの情報が記述されていない場合があります。それは，VLYRフィールドには「初号巻次（初号年月次）-終号巻次（終号年月次）」が記述される規則だからです。初号がなければ初号巻次（初号年月次）は記入できません。また，初号主義ですので，出版年(PUBDT)も記述されません。

そのような場合には，注記(NOTE)の記述根拠号の巻次・年月次等を参考にして，その雑誌の範囲を判断する必要があります。初号がない場合は最古号に基づいて記述し，必ず最初の注記に記述の根拠となった号の巻次・年月次について記録する決まりになっています。
(『利用マニュアル』4.5.1 雑誌書誌登録の概要，『テキスト』7講　2. 書誌修正の原則)

問36 ○

著者名典拠レコードの機能についての知識を問う問題です。著者名典拠ファイルは，書誌レコードの著者標目の形を統一して，一元的に管理するためのファイルであり，同時に統一された形以外に検索が予想される他の形や，関連する他の情報を記録することによって，同一著者に対する多面的な検索を可能にする役割があります。本来は，これにより同一著者による著作を集中する機能をもっています。

例えば，大英図書館編集の雑誌があったとすると，「British Library」が著者標目形として採用され，「大英図書館」，「英国図書館」，「英國國家圖書館」や「British Museum」が参照形として著者名典拠レコードに記録されています。
(『基準』8.1 著者名典拠レコードの位置づけ)

問37 ×

書誌レコードと著者名典拠レコード間のリンクは，任意とされています。従って，著者標目（目録における著者の見出し語）として記述されていても，著者名典拠レコードにリンクしていない，あるいは著者名典拠レコード自体が作成されていない場合があります。著者名典拠レコードは著者の標目形をコントロールする役割として重要ですが，リンクが必須ではないことから，網羅的に検索することができません。

雑誌において，責任表示として個人名は採用しないことになっており，おもに編者としての団体名が著者標目になります。著者名典拠レコードでは団体名は下部組織までを含めた形を採用することもあわせて覚えておきましょう。
(『テキスト』3講　2.1 検索とリンク参照)

問38 ×

問9の解説で，タイトル変遷リンクは国立情報学研究所が作成することを説明しましたが，変遷がおこったことによる書誌レコードの新規作成や，既存書誌レコードに対する修正(終刊処理)は，あくまで参加館の共同分担入力方式により行われます。問題文では，参加館はタイトル変遷の報告を行い，国立情報学研究所が新規に書誌レコードを作成するように書かれていますので，これは間違った文章です。

当然書誌レコードがないと所蔵登録はできません。タイトル変遷しているのに変遷前の書誌レコードに所蔵をつけてもいけません。また，どこか他の所蔵館がいつか新規に書誌レコードを作成してくれるだろうと待っていると，雑誌は利用者にとって最新の情報が必要とされますので，良いことではありません。
(『基準』6.1.3 変遷ブロック)

問 39 ✗

所蔵レコードが配置コードごとに1つ作成できることは，問16でも既に説明しました。配置コードは参加館があらかじめ国立情報学研究所に申請しておくものです。すなわち，書誌・所蔵レコードによって選択するのではなく，申請してある配置コードごとに作成する訳です。

複数配置コードを登録している参加館と，配置コードを特に申請していない参加館があり，後者の場合には所蔵レコードは結果的に参加組織単位で1つ作成することになります。細分化した配置コードを登録してあると，保管転換の度にデータを修正する手間がかかりますが，雑誌の所蔵レコードはILLでもよく利用されますので，参加館が運用上の便宜を考慮して適切な配置コードを申請することが大切と言えます。
(『基準』2.6 参加組織ファイル)

問 40 ○

雑誌の所蔵レコードには，所蔵している範囲の情報を記述します。図書ではどの部分を持っているということはありえませんので，雑誌の方が少し複雑ですが，「所蔵レコードの巻次と年次は，書誌レコードの巻次・年月次の範囲を超えない」という大原則をおさえておきましょう。

そのタイトルの雑誌として存在し得る範囲が，書誌レコードの巻次・年月次(VLYR)に記述されます。初号が5号であれば，4号以前はこの書誌レコードにリンクする所蔵レコードとして相応しくありません。また，終号が10号と記述されていれば，11号以降は別の書誌レコードに所蔵登録すると判断します。
(『基準』6.3.2 所蔵レコードとの関係，『テキスト』5講 2.所蔵データ記入法)

問 41 ✗

問40の解説で，書誌レコードのVLYRフィールドに雑誌の存在し得る範囲が記述されていると説明しましたが，初号や終号がないとこのVLYRフィールドに記述することができません(初号主義)。しかし，初号と終号がないからといって，所蔵が登録できない訳ではありません。注記されている記述根拠号等を元にその範囲を特定して所蔵レコードを作成します。

例えば，VLYR(巻次・年月次)フィールドに記述がなく，NOTE(注記)に「記述は2号(2010.5)による」と書かれていれば，2号が2010年5月号として発行されている雑誌であるということが分かります。もし，書誌レコードの記述根拠号より古い号を所蔵している場合は，書誌レコードを修正してから，所蔵登録します。
(『テキスト』5講 2.所蔵データ記入法)

問 42 ✗

所蔵レコードの巻次は，2階層で「巻レベル(号レベル)」という形で表現します。そして，問題文のような3階層の巻次体系を持っている場合は，3階層目が完全に揃っていれば，2階層目の号レベルがあるとみなします。

号レベル以下のものが全部揃っていない場合，例えば，Vol. 3, no. 1が，part 1からpart 4まであり，part 2は所蔵していないといった時に，号レベルのno. 1は欠号扱いになります。3階層の巻次の例は多くはありませんが，覚えておきましょう。

なお，所蔵レコードの巻次は，「巻」や「Volume」など実際の資料に表示されている表現に関わらず，2階層で表現します。
(『テキスト』付録8.巻レベル・号レベル)

問 43 ✗

複数の巻次体系を持っている場合に，優先して採用する基準があります。書誌レコードのVLYR(巻次・年月次)フィールドには，優先する形式が巻次としてまず記述され，採用しなかった別形式の巻次・年月次は，「△=△」の区切り記号の後ろに記述されます。所蔵レコードの巻次は，それにあわせることで自ずと優先する体系を判断できます。

この問題文のVLYRでは、「変遷後に付与された巻次は、変遷前誌より引き継いだ巻次より優先使用する」「2階層の巻次は、1階層の巻次より優先する」という原則に則り、1巻1号が「△=△」の前に書かれています。資料に表示されている文字の大小や、各参加館の事情で選択してはいけません。ILLで利用する際にこの決まり通りに記述していないところは、うまく所蔵巻号が絞り込めないことになってしまいます。
(『テキスト』5講 2.所蔵データ記入法)

問 44 ○

問題の書誌レコードのVLYRフィールドには、巻次は「平成3年度」、年月次は「(平3)」と、どちらも元号で記述されています。所蔵レコードのHLVは、巻次にあわせ元号の数値を採用して「HLV:22」と登録します。たとえ所蔵している資料には元号と西暦年が併記されていても、元号年を西暦年に変換して登録するのは誤りです。

これとは異なり、所蔵レコードのHLYRには、書誌のVLYRフィールドの年次の表現形式には関わらず、常に西暦年に変換した4桁の数字で登録します。

所蔵レコードのHLVは、書誌レコードのVLYRの巻次の数字部分をそのまま、HLYRは必ず西暦4桁と覚えておきましょう。問43でも説明しましたが、書誌レコードにリンクするどの所蔵レコードも同じルールに則って記述されていることで、円滑な利用ができることになります。
(『テキスト』5講 2.所蔵データ記入法)

問 45 ×

巻次体系が変わったことを、「巻次変更」といいます。雑誌は継続して刊行され、必ず個々の順序を表す巻次と年月次がありますが、巻次が途中で飛躍することもあり、それを書誌単位の変更とはみなしません。

書誌レコードのVLYRフィールドでは、巻次変更を「△;△」の区切り記号で表現し、その前後はそれぞれシーケンシャルに続いていることを意味します。所蔵レコードでは書誌レコードのVLYRに対応した箇所に、スペースをおかずに、「;」(セミコロン)をはさんで記述します。問題文は、「別書誌レコードを作成」という箇所だけでなく、「所蔵レコードを登録することができない」という点でも間違った文章だと判断できます。
(『テキスト』5講 2.所蔵データ記入法)

Ⅲ. 検索の仕組みと書誌の同定

問 46 ○

TITLEKEYの検索対象となるのは、TRフィールドとVTフィールドです。このうち、TRフィールドについては限定条件があり、①フィールド先頭から「△/△」までの部分と、②和雑誌のようにヨミがある場合には「‖」以後の部分が対象となります。①の条件は「△/△」を記入する事のないVTフィールドについてはあてはまりませんので、フィールド全体が検索対象となります。

責任表示はTRフィールドに記述されますが、タイトル部分とは「△/△」で区切られていますので、①の条件によってTITLEKEYの検索対象とはなりません。責任表示の検索にはAUTHKEYを用います。
(『利用マニュアル』付録C インデクス作成仕様)

| 問 47 × | AUTHKEYはALフィールドだけでなく，TRフィールドをも検索対象とします。
但し，TRフィールドの場合には「△/△」以降の部分から，デリミタごとに語を切り出しますので，特に和雑誌の場合には注意が必要です。
例えば［TR:文學 / 大阪大学文学部編∥ブンガク］と記述されている場合「大阪大学文学部編」を著者名の検索キーとして検索すればヒットしますが，「大阪　大学　文学部」や「大阪大学文学部」ではヒットしません。同じAUTHKEYによる検索でも，ALフィールドのデータは，ヨミが付与されている為，ヨミの分かちに合わせた形で，漢字の部分からもインデクスが切り出されますが，TRフィールドの「△/△」以降にはヨミがないからです。
（『利用マニュアル』付録C インデクス作成仕様） |

| 問 48 ○ | ISSN（International standard serial number）は，世界中の逐次刊行物を，8桁の数字（末尾桁はXの場合もあり）で識別する事ができる便利な記号ですが，実際の資料には無効/取り消しISSN（XISSN）なるものが表示されている事があります。例えば，誤植で桁数に過不足があったり，数字自体が間違っているもの，改題して新たなISSNを取得したのに変遷前誌のISSNを誤記したままのもの等，さまざまです。しかし，資料に表示されているものが正規のISSNか，それともXISSNかなんて，OPAC検索の場面等で個々の利用者が判断するのは困難です。これらの不正なISSNは書誌レコードのXISSNフィールドに記入されていますが，検索画面からは，ISSNフィールドに入力して検索する事が可能になっています。
（『利用マニュアル』付録C インデクス作成仕様） |

| 問 49 × | ヨミが与えられているフィールドは，TR，VT，ALの各フィールドで，「∥」（ダブルストローク）で区切ってヨミが付与されます。PUBフィールドにはそれがありませんので，ヨミで検索する事はできません。PUBフィールドのデータは，デリミタごとに切り出して正規化されます。例えば出版者が「University of Tokyo」なら，「UNIVERSITY」「TOKYO」が検索キーとなります。和文の場合には「岩波書店」と記述されていれば，検索キーは「岩波書店」であり，「岩波」「書店」「イワナミ」等は検索キーとはなりません。
（『利用マニュアル』付録C インデクス作成仕様） |

| 問 50 × | 雑誌書誌レコードの記述は初号主義を原則としています。通常，初号（初号が入手できない時は所蔵最古号）に基づいて書誌が記述され，以降の変更事項は注記に記入されています。従って，PUBフィールドに記述されている出版者も，記述の根拠となった初号（又は所蔵最古号）の時点での出版者であり，その後変更した出版者については，NOTEフィールドに記述されるだけです。NOTEフィールドのデータは検索の対象にはなり得ませんので，最新の出版者から検索する事は適切ではありません。
（『テキスト』2講2.7 雑誌書誌レコード記述の原則（基準とする号）） |

| 問 51 ○ | FTITLEKEYは，雑誌の場合には，TRフィールドの先頭から，次の条件までの間の文字列を切り出します。　　　「△/△」「△:△」「△=△」「.△」
つまり，これらの記号で区切られる責任表示，タイトル関連情報，並列タイトル，従属タイトルの部分はFTITLEKEYとなりません。「∥」で区切られたヨミの部分についても同様の仕方で，FTITLEKEYを切り出します。
この問題では，「TR: Nature.△Physical science」中の「.△」の直前まで，つまり「Nature」だけを切り出します。「Naturalphysicalscience」を切り出すのではありません。
FTITLEはタイトルの完全一致で検索できる機能ですので，この問題の例のように短 |

い単語だけからなるタイトルや，一般的な語ばかりからなるタイトル等を検索する際には効率的です。
(『利用マニュアル』付録C インデクス作成仕様)

問 52
○

FTITLEKEYの検索対象となるのは，TRフィールドだけです。例えば，

> TR:アジア便覧‖アジア　ベンラン
> VT:VT:亜細亜便覧‖アジア　ビンラン
> VT:ST:アジア統計便覧‖アジア　トウケイ　ベンラン

ならば，フルタイトルの検索キーとして正しい検索キーとなるのは「アジア便覧」「アジアベンラン」だけ。VTフィールドの「アジアビンラン」「アジア統計便覧」等は，正しい検索キーではありません。
(『利用マニュアル』付録C インデクス作成仕様)

問 53
○

普段の業務では馴染みが薄いかも知れませんが，FTITLE検索は知っておくと便利な検索技法です。問題のタイトルの場合，タイトルの検索キーとして「Le the」で検索すると，どちらの語もストップワードなので検索が実行できません。しかしFTITLE検索では，インデクス作成の為の正規化にあたって，すべての記号(スペースも含みます)をトルツメ処理するので，その結果，ここでは「LETHE」というインデクスが作成され，ストップワードとしてはじかれる事がありません。この「スペースをトルツメ処理する」は，ヨミの分かちに迷いながら検索するような時にも助けになってくれます。

例えば「中高等学校長会報」，さてどこで区切ろう？といった時でもフルタイトルの検索キーとして「チュウコウトウガッコウチョウカイホウ」で検索すれば，ヨミの分かちを気にせず検索できます。
(『利用マニュアル』付録C インデクス作成仕様)

問 54
×

AKEYはTRフィールドを対象に，検索語を短縮して検索する事ができる便利な方法です。洋雑誌(※ここでは，TTLLがjpn以外のものを指します。)の場合は，先頭から4語について，最初の3文字，1文字，1文字，1文字を組み合わせてAKEYを作成します。この問題の場合「Justice of the peace」が最初の4語ですから，それぞれ「3，1，1，1」を取り出し，「jusotp」というAKEYになります。TITLEKEYやPUBLKEY等では，定冠詞や接続詞等のストップワードを除外して検索しますが，AKEYやFTITLEKEYでは，ストップワードも含めてインデクスを作成します。
(『利用マニュアル』付録C インデクス作成仕様)

問 55
×

NACSIS-CATには「インデクス検索」という独自の検索の仕組みがあり，日常利用されているインターネット等での「全文検索」とは異なります。インデクス検索は書誌レコードから一定の規則に従って作成される検索用インデクスと，入力した検索キーを照合する仕組みになっています。原則としてデリミタ(スペース，句読点等)ごとにキーワードが切り出され正規化されるため，欧文タイトルの場合は概ね単語単位でインデクスが作成されます。しかし，「東京公害白書」のように，漢字やカナで表記され，語と語の間にスペースがない和文タイトルの場合はどうでしょうか？この場合は，ヨミの分かち書きを参考にしてインデクスが作成されます。具体的には「TR:東京公害白書‖トウキョウ　コウガイ　ハクショ」の場合，漢字部分からは「東京」「公害」「白書」「東京公害白

書」というインデクスが作成されます。「公害白書」というインデクスは作成されないので，正しい検索キーとはなりません。
(『テキスト』1講　7.3 検索用インデクス)

問 56
✗

前問55で，ヨミを伴う和雑誌のTRフィールドの検索について説明しましたので，今度は「TR:新農業技術」からはどんなインデクスが作成されるかを考えてみましょう。
[TR:新農業技術||シン　ノウギョウ　ギジュツ]ならば，作成されるインデクスは「新」「農業」「技術」「新農業技術」「シン」「ノウギョウ」「ギジュツ」です。「農業技術」は作成されません。
　分かち書きについては，どこで区切るのか判断が難しい場合もあります。例えば，以下の場合の「新」のように，一見同じ単語でも，分かち書きが異なる事があります。
　　[TR:新人類学叢書||シン　ジンルイガク　ソウショ]
　　[TR:新人類と旧人類||シンジンルイ　ト　キュウジンルイ]
『目録情報の基準』には具体例が豊富に挙げられていますので，参考にしてください。正しい検索の為には，ヨミについても十分に理解しておく事が必要です。
(『基準』11.3.3 分かち書き)

問 57
✗

ファイル検索では検索の対象とならない「デリミタ」というものがあります。全角半角ともに，「空白」「カンマ」「コロン」「読点」「句点」「中点」等々，多くの記号類がこれに含まれます。TITLEKEYは，「デリミタで区切られたひとかたまりごと」に語を切り出しますので，「脱・原発」なら，「・」を区切りとして「脱」と「原発」が切り出され，「脱原発」は作成されません。検索の際はタイトル中にデリミタが含まれていないか気をつけましょう。『目録システム利用マニュアル』付録Dに，デリミタの一覧表が掲載されています。
(『利用マニュアル』2.7.2 検索用インデクス，付録C インデクス作成仕様，D 特殊文字・記号)

問 58
✗

検索用インデクスの作成では，まずデリミタの区切りごとに語を切り出し，これにさまざまな正規化処理を施します。小文字⇒大文字，ストップワードの除去等の他に，語の頭の「d'」「l'」や，語尾の「's」の除去も正規化の一つです。問題の「women's」は，語尾の「's」を除き，「WOMEN」に変換されます。
　「'」をトルツメ処理して「WOMENS」に変換するのではありません。
(『利用マニュアル』2.7.2 検索用インデクス キーワード 2 切り出した文字の変換(正規化))

問 59
✗

複数の検索条件のすべてに合致する結果を求めるのがAND検索です。検索条件が増えるほど，ヒット件数は少なくなりますので検索結果の絞り込みには有効です。
　例えば，タイトル，著者，出版者，出版地それぞれの検索キーとして「教育学」「教育問題研究所」「教育出版」「東京」の4つを組み合わせて検索すれば，どれか1つ～3つの検索キーで検索した時よりヒット件数は少なくなります。
　ただし，複数の検索条件の中に一つでも不適切なものが入っていると，正しい検索結果を得る事ができなくなるので，検索漏れの危険性も含んでいます。特に，ある検索キーで検索してヒットしなかった場合に，更に別の検索キーを追加して検索するという誤りには注意しましょう。
(『テキスト』3講　5 検索キー)

問 60　〇

問58でも述べたように，検索用インデクス作成では，デリミタごとに語を切り出した後，さまざまな「正規化処理」が施されます。小文字⇒大文字等の変換ですが，特定の文字，記号を除去するのも，その一つです。長音記号も除去されますので，「データ」は「デタ」と変換されます。
(『利用マニュアル』2.7.2 検索用インデクス　キーワード2　切り出した文字の変換(正規化))

問 61　✗

漢字，カタカナ，ひらがなを含むタイトルにはヨミが与えられますが，その方法は『目録情報の基準』にもある通り，『日本目録規則』第Ⅱ部付則1．片かな表記法に準じます。「ソヴィエト」等外国地名のヨミは表示された通りに表記するので，「ソヴィエト‖ソヴィエト」です。「ソヴキエト」とあれば「キ」「エ」が日本目録規則に定める表にはない為，「イ」「エ」に変換し，「ソヴキエト‖ソヴイエト」となります。しかし，「ヴィ→ビ」「ヴァイオリン→バイオリン」「シェイクスピア→シェークスピア」のように，発音の近い別のヨミに置き換えるという事はしません。旧かなづかいや，助詞（は，へ，を）にヨミをふる場合の方法と混同しやすいので，注意しましょう。
(『基準』11.3.2 ヨミの表記 2)

問 62　✗

タイトル中にアラビア数字が含まれる場合は，表示されている通りをヨミとします。読む時の発音になおす事はしません。「100万人」「100％」のヨミは「100マンニン」「100％」とします。「ヒャクマンニン」「ヒャクパーセント」ではありません。但し，同じ数字でも，漢数字，ローマ数字の一部のケースでは，ヨミの与え方が若干違います。基準11.3.2を良く読んで，整理しながら理解するようにしましょう。
(『基準』11.3.2 ヨミの表記)

問 63　✗

特に和雑誌の検索に関しては，『目録情報の基準』で定められている「ヨミの表記と分かち書きの規則」を理解している必要があります。アラビア数字は表示されているとおりをヨミとしますが，漢数字は
①原則として，「一，二，三…」は「イチ，ニ，サン…」とよみます。
前の62問はアラビア数字の例で「0歳児‖0サイジ」とよみましたが，漢数字の表記だと「零歳児‖レイサイジ」となります。
②例外として，回次，年次，日付，順序付けを表わしている場合はアラビア数字（1, 2, 3…）をヨミとします。
同じ「四」でも①「四次元‖ヨジゲン」②「第四部‖ダイ4ブ」というように使い分けるので，検索の際に注意が必要です。
(『基準』11.3.2 ヨミの表記)

問 64　✗

書誌同定において大切なのは，所蔵している資料に表示されている事柄と，検索結果の書誌データを正しく照合する事です。(A)の資料のタイトル，責任表示は，(ア)の書誌のTRフィールドの記述と確かに一致しています。しかし，(A)の出版者は「農林統計協会」と表示されていますが，(ア)の書誌のPUBフィールドの記述は違っています。巻次・年月次も(A)では「1号　平成3年度」とあるのに対し，(ア)の書誌のVLYRフィールドには「平成3年度版（平3）」とあります。慎重に両者を比較してみると，同じ時期（平成3年度）に，別々の出版者から並行して出版されている雑誌と考えられ，同定することはできません。
(『基準』6.2.3. 雑誌書誌レコードの作成単位，『テキスト』2講　2.5 雑誌書誌レコードの作成単位)

問65 ×

資料(B)は、「区報みどりく」の1号～200号と、その変遷後誌である「緑区広報」201号～301号を合わせて一冊にまとめ、「緑区広報」のタイトルのもと、2010年に縮刷版として出版されたものです。
書誌レコード(イ)は後半の変遷後誌である「緑区広報」の原本にあたる書誌レコードです。両者を同定することはできません。
(『基準』6.2.3 雑誌書誌レコードの作成単位, 『テキスト』2講 2.5 雑誌書誌レコードの作成単位)

問66 ×

『目録情報の基準』6.2.3.2には、別個のレコードを作成する8つの場合が掲載されています。この問のケースは、「独自の巻号付けを持つ付録・補遺資料」にあたります。つまりSupplementに「1」という独自の巻号があるので、本体と同定する事はできません。
(『基準』6.2.3 雑誌書誌レコードの作成単位, 『テキスト』2講 2.5 雑誌書誌レコードの作成単位)

問67 ○

書誌レコード(エ)のTRフィールドには「TR:The studies on 18th century」と記述されており、資料(D)とは何か所か、語の表記が違います。しかしその差異を仔細に比べてみると、「定冠詞のTheの有無」「eighteenthと18thは、フルスペルでの記述とアラビア数字の記述」という違いです。これらは、「本タイトル内の語の表記の変化」として「軽微な変化」と捉える事ができます。出版地、出版者、巻次・年月次の関係には矛盾がないので、この場合には両者を同定する事が可能です。「軽微な変化」が適用されるようになったのは2006年以降ですので、それ以前に登録された書誌レコードとは違う点がある事も念頭に、タイトル変遷の基準についても学習しておく事が必要です。
(『テキスト』7講 5. タイトル変遷の基準)

Ⅳ. 所蔵レコードの記入方法

問68 ×

HLYRフィールドには、所蔵最古年次と所蔵最新年次を、西暦年4桁の数字で記述します。問題の最新年次は、書誌に「平22」と元号で表記されているので、西暦年に換算して「2010」。そのまま「HLYR:1998-2010」と記述してしまいがちですが、巻次変更があるので要注意。所蔵範囲内に巻次変更がある時は、HLYR, HLV双方とも、巻次変更があった位置にセミコロンを挿入するという規定があります。書誌のVLYRにあわせ、2003と平16の間にセミコロンを挟んで「HLYR:1998-2003;2004-2010」とするのが正解です。
(『テキスト』5講 2.3 HLYR＝所蔵年次データ)

問69 ○

所蔵最古号の年月次は「1986/1987」、最新号では「1992/1993」ですが、そのまま「HLYR:1986/1987-1992/1993」と記述しては誤りです。「1986/1987」は「1986年版と1987年版の合併号」と捉えますので、その中での所蔵最古年次は「1986」の方です。同様に最新年次は「1993」。というわけで、「HLYR:1986-1993」が正解です。HLYRフィールドに記入する事ができるのは、「西暦年を示す4桁のアラビア数字」「ハイフン」に加え、巻次変更がある場合には「セミコロン」、この3つ以外の、スラッシュ等は記入できません。年月次が複数年にまたがっている場合には、登録の際に注意しましょう。
(『テキスト』5講 2.3 HLYR＝所蔵年次データ)

問 70 ✕

「巻次・年月次」と「出版年」の違いを理解し、両者を混同しないようにしましょう。書誌のVLYRフィールドには「巻次」と、それに続く丸カッコ内に「年月次」が、PUBフィールドには「出版年」が記述されています。巻次が表示されていない資料では、年月次が巻次にも代用されるので、この「1976年度版」の場合は、「巻次＝1976年度版」「年月次＝1976」「出版年＝1977年」です。所蔵年次(HLYR)は、書誌レコードの年月次に対応するものであり、出版年に対応するものではありません。
(『テキスト』5講　2.3 HLYR＝所蔵年次データ 注意事項(3))

問 71 ○

これも、年月次を巻次にも代用しているケース。HLVフィールドには、「June/July 2009」を巻次として記述します。その際、June/July は、アラビア数字の「6/7」に変換します。「June 2009→2009(6)」と「July 2009→2009(7)」の2つの合併号と捉え「HLV:2009(6-7)」と記述して登録します。
(『テキスト』5講　2.4 HLV＝所蔵巻次データ)

問 72 ○

巻次中にある「秋季号」「春季号」等はアラビア数字に変換して登録する必要があります。季刊の場合は、「春夏秋冬→1,2,3,4」となるケースが多いですが、問題のケースでは「春季、秋季」の年2回ですから、「1,2」に変換されそうです。しかし、VLYRを更に注意して見ると、「平成18年は秋季号から始まるので、秋季号だけの発行」「平成19年は春季号だけ（続く秋季号は3号と表示されるので）」という事もわかってきます。つまり、平成18年、19年ともに、所蔵している一冊だけで欠号のない「完全巻」というわけですから、号レベルの記入はせず、「HLV:18-19;3-4」と記述するのが正解です。
(『テキスト』5講　2.4 HLV＝所蔵巻次データ (2)完全巻の表示)

問 73 ✕

雑誌には、複数の巻次が併記されている場合がありますが、その場合、どれを優先するか、には規定があります。例えば、2階層(1巻1号)と1階層(通巻1号)が併記されていれば、必ず2階層を採用しVLYRフィールドにもそのように記述します。(採用しなかった方も「△＝△」で区切って記述する事はできます) 所蔵登録の際は、VLYRフィールドに最初に記述された巻次の形にしたがってHLVを記述しなければなりません。問題のケースでは、1999.1～2001.10の間は、2通りの巻次が併記されていますが、所蔵登録の際は、優先順位の高い「1巻1号～3巻10号」で登録しなければならないので、「HLV:1-3;35-74」と記述するのが正しい方法です。
(『テキスト』補講1)

問 74 ○

「○巻○号」のように2階層からなる巻次を所蔵登録する場合には「完全巻か不完全巻か」の判断が必要です。刊行頻度等はある程度参考になりますが、「月刊だから1号～12号まで揃っているのが完全巻」と決めつける事はできません。この問題では、VLYRの記述から、8. Jahrg. はHeft 1 しか存在しない事がわかります。(8. Jahrg., Heft 1で終刊しているので、8. Jahrg., Heft 2以降は刊行されなかった、もしくは、別のタイトルで刊行された、等)つまり、8. Jahrg. はHeft 1の一冊だけで「完全巻」を所蔵している事になり、「HLV:7(12),8」と記述するのが正しい登録方法です。

このように、VLYRの初号・終号の記述や、FREQ（刊行頻度）、NOTE（刊行頻度変更の注記）等、書誌全体の内容をよく確認して、完全巻か不完全巻かを見極め所蔵登録する事も大切です。
(『テキスト』5講　2.4 HLV＝所蔵巻次データ)

問 75 ○

「創刊号」や「創刊準備号」は数値を表わすものではありませんが，その後に続く号に巻号の表示があれば，そこから推測した数値をあてはめて登録します。創刊号の次に「1巻2号」が続けば「1巻1号」と推測して「HLV:1(1)」，「2号」が続けば「1号」と推測して「HLV:1」と登録します。問題のケースは，2号の前の創刊号は「1号」，その前の創刊準備号は「0号」と，後の号から推測して登録します。「0,1,2」の間には欠号がないので，「HLV:0-2」で正解です。このように様々な表現の巻次を，アラビア数字に変換する方法については，コーディングマニュアル17.2.2に豊富な事例が掲載されているので，参考にしてください。
(『テキスト』5講　2.4 HLV＝所蔵巻次データ)

問 76 ×

書誌のVLYRフィールドの記述と，登録する所蔵データを比べて見ると，「2巻は3号から」「9巻は5号まで」を所蔵していればそれぞれ完全巻である事がわかります。間にも欠号がないので，所蔵すべてが完全巻であるとして，「HLV:2-9」と記述します。
なお，仮にVLYRデータが別の数値(例：2巻1号(1987.2)-9巻12号(1994.12))で，登録所蔵が完全巻でなかったとしても，「HLV:2(3)-9(5)」のように記述する事は，所蔵レコード記入法の上からも誤りとなります。ハイフンでつなぐ事ができるのは，①完全巻同士，又は1階層同士(例：HLV:2-3) ②不完全巻同士で，かつ丸カッコ内に号レベルの数値を記入しない方法を選択した場合(例：1()-3())だけです。
(A)完全巻と不完全巻を結ぶ(例：1-3(4) や2-6()) (B)不完全巻同士を結ぶ(例：1(3)-5(8))等の記入方法は誤りです。
(『テキスト』5講　2.4 HLV＝所蔵巻次データ)

問 77 ×

1巻と2巻は完全巻，3巻は不完全巻という事になりますので，「HLV:1-2,3(1-5)」と記述します。所蔵データの記述方法では，「ハイフンで結ぶことができる/できない」を厳密に規定しています。問76でも述べましたが，完全巻(この場合は「1」)と不完全巻(「3(5)」)をハイフンで結んで，「1-3(5)」と記述する事はできません。
(『テキスト』5講　2.4 HLV＝所蔵巻次データ)

問 78 ○

雑誌の所蔵データはアラビア数字を用いて表現しますが，「上期」「下期」という語をどう変換するか？が一つのポイントです。ここでは「年2回刊行」という事なので，「上期→1」「下期→2」のように変換します。但し，昭和60年は「上期」「下期」の両方を所蔵しているので「完全巻」となります。従って「HLV:60(1-2)」ではなく，「HLV:60」と記述します。残る「昭和61年下期」を「HLV:61(2)」と変換し，あわせて「HLV:60,61(2)」と記述して登録します。
(『テキスト』5講　2.4 HLV＝所蔵巻次データ)

問 79 ×

「○巻○号」のように2階層の巻号を持つ資料で，号レベルの欠号が全くない巻が「完全巻」，一冊でも欠号があれば「不完全巻」です。
不完全巻の表示方法は二種類あります。
①丸かっこ内に，実際に所蔵する号レベルの数字を記入する方法
　　　　6(1-2,4,8-10)
②丸かっこ内に，号レベルの数字は記入せず，空白にする。
　　　　6()
②の方法に限り，不完全巻同士をハイフンで結ぶ事ができますが，その間の途中の巻も，すべて不完全巻という意味になるので注意してください。この問題の場合には最古の6巻と最新の12巻だけが不完全巻，間はすべて完全巻ならば，「HLV:6(),7-11,12()」

問80 ○
所蔵レコードのCONTフィールドには「資料を今後も継続して受け入れる予定がある場合」に「+」を記入します。従って，新規の号を受け入れるたびに，所蔵データを最新のものに更新する事が求められます。例えば初号の所蔵を登録し，今後も継続受入予定の場合，「HLV:1 HLYR:1960-1960 CONT:+」と記述したまま以後の更新をなおざりにすると，ILL利用者にとってだけでなく，いろいろな不都合を生じる事になります。また，当該資料が終刊したり，なんらかの事情で継続受入を中止する場合には，「CONT:+」のデータを削除しておく事が必要です。
(『テキスト』5講 2.6)

V. 総合

問81 ○
総称的タイトルとは，雑誌のタイトルが出版物の種類，または刊行頻度を表わす語だけでできているものを言います。「紀要」「年報」「Bulletin」等がそれにあたります。
雑誌は，通常，刊行途中で責任表示が変更してもタイトル変遷とはしませんが，総称的タイトルの場合に限り，「団体名称変更に伴う責任表示の変更」をもってタイトル変遷としています。検索や，資料と書誌の同定の際にも，これらを考慮する必要があります。タイトルが総称的タイトルにあたるかどうか，判断しにくい場合は，『講習会テキスト』付録8や，『目録システムコーディングマニュアル』6.0.3，7.0.3に多くの具体例が掲載されていますので，参考にしてください。
(『テキスト』付録9)

問82 ○
ISSNは，世界中の逐次刊行物を一意に識別する，8桁の数字(末尾桁はXの場合もあり)で表わされた番号です。日本では国立国会図書館内に，国内センターがあり，発行者からの申請に基づいてISSNを付与しています。

問83 ×
図1の表紙の表示を見ると「言語・文学編」と，間に「・」(中黒)があります。
書誌のタイトルは，情報源に表示された通りに，記号類も含めてそのまま記述されている筈ですので，TRフィールドにどのように入力されているかを推測しながら検索する事が大切です。「TR:紀要. 言語・文学編」の可能性があるので，「・」はデリミタ，つまりこの部分で区切られているであろうと考えれば，タイトルの検索キーとしては「紀要 言語 文学編」が正しいという事になります。
(『利用マニュアル』 付録D 特殊文字・記号)

問84 ×
書誌レコードのTRフィールドには「愛知県立大学外国語学部紀要. 言語・文学編 / …」とありますが，図1の表紙では「愛知県立大学外国語学部」と「紀要. 言語・文学編」が離れて表示されていますね。しかし，この点だけなら「軽微な変化」として同一書誌と考える事もできます。(※『講習会テキスト』7講5 を参照してください) 又，ISSNも，図と書誌レコードでは一致しています。しかし，書誌のVLYRフィールドに注目すると，この書誌は3号(1968)一冊だけで，継続後誌にタイトル変遷している事が読み取れます。

つまりこの書誌レコードに登録できるのは「3号 (1968)」だけなのです。図1の雑誌は「21号 (1989)」ですから，この書誌レコードに所蔵データを登録する事はできません。
(『テキスト』5講　2.3 HLYR＝所蔵年次データ 注意事項)

問 85　○
図を見ると，表紙に「をちこち」とあるので，表示されている通りに，「をちこち」をタイトルの検索キーとする事ができます。また，このヨミとしては「オチコチ」が付与される筈ですので，「オチコチ」もタイトルの検索キーとなります。ヨミは『目録情報の基準』で示されている通り，『日本目録規則』の片かな表記法(標目付則1.1.1)に則り，旧かなづかいは現代語音によって表記される，という点がポイントになります。更に，「カタカナ⇔ひらがな」のどちらで検索しても良いという「検索キーの自由度」があるので，タイトルの検索キーとして「ヲチコチ」「おちこち」でも，同様に検索が可能です。
(『利用マニュアル』2.7.1 検索キー)

問 86　×
図2の巻号の年月次は，表紙右上部に表示されている「Dec. '09/Jan. '10」です。これは「2009年12月号」と「2010年1月号」の合併号であるという捉え方をします。合併号の場合，物理的に一冊でも，合併されている複数冊をすべて所蔵しているものという解釈で登録しますので，所蔵年次は「2009-2010」と記述します。
(『テキスト』5講　2)

問 87　○
「CONT:+」は，今後もその雑誌を継続して受け入れる予定がある場合に記入します。この問題の場合は，最終号を登録し，今後の受入予定がないので「CONT:+」を記入するのは誤りです。
(『テキスト』5講　2.6)

問 88　○
図と書誌レコードを見比べると，タイトル，出版者，発売者，どれも一致しています。また，図2の巻次・年月次と，書誌のVLYRフィールドに終号として記述されている巻次・年月次にも食い違いや矛盾がありません。書誌のTRフィールドには「遠近：国際交流がつなぐ彼方と此方：wochi kochi：をちこち」と記述されていますが，図2では，「をちこち」が最も大きく目立つように表示され，「遠近」はやや小さめになっているので，両者の印象が違って感じられるかも知れませんが，レイアウトや文字の大小の変化をもってタイトル変遷があったとはしないので，図2と書誌レコードを同定するには十分です。

問 89　○
図3と書誌レコードを照合してみましょう。まず，タイトルとISSNは一致しています。次に，図3の下部に表示の「法研」が出版者らしいですが，書誌レコードのPUBフィールドに記述されている「社会保険法規研究会」とは違いますね。しかし，更にNOTEフィールドを見ると「46巻1705号（1992.9）から，法研に変更した」という事がわかります。図3は「65巻2616号（Feb. 2011）」ですから，出版者が変更した時よりかなり後の号にあたるようです。更に，書誌の「FREQ:w」や，タイトル中にも「週刊」とある事から，刊行頻度は週刊と考えられます。概算してみると図3の巻次・年月次と，書誌中のVLYRフィールドやNOTEフィールドに記述された巻次年月次の間に大きな齟齬はないようです。総合的に判断した上で，両者を同定する事が可能です。

問 90　○
TITLEKEYの検索対象は，TRフィールド（スラッシュより前の部分）と，VTフィールドです。問題中に掲載されている書誌レコードのTRフィールドからは，「週刊社会保障」「週刊」「社会」「保障」「シュウカン」「シャカイ」「ホショウ」が切り出されます。「社会保障」というインデクスはVTフィールドからだけ切り出されます。従って，このVTフィー

ルドが書誌に記述されていなければヒットしません。
(『利用マニュアル』 付録C インデクス作成仕様)

問 91 ○
「HLV:65()」と記述された所蔵レコードは，「65巻を所蔵しているが，欠号がある」という事を意味します。その巻の特定の号が，欠号か，それとも所蔵レコードに含まれるかまでは表現しないので，「HLV:65(2616)」のような検索の仕方では，ヒットしません。

問 92 ×
総合目録データベース形成の目的の一つは，共同分担入力方式で形成された目録所在情報によって，資料の共用を促進する事にあります。登録されている所蔵レコードを公開し，ILLを通じて，資料を必要としている利用者に正確に提供する事が求められます。その為には，所蔵レコードが適正に数値化した形で登録されていなければなりません。「*」では，利用者に正確な所在情報を届けられません。
なお，所蔵レコードの中に，たまに「HLYR:* HLV:*」というものを見かける事があるかも知れませんが，これは「仮登録雑誌」と言って，新規の予約雑誌に限り定められている特別の規定です。実物を入手した時点で直ちに書誌・所蔵ともに適切な修正をする事が求められており，例外的，暫定的なデータです。
(『基準』1.1 総合目録データベース形成の目的)

問 93 ○
図4を見たところ，タイトルらしきものは「Cell」だけのようです。仮に「cell」をタイトルの検索キーとして検索すると，TRフィールドとVTフィールドの両方を対象にし，タイトルのどこかに「cell」という語を含むすべてのレコードがヒットするわけですから，膨大な検索結果が予想されます。その中から，図4に該当する書誌レコードを正確に探し出すのは大変です。しかし，フルタイトルの検索キーとして検索するならば，TRフィールドだけを対象に，タイトルが完全一致のものだけがヒットするので，このようなケースでは，大変効率的です。
(『利用マニュアル』付録C インデクス作成仕様)

問 94 ×
所蔵レコードのCONTフィールドには「+」を記入するか，何も記入せず空白にしておくか，どちらかの方法しかありません。継続受入予定がある間は「+」を，継続受入を中止した時点で，「+」を削除して空白にします。
(『テキスト』5講 2.6)

問 95 ×
図4の雑誌とタイトルは同じですが，書誌レコードをよく見ると，コード部分のGMD，SMDに記入されているコード値から，印刷媒体ではない事がわかります。注記の内容やIDENTフィールドは，電子ジャーナルの書誌レコードに特有の記述です。
また，キータイトル(VT:KT)や略タイトル(VT:AB)に「(Online)」という識別用の語がついている事から「(Print)」等，別媒体が存在する可能性がある，と推測するヒントにもなります。
(『テキスト』付録14 電子ジャーナルのデータ記入)

問 96 ×
検索キーフィールドには，コードとキーワードの2つのフィールドがありますが，キーワードフィールドでは，複数の検索キーを入力する事ができ，それらの論理積による検索を行う事ができます。適切な検索キーを複数入力する事で，ヒット件数を絞り込む事ができますが，不適切なキーが混じっていると，求める検索結果を得られませんので(検索漏れ)，注意も必要です。

(『テキスト』3講　5　検索キー)

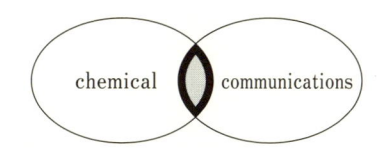

論理積 chemical と communications が両方含まれる

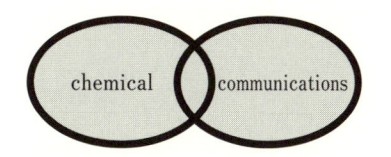

論理和 chemical と communications のどちらかが含まれる

問97　×

書誌レコードのTRフィールドには「Chemical communications」とあります。図5の表紙には「Chem comm」と大きく表示されているものの，その下部に小さくですが「Chemical communications」の表示があります。しかし，書誌のVLYRフィールドを見ると，「1968/24 (18 Dec. 1968)」の号で一旦終刊し，BHNTフィールドには，「CS:Journal of the Chemical Society. D, Chemical communications」とあって，変遷後誌が存在する事が示されています。図5の雑誌の巻号を見ると，「Vol. 46, no. 47 (21 Dec. 2010)」とありますので，この書誌レコードに所蔵レコードを登録する事はできないという事がわかります。

問98　○

タイトルは同じですが，GMD，SMDフィールドのコード値から，書誌レコードの資料媒体の種類がわかります。一般的な印刷媒体の資料は，GMD，SMDフィールドにはコードを記入しませんので，このフィールドに何らかのコードが記入されていれば，どのような媒体なのかを確認する事が大切です。「コーディングマニュアル付録1.1資料種別コード表」に一覧がありますので，媒体を確認したいときに参照してください。問題の書誌レコードは，GMD，SMD，NOTE，IDENTフィールドの記述から，電子ジャーナルの書誌レコードである事がわかります。

問99　○

図(A)中，9と11以外についている「→」(右向きの矢印)は，変遷タイプが継続である事を意味します。継続とは，前誌が刊行を終了して後誌に変遷する事です。「9」「11」には，継続後誌がないので，刊行中の可能性がある事が図から読み取れます。

問100　×

図(A)の凡例を見ると，3種類の変遷タイプ，「継続」「吸収」「派生」の別を，線分の先端の記号で表わしています。「7」は「4」「5」双方と「継続」である事がわかります。変遷図の表示は，使用するクライアントにより多様ですので，表示方法をよく確認する事が必要です。

カタロガーの独り言…⑫

目録ドイツ語の基礎知識

　今回は，ドイツ語の資料について目録を採る際に注意すべき点をまとめてみましょう。

　まず気を付けなければならないのは，ドイツ語では固有名詞だけではなく，普通名詞も先頭を大文字で書き表すということです。タイトルページにすべて大文字で表示されている場合，書誌レコードとして記入する際に大文字・小文字を直すにあたっては注意が必要です。

　ドイツ語で使用されるアクセント符号は「¨」(ウムラウト)です。

　初期には「e」の文字で表現していたこともあって，ゴシック体(いわゆるヒゲ文字)や，タイプライターでウムラウトを打てないときなどに，変音する母音の直後に「e」を付けて表記する事がありました。例えば，「ö」を「oe」とするなどです。そのため遡及データなどでウムラウトの代わりに「e」を付けて入力されているデータもあります。NACSIS-CATを検索するときには「ö」は「o」でヒットしますが，「oe」は「oe」でないとヒットしませんから，検索の際は「e」が付いているかもしれない，ということも考慮しましょう。

　単語が長い，というのも特徴の一つです。

　日本語の熟語のように，複数の単語を続けて一つの単語にする事が多いので，長い単語が多くなります。この場合，品詞は最後にある単語のものになりますので，名詞かどうかを判断するには最後にある単語の品詞を確認すれば良いことになります。

　略語を使用する場合，このような複合語については最後の部分に略語を適用します。例えば，「Text」と「Ausgabe」の複合語である「Textausgabe」という単語はこのままでは略語表には載っていないのですが，「Ausgabe」は「Ausg.」と略しますので，「Textausgabe」も「Textausgb.」と略すことになります。

　ドイツ語の綴りの正書法は，比較的最近，1998年に改正されています。かなり大掛かりな綴りの変更がありました。そのため，辞書を調べる際にはその記述対象資料が準拠している正書法にあった辞書を使用しないと，調べたい綴りでは見出し語として載っていないということになります。しかもこの改正は，出版社や文学者などを中心にかなり根強い反発があったため，一斉に切り替わったわけではなく，かなり長い期間にわたって新旧の正書法が並存していました。そのため，1998年以降に出版されたものだからといって必ずしも現行の新正書法に準拠しているとは限りません。この時期の資料を整理することが多いようでしたら，あらかじめ新旧の正書法について確認しておいた方が良いでしょう。

〈カタロガーの独り言…⑬へ続く〉
(IAAL 事務局：K生)

カタロガーの独り言…⑬

目録ドイツ語の基礎知識（続）

　もう一つやっかいなドイツ語の特徴として，名詞の格変化があります。（ロシア語やラテン語，ギリシア語などにもあるのですが，英語やフランス語にはないものですのでなじみのない方も多いと思います。）

　名詞の格変化とは，文章における役割によってその単語の形が変わることで，特に困るのは人名や団体名などの固有名詞も変化するという事です。例えば責任表示に"herausgegeben vom Deutschen Anwaltverein" とある場合，前置詞 von の後に続く形容詞や名詞は3格になるため，"der Deutscher" が "dem Deutschen" と変化していて，さらに前置詞 von と冠詞 dem が一つに縮約されて "vom" となっているのです。

　責任表示として記録する場合は変化形のまま転記すればよいのですが，著者名典拠レコードの標目や AL フィールドに記録する場合には主格形にしなければなりません。格変化そのものについては文法書をご覧頂くとして，表示されているままを標目として記録するとは限らないという事に注意して頂きたいと思います。

　ただし，目録を採る際には無理に自分で主格形に直そうとして文法的にあれこれ考えるよりも，まずはその資料中にその著者等の主格形が表示されていないかを確認するようにしましょう。かく言う筆者は以前，ギリシア人の姓を主格形に直したところ，後になってその人の姓はもともと属格形だという事がわかってあわててデータを修正した経験があります。タイトルページ裏の著作権表示や，序文の最後にある署名，あるいは巻末の参考文献一覧の中の著者名として，主格形が表示されていることが多々あります。また，背にはスペースがないため人名だけが表示されていて，そのため格変化もしていないという事もあります。

　ところで，前回触れたようにドイツ語には長い複合語が多くあります。そして複合語を並べる時，"Privat- und Wirtschaftsrecht" のように表記されている事があります。これは "Privatrecht" と "Wirtschaftsrecht" という二つの単語の後半を重ねて表示しているものです。ですから "Privat-" と "und" の間にはスペースが必要ですし，"Privat" だけで辞書を引いても適切な訳語は得られませんので注意しましょう。

　また，"unveränderte Auflage" という表記をよく目にします。"Auflage" は「版」という意味ですが，日本語の版と同様に，目録でいう版と刷の両方の可能性がありますので注意が必要です。その前にある "unveränderte" は「変わらない」という意味です。つまり，"unveränderte Auflage" は「変わらない版」という意味になります。変わらないのであれば，版という語が使われていても別書誌を作成する根拠にはなりませんので，目録上は刷として扱う事になります。

　英語と同じだろうと高を括っていると思わぬ失敗をしますが，仕組みが分かってしまえば目録を採る事自体は決して難しい言語ではありませんので，簡単な入門書に目を通しておく事をお勧めします。

（IAAL 事務局：K生）

あとがき

　カタロガー泣かせの出版物に会い，図書館の都合を考えて作られるわけではないのだから仕方ない，と画面に向かってつぶやく経験をお持ちの方は多いのではないでしょうか。『IAAL大学図書館業務実務能力認定試験問題集』もそのひとつだったと思います。

　「2012年版」の後，「2014年版」が出ましたが，責任表示は同じで，出版者が異なり，タイトル関連情報が追加されました。果たして年版を出版物理単位とみなして同一書誌レコードとみなすべきでしょうか。次に，責任表示は編者として編集委員会が表示されていますが，監修者も責任表示に記述するでしょうか。監修者の扱いについて，『日本目録規則』では「監修者，校閲者…が所定の情報源に表示されているときは」責任表示とする決まりと，別法として記録せず必要なら注記するという決まりがあり，NACSIS-CATのコーディングマニュアルでは「より直接的に関与した責任表示」があるかないかでそれを判断します。

　さて，今回の「2016年版」はいかがでしょう。同じタイトルのもとに逐次刊行されるものであれば，雑誌扱いにすべきだったか，ここでまた悩ませたかも知れません。年鑑類として扱うなら，逐次刊行物のタイプコードは「p」ではなくて記録しないことになっていたでしょうか。タイプコードって一体何のためにあるのでしょう，などなど。

　このあとがきを読んで，本書をマニアックな内容だと思わないでください。「2016年版」の新メニューは「総合目録－図書中級」，すなわちNACSIS-CATを使って図書の目録がとれることを評価するための問題とその解説ですが，それは目録規則やコーディングマニュアルを丸暗記することではありません。「なぜ」という疑問を解決しつつ，資料とルールに向き合って得られるところに，目録のスキルといわれるものがあるのだと私は考えます。そして，現在の目録のスキルが，次世代の目録を築くことに繋がっていくのだと思います。この問題集には，「なぜ」がモリモリに詰め込まれています。

　「なぜ」を突き詰めると，当然利用者の姿を思い浮かべることになります。出版物は目録をとることなど考えられてはいませんから，目録のための目録ではなく，常に検索の便宜が判断基準です。2016年版には「情報サービス－文献提供」の模擬問題100問と解説を掲載しました。また，「総合目録－初級」の模擬問題・解説に加え，過去問をPDF形式でホームページから利用できる特典をつけました。作る側と使う側の両面から，図書館業務の実務能力アップに役立てていただければと思います。

2015年3月31日

NPO法人大学図書館支援機構　高野真理子

［監修・執筆者］
小西和信（こにしかずのぶ）：まえがき
（武蔵野大学教授・NPO法人大学図書館支援機構理事長）

［執筆者］
大庭一郎（おおばいちろう）：第1章
（筑波大学図書館情報メディア系講師）
高野真理子（たかのまりこ）：あとがき
（NPO法人大学図書館支援機構副理事長）

IAAL
大学図書館業務実務能力認定試験 問題集
2016年版 —専門的図書館員をめざす人へ—

（略称：IAAL（アイアール）問題集）

2015年9月16日　初版第1刷発行

監修者	小西和信
編者Ⓒ	IAAL認定試験問題集編集委員会
発行者	大塚栄一
発行所	株式会社 樹村房

検印廃止

〒112-0002
東京都文京区小石川5丁目11番7号
電話　東京03-3868-7321
FAX　東京03-6801-5202
http://www.jusonbo.co.jp/
振替口座　00190-3-93169

デザイン／BERTH Office
組版・印刷／美研プリンティング株式会社
製本／有限会社愛千製本所

ISBN978-4-88367-248-6
乱丁・落丁本はお取り替えいたします。

●既刊関連図書●

NDCへの招待
―図書分類の技術と実践―

蟹瀬智弘 著

四六判／293頁　本体2,000円＋税　ISBN978-4-88367-245-5

「日本十進分類法」を基礎から学ぶための入門書。新訂10版対応。

RDA 資源の記述とアクセス
―理念と実践―

Barbara B. Tillett／Library of Congress　酒井 由紀子／鹿島 みづき／越塚 美加 共訳

Ａ４判／383頁　本体5,500円＋税　ISBN978-4-88367-233-2

RDAの理解と書誌情報の記録作業に役立つ解説・自習書。

主題アクセスとメタデータ記述のための LCSH入門

鹿島みづき 著

Ｂ５判／223頁　本体2,500円＋税　ISBN978-4-88367-223-3

LCSHを活用した主題検索ツール作成のためのテキスト。

分類法キイノート
日本十進分類法［新訂10版］対応

宮沢厚雄 著

Ｂ５判／88頁　本体1,500円＋税　ISBN978-4-88367-244-8

「日本十進分類法」に基づいた，分類法の初歩を学ぶための演習書。

Bibliography of the British Technology Index

川村敬一 著

Ａ４判／123頁　本体3,000円＋税　ISBN978-4-88367-250-9

英国技術索引(BTI)に関する英文書誌。BTIの本格的研究に資するツール。

〒112-0002　東京都文京区小石川5-11-7　樹村房　TEL：03-3868-7321　FAX：03-6801-5202
URL：http://www.jusonbo.co.jp/　　E-mail：webinfo@jusonbo.co.jp